浙江省高等教育“十三五”第一批教学改革研究项目 jg20180386《以大学生教官队为载体、以朋辈教育为主导的高校全民国防教育教学体系构建》

浙江省教育厅一般科研项目《高校借鉴军队思想政治教育方法的路径研究》编号 y201839487

# 新时代大学生责任担当意识培育研究

胡建海 著

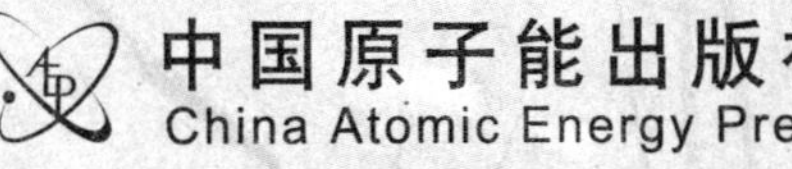

图书在版编目（CIP）数据

新时代大学生责任担当意识培育研究 / 胡建海著
. -- 北京：中国原子能出版社，2021.5
ISBN 978-7-5221-1312-8

Ⅰ. ①新… Ⅱ. ①胡… Ⅲ. ①大学生－责任感－研究
－中国 Ⅳ. ① G641.7

中国版本图书馆 CIP 数据核字 (2021) 第 050759 号

## 内容简介

本书分为理论与实践两篇。第一篇为理论篇，分为三章：第一章对新时代大学生责任担当意识进行了全面解读，第二章探讨了大学生责任担当的动力，第三章针对新媒体环境下的大学生责任担当教育进行了分析。第二篇为实践篇，分为四章：第四章论述了责任担当的起点：中国传统担当精神，第五章论述了责任担当的教育基点：红色文化教育，第六章论述了责任担当教育的抓手：志愿服务教育，第七章论述了责任担当的多元主体及协同发力。本书论述全面，理论与实践相结合，可供高校思政教育工作者参考，也可供大学生阅读参考。

**新时代大学生责任担当意识培育研究**

---

出版发行　中国原子能出版社（北京市海淀区阜成路 43 号　100048）
策划编辑　高树超
责任编辑　高树超
装帧设计　河北优盛文化传播有限公司
责任校对　冯莲凤
责任印制　潘玉玲
印　　刷　三河市华晨印务有限公司
开　　本　710 mm×1000 mm　1/16
印　　张　13.25
字　　数　237 千字
版　　次　2021 年 5 月第 1 版　　2021 年 5 月第 1 次印刷
书　　号　ISBN 978-7-5221-1312-8
定　　价　69.00 元

---

# 前　言

社会主义市场经济的蓬勃发展不但推动了社会主义市场机制的变革，而且强烈冲击着我国人民的价值体系，尤其是对社会主义现代化建设的主力军——大学生的价值观、责任观产生了一些负面影响。在我国现行的教育体制和教育内容中，对学生进行责任担当素养教育的内容比重较低，对其重视程度不够，然而，责任担当素养是适应当今飞速发展的时代和多元化世界的必备素养，学生的社会参与素养和能力对社会和谐进步、个体全面发展至关重要。在现实环境中，部分大学生个体意识强，社会责任感淡薄，缺乏国际责任感和全球意识。这些迹象表明，当代大学生责任担当素养欠缺问题愈发严重，亟须加以关注。在高等教育阶段，大学生责任担当素养的提升路径存在着不足。现有的培养途径以高校公共选修的思想政治课程为主，实践方式包括学校领导学生参与政治民主活动和社会实践活动等。大学生责任担当素养的培育缺乏专业科学的课程设计与安排，仅有的思想政治课程与社会参与实践范围较窄，十分局限，无法代替专业的责任担当素养培育课程与实践。

本书探索提升大学生责任担当素养的策略与方法，有助于大学生责任担当素养教育教学的完善，从而为培养“全面发展的人”奠定坚实基础。本书分为理论与实践两篇。第一篇为理论篇，分为三章：第一章对新时代大学生责任担当意识进行了全面解读；第二章探讨了大学生责任担当的动力；第三章针对新媒体环境下的大学生责任担当教育进行了分析。第二篇为实践篇，分为四章：第四章论述了责任担当的起点——中国传统担当精神；第五章论述了责任担当的教育基点——红色文化教育；第六章论述了责任担当教育的抓手——志愿服务教育；第七章论述了责任担当的多元主体及协同发力。

本书论述全面，理论与实践相结合，可供高校思想政治教育工作者参考，也可供大学生阅读参考。

# 目 录

## 第一篇　理论篇

第一章　概述　/　001

第一节　新时代责任担当意识概念解读　/　001
第二节　新时代大学生责任担当意识培育的理论支撑与历史依据　/　011
第三节　新时代大学生责任担当意识培育的目标导向与价值意义　/　020
第四节　新时代大学生责任担当意识的基本内容　/　034
第五节　新时代大学生社会责任教育的原则　/　040

第二章　大学生责任担当动力研究　/　053

第一节　大学生责任担当的动力要素　/　053
第二节　大学生责任担当动力的运行　/　063
第三节　大学生责任担当的规律　/　065

第三章　新媒体环境下大学生责任担当教育　/　069

第一节　新媒体环境下大学生责任担当教育的理论建构　/　069
第二节　新媒体环境下大学生责任担当教育的时代境遇　/　081
第三节　新媒体环境下大学生责任担当教育的路径选择　/　094

## 第二篇　实践篇

第四章　起点：中国传统担当精神　/　119

第一节　中国传统担当精神　/　119
第二节　中国传统担当精神在大学生责任担当精神培育中的价值　/　126
第三节　中国传统担当精神融入大学生责任担当精神培育的路径　/　138

第五章 基点：红色文化教育 / 149

第一节 红色资源在大学生责任担当意识教育中的作用 / 149
第二节 大学生责任担当意识教育中红色资源开发与利用的问题 / 154
第三节 红色资源与大学生责任担当意识教育的融合路径 / 157

第六章 抓手：志愿服务教育 / 169

第一节 志愿服务与大学生责任担当意识培养的关系 / 169
第二节 志愿服务作为大学生责任担当意识培养载体的必要性和可行性 / 171
第三节 以志愿服务为载体的大学生责任担当意识培养的路径 / 177

第七章 协同：多元主体发力 / 186

第一节 国家：提供有力保障 / 186
第二节 社会：营造良好环境 / 187
第三节 高校：发挥主阵地作用 / 188
第四节 家庭：端正教育态度 / 195
第五节 大学生：加强自身修养 / 198

参考文献 / 200

# 第一篇　理论篇

# 第一章　概述

## 第一节　新时代责任担当意识概念解读

### 一、责任担当

#### （一）责任

责任这一概念由来已久，追根溯源，在很早以前便已出现。在西方历史上，从古希腊的苏格拉底、柏拉图、亚里士多德到近现代的哲学家康德、黑格尔、萨特、杜威、科尔伯格等都研究过责任这一话题。中国古代的孔子、孟子，近现代的众多思想家和革命家也曾着重强调过责任这一话题。责任在现实生活中是规范人的思想、约束人的行为的准则，人们的行为处处体现责任的价值，涉及家庭、学校、社会等各个生活领域。责任的外延极其广泛，延伸到哲学、政治学、心理学、教育学、社会学、伦理学等众多理论学科，在不同的研究领域便有不同的理论视角，在不同的生活领域便有不同的责任主体和内容，因此很难给责任概念下一个准确的定义。

在中国古代，许多思想家都曾对责任进行过相关论述。在古代汉语中，一般用“责”和“任”表示责任的意思，“责”表示责任、责备的意思。诸葛亮《出师表》：“若无兴德之言，则责攸之、祎、允等之慢。”李密《陈情表》：“诏书切峻，责臣逋慢。”蒲松龄《聊斋志异·促织》：“当其为里正，受扑责时，岂意其至此哉！”梁启超《谭嗣同传》：“救护之责，非独足下。”而“任”表示任用、负担、责任、信任的意思。《论语·泰伯》：“任重而道远。”《孟子·告子下》："故天将降大任于斯人也。"《史记·屈原列传》："王甚任之。" 因此，古代思想家将责任看作个体对自身作为及其结果负责或是个体作为社会成员所应承担的相应职责。

按照《古代汉语词典》的解释，"责" 的含义是索取、责任、责备，"任" 的含义是任用、负担、责任、信任、任凭。《新编古汉语常用字字典》中，索取、责令、要求、询问、责任、责备为 "责" 之意，职责、担任、信任、任用、能力、凭借为 "任" 之意。按照《汉语大辞典》的解释，"责任" 一词有三层含义：其一，使人担当起某种职务和职责；其二，分内应做之事；其三，做不好分内之事应承担的过失。因此，责任的含义可以概括为任职、分内之事、承担过失三个层面。

"责任" 一词在英文中也有丰富的表达，如 responsibility、duty、obligation、accountability 都表达了责任的意思，但一般我们较多使用 responsibility 这一词汇。根据《牛津现代高级英汉双解词典》的解释，responsibility 的阐释如下。

（1）"being responsible"，即责任是一种尽职尽责的品质，包括以下两个方面：①"legally or morally liable for carrying out a duty，for the care of sth. or sb.，in a position where one may be blamed for loss，failure，etc."，也就是在法律上、道德上尽自己的职责并对其造成的损失和失败负责的行为；②"trustworthy""to be relied upon"，即是可靠的、可以信赖的。

（2）"sth. for which a person is responsible"，即责任是指一个人所负责的事情。

"责任" 在西方古希腊时期思想家们的丰硕成果中可以寻找到足迹。苏格拉底将 "责任" 看作 "善良公民" 服务国家与社会时自身所必须具备的本领和才能。亚里士多德则认为行动者具有责任，这使其行为具有了重要的道德依据，行动者的责任不只是一个人的自身行为问题，更多的是人之所以为人的个人道德建设和人与人之间持续发展的问题。西方近代思想家康德从德性的角度阐述了责任："责任是一切道德价值的源泉，合乎责任原则的行为虽不必然善良，但违反责任原则的行为却肯定是恶邪，在责任面前一切动机都黯然失色。" 由此可见，在康德看来，只有符合责任原则的行为才是道德的，否则就是邪恶的、不符合社会道德的。康德按照责任的对象和责任的约束程度将责任分为四大类，分别是对自己的完全责任、对他人的完全责任、对自己的不完全责任、对他人的不完全责任。康德认为每个人对自己生命所担负的责任是对自己的完全责任，信守诺言是第二类责任，发展个人的才能是一种对自己的不完全责任，对他人的不完全责任的经典例子是济困扶贫。而在马克思看来，责任是个人与社会关系的重要体现，个人只有履行社会责任，才能体现自己的人生价值，实现个人价值与社会价值的统一。

通过分析以上各位中西方思想家对责任概念的相关阐述，我们可以将责任概括为在社会中有胜任能力的人承担相应的职责以及对自己的行为承担后果。不管在哪个生活领域，只要作为一个社会成员，都要承担不可推卸的责任，责任时时刻刻围绕在我们身边。正如康德所说："每一个在道德上有价值的人，都要有所承担，没有任何承担、不负任何责任的东西，不是人而是物件。"个人只有在社会中承担相应的责任，才能成为真正的人，每个人不是孤立存在的，而是生活在社会这个大家庭之中，有明确的社会分工，各自承担所对应的责任，只有个体具有胜任能力、能担当起这份职责，社会才能良性运行。这正是运用了马克思主义关于个人与社会的关系学说。科恩指出："但如果我自己承担一切责任，我就以此捍卫了自己作为人的可能性。"因此，责任对人的意义重大，担当起自己的责任能够实现人生价值，更能为社会贡献自己的力量。

对于责任的分类，从不同的角度看就有不同的结果，许多学者在研究责任分类的过程中，由于对责任的理解角度不一样，对责任的解释也不同，"仁者见仁，智者见智"。按照主体承担责任的角度，责任可以分为自然责任和契约责任。自然责任是指自然赋予的并且不可取消的责任关系，父母对子女的责任就是其中的一个例子。契约责任则是通过授予或者接受任务而建立起来的责任关系，责任主体以后可以辞职或者免除此种责任。按照责任所涉及的范围，责任可以分为自我责任和社会责任。自我责任是指自己对自己，包括对自己行为产生的责任。社会责任是一种以他人为导向的责任意识，有义务担负对他人、对社会的职责。按照责任所涉及的内容，责任可以分为法律责任和道德责任。法律责任是一种强制性的、违法行为人所承担的由违法行为导致的不利法律后果。道德责任依靠的是精神上的自制力，也就是责任担当意志，以认知和情感为基础，自觉对自己的职责或过错、过失承担相应的后果。道德责任一般是来自社会群体约定俗成的行为习惯和大多数民众共同遵守的风俗、习惯、规定等。本书所强调的当代大学生的责任担当意识中的"责任"从广义上讲就是道德责任。

### （二）担当

“担当”一词在现代汉语中常被用作动词，指承担、担负之意。而“担”这一字常指承当、承受，如担负、承担、分担、担忧这些词均表示此意义。“当”除了表示面对、当作、得当之意，还常常表示担当、承担以及应当、应该之意。

“担当”在现实生活中指完成个人职责范围内的任务，自觉担负起应尽的责任。“担当”一词在英文中也有丰富的表达形式，shoulder、responsibility 便是担当重任之意。

习近平曾在多个场合中提到“担当”一词，多个角度强调了担当的重要性。立足中国实际、着眼世界是习近平谈担当精神的一个重要特点。习近平指出，担当是人民的期望。2014 年 3 月 9 日，习近平在参加全国人大会议安徽代表团审议时强调要敢于担当责任，勇于直面矛盾，创业要实，脚踏实地、真抓实干，努力创造经得起实践、人民、历史检验的实绩。同时，担当是大国的责任，这是站在时代的高度从人类命运共同体的角度阐述的担当含义。维护亚洲和平是中国同周边国家的历史责任和共同担当，这是 2015 年 11 月 7 日习近平在新加坡国立大学演讲时提出的，一个大国的担当精神体现于此。2017 年 5 月 15 日，习近平在“一带一路”国际合作高峰论坛圆桌峰会上的闭幕辞中谈到：“我们携手推进‘一带一路’建设国际合作，让古老的丝绸之路重新焕发勃勃生机。新的起点上，我们要勇于担当，开拓进取，用实实在在的行动，推动‘一带一路’建设国际合作不断取得新进展，为构建人类命运共同体注入强劲的动力。”担当是改革的要求。2014 年 1 月 22 日，习近平主持召开中央全面深化改革领导小组第一次会议时强调要强化改革责任担当，看准了的事情，就要拿出政治勇气来，坚定不移干，要充分调动各方面积极性。这充分体现了全面深化改革的勇气和决心，以及勇于担当、敢于担当的精神，杜绝犹豫不决，要做出实际成效来。最后，担当是历史的传承，2014 年 8 月 20 日，习近平在纪念邓小平同志诞辰 110 周年座谈会上的讲话中强调开拓创新是邓小平同志一生最鲜明的领导风范，也永远是中国共产党人应该具有的历史担当。我们一定要团结起来，敢于担当，团结带领全国各族人民为实现中华民族伟大复兴的中国梦而努力奋斗。要实现“两个一百年”的奋斗目标，责任重于泰山，作为新时代的青年必须担当起这份责任。习近平对广大领导干部、各个阶层、各个团体的人民群众都强调责任担当，针对新时代的广大青年更是如此。习近平在中国共产党第十九次全国人民代表大会上的报告中指出："青年兴则国家兴，青年强则国家强。青年一代有理想、有本领、有担当，国家就有前途，民族就有希望。"习近平对广大青年寄予厚望，因此我们更要增强本领，拼搏奋斗，担当起自己的一份责任，为实现中华民族伟大复兴的中国梦贡献自己的力量。

## 二、当代大学生责任担当意识

### （一）责任担当意识

责任是一个客观范畴，而责任担当意识是一个主观范畴，涉及意识层面，必然是主体对客观世界的认识与理解的自主与自愿程度。责任担当意识是指主体在充分了解了自身所担负的职责以及社会对其的要求后，使自身的行为符合社会的要求；是个体对自身角色职责的自我认知以及自觉程度；是一种自我约束、自我认知、自我规范的价值取向；是社会意识中的重要范畴。具有责任担当意识的主体具有很强的胜任能力，能够准确把握一定条件下社会的要求、自身的角色职责以及社会对自身角色的标准规范；具有预见能力，能够预见行为发生的各种可能，在权衡利弊的前提下选择最佳路径，并且能够清醒地认识社会的客观要求与自身行为之间的关系，也就是能够准确地把外在的要求转化为主体的现实目标与行动力，依据社会的客观规律和价值规范对行为进行理性判断。责任担当意识是指主体自身清楚了解所承担的职责，它包括两方面内容：对于自身的行为，个体必须承担责任；除此之外，还要对他人和社会负责。同时，责任担当意识也是指个体的一种使命与责任、认知与意识，对社会角色和社会职责的责任。作为社会中的一员，除了对自己负责，还要对自身所处的集体和社会负责，坚持集体主义价值观，正确处理好与他人、集体和社会的关系。意识作为一个主观范畴，是客观世界的主观映像，包括知、情、意三个层面，那我们也可将责任担当意识分为责任担当认知、责任担当情感、责任担当意志三个层面。

责任担当认知是指个体对自己所要承担的责任的认识，对自己所要承担的责任的内容和意义的认识，了解社会的客观要求，了解自身的角色职责，并且具有对自身职责以及责任行为的正确感知、判断、理解与评价的能力。责任担当认知是责任担当情感、责任担当意志和责任担当行为的前提和基础。

只有明确了自己应当担负什么样的责任、为什么要担负这些责任、担负这些责任的意义何在、为了履行自己的责任应当采取什么样的措施等一系列问题，才能将强烈的责任担当意识上升为责任担当行为。在这个过程中责任担当认知的能力发挥着不可忽视的作用，它是对个体责任担当行为的正确感知、判断、理解和评价的能力。责任担当认知的能力包含五个方面的内容。一是正确认识和理解责任内容和意义的能力，个体对责任的要求认识越深刻、越明确，责任动机越容易激发，从而转化为强大的责任力量。个体的责任心越强，责任行为的成效就越好。二是正确感知和判断责任情境的能力，责任主体不仅需要关注内在的主观条件，还要敏锐地观察社会的客观要求以及所处的外部环境，主体需要在复杂的社会情境中正确感知和判断自身所要担负的责任，在不同的学习、工作和生活的情景中明确角色职责，这是履行责任行为的条件。三是道德评价能力，即根据社会生活准则、道德价值规范、道德评价标准，以及当前我们所倡导的社会主义核心价值体系和社会主义核心价值观评价责任担当行为的是非、善恶、美丑的能力。四是准确预见行为后果的能力，这一重要标准不仅考验主体是否具有责任担当的能力，也考验主体是否具有远见卓识、洞察事物发展规律的能力，这种预见能力对责任担当行为的发生有正反两面的作用，如果主体对责任担当行为持乐观的态度，那便有利于行为的发生；如果主体对责任担当行为预估的情况不乐观，那这种预见能力对责任担当行为就具有阻碍和抑制的作用。五是主体反思责任担当行为的能力。“吾日三省吾身：为人谋而不忠乎？与朋友交而不信乎？传不习乎？”古代先哲的反思道理值得我们学习。主体要时时刻刻反思自己的行为，发扬优点，弥补不足，善于借鉴他人经验教训，不断完善自身的责任担当行为。

责任担当情感，也可称之为责任感，是责任担当意识的情感延伸，当主体对责任担当的内容及意义了解之后，必然会产生相应的情绪体验，那便是责任担当情感。责任担当情感还是责任担当行为的内在动力机制，当主体产生的是积极的情绪体验时，其便促进责任担当行为的产生；若是消极的情绪体验，便是相反的效果。从一般意义上看，责任担当情感是指个体针对自身的角色职责、承担的责任而做出的行为选择、行为过程以及结果是否符合个体的内心需要而产生的不同态度的情感体验。这里着重强调责任担当情感（责任感）与义务感之间的关系。义务感是指个体希望履行自己所要承担的职责和义务而产生的情绪体验。两者的密切联系主要体现在道德规范上，义务感主要强调外在的客观要求，是外在因素对主体施加影响而使主体担负一定的职责，是道德规范他律性的特点；而责任担当情感是主体依据社会的客观要求自觉把外在的要求转化为主体的主观责任担当意识，是主体主动意识到的义务，因而具有自律性的特点。义务感是具有强制性的责任担当情感，是个人对他人、社会所必须承担的责任，所以责任担当情感和义务感是两个不同层次的道德规范，义务感是较低层次的道德规范，是责任担当情感的初级形式和萌芽状态，责任担当情感是义务感的升华，只有在对责任担当具有正确认知的基础上，伴随着积极的责任担当情绪体验，义务感才能升华为良好的责任担当情感。担当责任总是意味着个人的奉献，尤其是对社会和他人的责任担当，需要基于对社会和他人利益的正确理解和深厚感情。担当责任，尤其是道德责任，常常意味着主体必须要牺牲个人的利益去实现和维护他人利益和社会利益，这种牺牲是自觉自愿的，不以任何报偿为前提的，因而个体为担当责任所做出的自觉自愿的牺牲就是一种奉献精神的体现。

责任担当意志是指主体为担当自身责任、实现责任担当行为而做出的有效的、顽强的努力，在责任担当认知到责任担当行为这一过程中起着至关重要的作用。毅力、耐力、自控力等都属于责任担当意志。尽管责任担当情感是责任担当行为赖以发生的不可或缺的内在动力因素，但人的情感、情绪体验是复杂多变、不可预估的，往往处于积极与消极、肯定与否定的频频转换之中，会对主体的心理状态造成干扰，直接影响责任担当行为的完成效果。因此，在这个过程中，就需要责任担当意志的调节，责任担当意志是责任担当行为实现的重要基础。如果责任担当意识缺失，那么遇到困难时便会畏缩不前，遇到消极的情绪体验时便会打退堂鼓，自然责任担当行为就很难完成。责任担当意志对责任担当情感和责任担当行为具有重要的监督作用。一方面，它使主体的注意力集中在责任担当的对象以及内容上，要求主体对责任担当对象履行职责；另一方面，责任担当意志将一切有碍于责任实现的非理性的想法阻挡在主体意识的层次之外。

个体经过了责任担当认知、责任担当情感、责任担当意志等这些责任担当意识的环节之后，最终的结果是落实在责任担当行为上，将意识化为具体的责任担当实践。责任担当行为是在责任担当认知的基础上，在责任担当情感的驱动下产生的行为，是个体担当责任的行为习惯，是一个人是否具有责任心和责任心强弱的具体表现。在集体主义价值观的指导下，责任担当行为表示个体根据社会的客观要求和社会群体行为的规范，自觉地承担起自己的职责，并且做出实实在在的努力，推动群体活动的顺利进行。如果仅仅停留在责任担当认知、责任担当情感、责任担当意志这个阶段，而没有落实到具体行动中，那对于个人、集体和社会的发展而言并没有太大的意义，只能看到空谈理想、奋斗、责任的"言语的巨人""行动的矮子"，因而责任担当认知的增强和责任担当情感、责任担当意志的强化正是为了当个体担当自身的责任时遇到艰难险阻能够勇往直前，勇敢做出负责任的行动以切实履行自己的责任。

综上所述，责任担当意识包含责任担当认知、责任担当情感、责任担当意志这三个组成部分，而最终落脚到责任担当行为上。四个部分不是相互独立、彼此分离的，而是相互联系、相辅相成的，它们都是个体责任担当的有机组成部分。个体的责任担当意识是责任担当行为的基础，而责任担当行为则为责任担当意识不断深化提供了动力和保证。正是由于这些因素在环境影响下的相互作用，人的责任担当才能不断深化与发展。

### （二）当代大学生责任担当意识

当代大学生生活的环境是网络化、国际化、社会化的，随着改革开放的不断深入和经济全球化、文化多样化的不断发展，西方一些个人本位主义、自由主义、拜金主义思潮也随之而来，当代大学生面临的社会环境日益复杂，所接触的价值观念日益多元，他们的思想和价值观或多或少会受到影响，传统的责任担当思想在大学生的思想中逐渐淡化，出现了各种大学生担当失责的现象，因此在当前加强培育当代大学生的责任担当意识显得尤为重要。大学是大学生世界观基本形成及可以被修正的一个人生十字路口，责任担当意识是保证大学生不迷失于时代的中外文化碰撞、不迷失于人生成长过程中外界不良诱惑的基本保障之一。当代大学生群体大部分是"00后"，思想新潮，个性独立，以"自我"为中心，因此对他们采取的培育方式不能单单是传统的灌输式教育，而是要培养他们的自主学习意识，使他们自己深刻领会责任担当的重大意义，这样才能达到良好的效果。从传统意义上讲，根据大学生个体在社会生活中的定位层次以及所处的社会环境可以将当代大学生的责任担当意识分为自我责任担当意识、家庭责任担当意识、学校责任担当意识、社会责任担当意识。自我责任担当意识是家庭责任担当意识、学校责任担当意识、社会责任担当意识的内在基础和前提条件，真正的责任担当首先要对自己负责，深刻的自我责任担当意识是一切的根基，它构成了人的生存与发展的重要意义。当代大学生只有对自我责任担当意识有一个正确的理解，才能更好地处理家庭、他人、学校、社会责任担当意识的相关问题。

自我责任担当意识是大学生责任担当意识的首要基础部分。自我责任担当意识是作为责任担当主体的大学生应当具备的对自身的职责以及行为担负起相应责任的自觉意识，简要说就是自己对自己负责。首先要做到珍惜生命，不管何时何地，处在什么样的场合之中，都要保护自己、爱护自己，时刻保持安全意识，这是外在因素的影响，同时要保持乐观的心态，促进身心健康发展，这是内在的调节。其次是尊重自己，充满自信，承认和重视自己在社会中的存在价值，具有热爱自我的情绪体验和接受自我的意向，保持一种自我肯定的态度倾向。最后是追求有价值、有意义的生命。生存是前提，在生存的基础上要努力实现自我的人生价值，发展自己、丰富自己，有明确的人生理想和目标，时刻保持人格的独立性与完整性，树立正确的世界观、人生观、价值观，坚持开发自我潜力，自我鼓励、鼓舞，有一种不满足于现状、奋进向上的精神，追求实现自我的社会价值。

家庭责任担当意识是指家庭中的每一位成员都能够自主自觉地承担起相应的家庭职责，是一种发自内心的意愿与行动。而大学生的责任担当意识首先体现在孝敬父母这一方面，孝敬父母就是要在思想上和情感上热爱和尊敬父母，感激父母的养育之恩，虚心接受父母的忠告与教导，在日常生活中要关心、体贴和照顾父母，学习、工作的同时多多陪伴父母，与父母敞开心扉多多交流，为父母分忧解难。“孝”是中华民族的传统美德，先人的道德传统一直流传至今，仍然具有重要的时代价值。爱父母，愿为父母的安宁、幸福担当责任，是大学生爱他人、爱祖国、爱人民的重要基础，只有对父母具有强烈的责任担当意识，才能在日常生活中面对不同的生活情境时，将这种情感迁移到其他人身上，不断升华。大学生的责任担当意识还体现在为未来的婚姻家庭担当责任，选择了成家也就是选择了承担家庭责任，在家庭中双方享有权利的同时要共同承担家庭的义务，前文提到的爱与奉献精神是家庭责任担当意识的重要基础，家庭需要责任担当主体的无私奉献精神，这是无比珍贵的。

学校是大学生提升责任担当意识能力的重要阵地。大学生在学校里学习、生活，生活在一个充满正能量的环境中，系统地接受教师传授的专业知识教育和德育教育，在潜移默化中受到了教师和同学的熏陶感染，自身的责任担当意识不自觉地得到了提升。大学生的学校责任担当意识首先体现在努力学习、具有良好的专业修养和思想品德修养方面。踏实学习对于大学生来说不仅是一项权利，更是自身需要履行的义务和责任。大学生自身修养的提高不仅对自身意义重大，对家庭、学校、社会、国家也都具有重要的意义。大学生的学校责任担当意识还体现在维护学校的物质文化、制度文化、精神文化三个层面。大学生保护学校的公共基础设施、校园环境的一草一木都是维护校园物质文化的重要表现；大学生自入学起，就开始学习学校的规章制度、校风校训，有了这种意识才能自觉地将其落实到行动之中，大学生在日常生活中自觉遵守学校的规章制度、看到有违纪违规行为时及时制止就是维护学校制度文化的体现；大学生维护学校的荣誉、名誉，积极组织健康向上的校园文化活动，将学校的荣辱与个人的荣辱联系在一起，这些都是大学生维护学校精神文化的重要体现。

社会责任担当意识是大学生作为社会大家庭中的一员积极担当自身的职责与义务，或者说是为了实现个人价值与社会价值、保证自己在社会中的持续生存与发展而对社会的付出。从社会学的角度看，每个人都不是孤立存在的，都与社会中的其他成员有着或多或少的联系，人与人之间的交往活动组成了社会。大学生已经是成年人，在社会中是作为公民的身份生存与发展的，责任担当方面最直接的表现是公民责任担当意识，在社会中就如同在校园中一样，要维护社会公共基础设施，遵守国家和社会的规章制度，并且当社会需要与个人的利益发生冲突时，要具备无私奉献精神，使个人的利益服从集体的利益。大学生群体是社会中具备专业理论知识的群体，他们所处的位置一端连接着理论研究最前沿的创作地——高校，另一端则连接着社会，具体来说是就业岗位，是能够把理论知识运用于实践并且能够对社会发展产生实质性影响的群体。基于大学生在社会发展中的重要作用，社会必须对培育其责任担当意识高度重视。当代大学生作为新时代的新青年，学习、工作方面要脚踏实地，要坚持学习专业理论知识与提升实践能力相统一，坚持提升科学文化修养和思想道德素养相统一，坚持实现个人价值与社会价值相统一，坚持树立远大理想与矢志艰苦奋斗相统一，为党、国家和人民贡献自己的力量，努力成为优秀的社会主义事业的建设者和接班人。

因此，笔者认为，当代大学生的责任担当意识是指作为责任担当主体的大学生依据社会的客观要求和群体的价值规范，在履行与自身角色、职责相适应的责任时所体现的一种自觉意识和人格素质。

## 第二节　新时代大学生责任担当意识培育的理论支撑与历史依据

### 一、当代大学生责任担当意识培育的理论支撑

正确的理论依据体现了社会中认识活动和实践活动的科学性。当代大学生责任担当意识的有效培育需要追根溯源，借鉴马克思主义及与之相关的经典理论学说以及传统文化中关于责任担当的伦理思想，并结合中国共产党领导人对青年包括对大学生的教育，这些都为当代大学生的责任担当意识的培育提供了丰富坚实的理论支撑，奠定了扎实的理论基础。

#### （一）马克思主义关于人的全面发展的理论

当代大学生责任担当意识培育的一个重要理论依据便是马克思主义关于人的全面发展的理论学说。何谓人的全面发展？人的全面发展就是人作为一个独立、完整的个体，以一种全面的方式发展自己，并全面占有自己的一种状态。这里的人并不单单是指个人的全面发展，还包括具有人的本质的人，因而是个性与共性的统一体。马克思主义理论中人的全面发展的内容包含不同的层次，首先包含人的活动，其中人的劳动活动最为丰富，这是其全面发展的重要表现。其次还包含人的需要与能力，需要是人的本质属性，而人的能力是实现人的需要的重要条件，从哲学角度上讲，人的能力是让主客体之间建立起对象性关系的重要保障之一，随着物质条件的改善与劳动活动的发展，人的需要能力也得到发展，逐渐形成一种从低到高的层次发展需要。按照马斯洛的需要层次理论，人们一般先满足较低层次的需要，然后才会逐渐上升到较高层次的需要，满足之后才能实现最高层次的需要。能力发展到一定程度之后人的需要也是自由的，但人是具有社会属性的，从客观上看可能会受到外在条件的限制。人可以全面发展自己各方面的能力，体力与脑力、

潜在能力与现实能力、智力与社会交往能力等，并且能够在社会实践中发挥自己的才能与力量。再次，马克思主义理论中人的全面发展还指人的社会关系的全面丰富、社会交往的普遍性，这一方面还是人因为是社会性的，人的本质在其现实性上是一切社会关系的总和。社会关系是社会中人与人之间形成的交往关系，是社会实践活动的展开，在一定程度上体现着人的发展能力与发展程度。人的全面发展还表现在社会交往的普遍性上，社会中人与人自由沟通，互相交流，逐渐产生社会关系，这是人类作为社会群体所特有的存在方式与生活方式。社会交往的普遍性体现在随着社会分工、交换的发展，个体越来越多地参与到社会活动之中，参与到社会生活的各个领域、各个层面，个体与群体、个体与社会之间的交往得以广泛建立与发展，社会中的个体摆脱了相互独立的状态，形成了一个有机整体，人的物质交往与精神交往得到了充分发展，实现个体发展的同时为社会进步贡献了力量，从而形成一种良性互动，使社会真正发展为有机统一体。最后，人的全面发展还包括人的素质的全面提升。人的素质、能力的全面提高对人的责任担当意识的提升与责任担当行为的落实具有重要的作用，它是从事一切社会活动的前提条件。个性的自由发展是指人的自主性与能动性得到充分展现，可以按照自己的意愿自由地发展能力与素质，不受外在客观条件的拘束。每个人都追求和保持着自身的特点、个性、爱好、人格、理想等，表现出与众不同的差异性与个性化，社会充满多元化的因素，因不同而更加美好。

### （二）中国传统儒家优秀文化中责任伦理思想

在中华民族传统文化的大观园中，诸子百家的思想熠熠生辉，儒道释和谐共生，其思想强调不同层面，也相互补充，共同构成了中国传统文化的宝库。而在数千年的传统文化发展历程中，以孔孟为代表的传统儒家文化居于主导地位，与社会发展的大背景相一致，并适合统治者治理国家、社会的需要，因而备受推崇。儒家的责任伦理思想也一直是传统文化责任伦理思想的重心，古往今来的先哲思想家们在追寻、探索、解释责任的来源、责任的主体、责任的传承过程中，不断总结研究成果，后人继承前人的思想并不断创新，最终形成了中华民族独特的责任伦理精神。儒家的责任伦理思想发挥着举足轻重的作用，在传统责任伦理中是重要的原则与信条，在数千年的发展中经久不衰，并日益丰富、不断完善，孕育了中华民族强大的内在凝聚力。今日儒家的责任伦理思想对培育当代大学生的责任担当意识意义重大。

1. 国家层面：“天下大同”的理想抱负、“心怀天下”的忧患意识

“天下大同”与“心怀天下”体现的是国家层面的责任情怀。古往今来，进步的思想家一直将大同社会作为最高的理想追求，从先秦时期道家的“小国寡民”的理想社会模型到儒家的“大道之行也，天下为公”的大同社会理想模型，都体现着古代先哲心怀天下的理想抱负，近代康有为的“人人平等，天下为公”的大同社会追求、周恩来的“为中华之崛起而读书”彰显了无数仁人志士“天下兴亡，匹夫有责”的责任担当意识。从古至今进步的思想家本着以国家和民族利益为重的历史责任感一直在探寻救国救民的方法，将个人、家庭的前途命运与国家的前途命运联系在一起，舍身为国，敢于担当，一直为国家的繁荣富强寻找出路，并为此做出了巨大的牺牲，值得我们敬佩。

“心怀天下”的忧患意识是中华民族伟大精神的具体表征，也是强烈责任担当意识的切实表现。强烈的忧患意识以道德责任感为基础，是一种以天下为己任的家国情怀，体现了对国泰民安的深切期盼，对个人生存发展、家庭和睦幸福的强烈关注，这是宏观意义上的责任意识。从微观的角度来说，责任意识是个体对社会和自己行为以及后果负责的担当意识，是内心深处忧患意识促成的责任担当。一方面，主体只有敢于担当，才能产生对行为及后果忧患的责任意识，因为主体要对行为负责任，所以在内心深处便会产生对此种行为不良后果的强烈忧患，从而会产生一种强烈的忧患意识。在这种忧患意识的驱动下，个体会在某一特定的相关情境下产生特殊的情绪体验，对行为及后果的担忧、恐惧和痛苦会对此种行为后果产生一种否定性态度，进而使个体对所经历的事情产生一种危机意识和预知能力。“居安思危”就是这个道理，这种心态反而会有利于个体完成任务。

2. 社会层面：“止于至善”的品行追求、“忠孝两全”的家国情怀

“止于至善”在这里指社会层面的责任情怀。人是社会关系的产物，人生活在社会大家庭之中。人的社会性特征决定了人在社会实践活动中承担一定的社会角色、履行相应的责任义务。怎样才能有道德、负责任地履行相应的义务，是社会行为准则和规范对责任主体的严峻考验。要继承和弘扬中华优秀传统文化中社会层面的责任情怀，就要求主体具备一种对社会负责、对社会担当的责任意识。

古代先哲并没有把传统责任伦理的精华停留在理论层面，而是回到现存社会之中，将其渗透到社会系统的方方面面，从客观存在的人际关系出发，将个体的责任意识落实到实践之中，与个体的社会生活紧密结合，全方位、多角度、多层次地从行为规范方面指导个人，从而有效增强了个体的责任担当意识。在家庭层面上，强调孝敬父母、尊老爱幼的道德责任。孝是中华民族优良的传统美德，中国古代强调孝道，家庭对个人的言行举止、生活品质、为人处事影响极大，父母抚养教育子女，子女尊重照顾父母，兄弟姐妹之间互帮互助，家庭和睦发展，每个人各尽其责，这样的责任是一种内在的、自觉的行为，不需要任何外在的客观条件加以约束和强制。在他人层面上，强调以仁爱为基础恪守信义的原则，仁爱是儒家道德的核心，孔子强调“泛爱众，而亲仁”，提倡人们应当有爱心，设身处地地为他人着想，帮助别人。在个人利益与他人利益发生冲突时，主张“先人后己”“舍己从人”，以他人利益为重，强调无私奉献精神。在社会层面上，强调以民族、国家为重的历史责任担当，家国为重，一个人如果能将个人融入国家、民族之中，将个人与国家民族的前途命运紧密联系在一起，具有铁肩担道义的强烈历史使命感与责任感，那便是成为了一个真正具有担当意识的责任主体。

3. 个人层面:“修齐治平”的人格实践、“内省慎独”的自省自律精神

“修齐治平”的人格实践与“内省慎独”的自省自律精神是个人层面的责任情怀,《礼记》中强调“修身、齐家、治国、平天下”，这是责任担当的重要内容，首先强调的是修身立德、自我修养，对品行人格的修身、对责任担当的修身、对真善美追求的修身等。只有不断提高自我修养，才能做到齐家、治国、平天下。修身立德、向上向善一直是中华优秀传统文化对个人层面责任伦理的基本要求。要想做到这一点，主体要养成一种具有强烈责任担当的理想人格，提升自我的思想境界，实现由“小我”到“大我”“真我”的转变。个体代表的不是自己一个人，而是一个群体，自己的国家和民族。个人层面的传统责任伦理包含的另一个重要内容便是内省慎独的自省自律精神。自省自律便是提高自身修养的重要途径，要求主体及时反省自我，发现自身的缺点并加以改正，经由不断的自我反思来完善自我、提升自我。内省慎独是需要个体具有高度的自觉意识，不需要外在的监督和规定，完全凭借个人的自觉性进行的内心活动，这也是个人毅力与耐力的重要表现。自我反省不是马马虎虎的状态，是一种发自内心的情感表达，是个人高度自觉的一种思想意

识，它是从自身出发，反省自身，以达到理想自我的一种状态。内省慎独的自省自律精神以道德责任感为前提，而是一种道德选择，它是在无人监督的条件下个体进行的一项内心活动，这种自省活动也是一个内化的过程，将外在的道德行为内化为个体自身的道德意识，达到自我理想的境界。

在新时代、新环境、新背景下，培育当代大学生的责任担当意识除了要结合新时代的思想观点，也要吸收借鉴中华优秀传统文化中的责任伦理思想，尤其是儒家的思想体系，古代先哲对自身修养、对家国天下的担当情怀值得我们借鉴与深入学习。责任伦理思想内涵丰富、观点多样，在这里不详细展开，只是着重强调了儒家的责任伦理，此外还有道家、法家、墨家等，诸家思想对现代责任社会的建立都起到了重要的作用。古代先哲丰富宝贵的思想理论为大学生责任担当意识的提升提供了重要的理论依据。

### （三）中国共产党领导人关于青年责任的思想

当代青年大学生是社会发展的重要力量，是实现“两个一百年”奋斗目标、实现中华民族伟大复兴中国梦的中坚骨干，因而培育其强烈的责任担当意识尤其重要。国家领导人早已意识到青年责任感培养的重要性，毛泽东、邓小平、江泽民、胡锦涛、习近平都对青年大学生责任担当意识的培养阐述过相关观点，他们的思想是结合当时社会发展实际的，是结合当时中国的实际情况和发展战略的，具有时代意义和社会现实性，同时是跨越时空的。这些优秀的理论观点经久不衰，至今仍然具有指导性的意义。

青年时期的毛泽东在当时的社会历史条件下已经提出了关于责任问题的一些认识，当时毛泽东师从杨昌济，因而在思想观点上受杨昌济的影响极大。毛泽东提出责任是“自由之意力”，责任是人之本性，责任与自由是相伴而生的，有自由便有责任，享受自由的同时也要履行责任。毛泽东还提出责任是“自由之实现”，结合当时新民主主义革命时期的情况，毛泽东这里的“责任”是指改造中国，探求救国救民的有效方案，责任是改造中国的前提和基础，只有改造中国，人民解放，才能获得真正的自由。针对青年，毛泽东提出了青年对民族、对个人的责任担当。在民族层面，青年要吸取中国过去革命实践的经验和教训，以史为鉴，不仅要铭记历史，还要展望未来，这是青年对民族的责任。纵观我国的历史，青年在了解历史的过程中可以学到很多知识，增强历史责任感，不仅要铭记历史，也要总结、反思历史，只有这样，才能对中国的革命与建设的未来方向与发展前景有明确的目标和可以把握的尺度，更好地为民族复兴思其行、尽其责。不仅要回顾历史，还要立足现实。毛泽东指出青年要具有革命斗争的坚定信念，坚定革命立场，同时青年还有责任去帮助工人阶级、农民阶级和其他阶级的人民群众坚定革命立场，使他们站到人民群众的立场上进行革命斗争。不仅要具有革命斗争信念，在当时的革命背景下，青年还要以实际行动投入到革命斗争中，团结一切可以团结的力量，共同为革命斗争的胜利贡献力量。在个人层面，青年要注重学习与实践，但学习与实践的前提是必须有明确的政治方向和坚定的理想信念，用坚韧不拔的毅力和勇气去坚守。除此之外，青年还要对人民负责，相信群众、依靠群众，自觉为人民谋利益，全心全意为人民服务、对人民负责，密切联系人民群众，自觉地把党和人民的利益放在第一位，担当起历史赋予广大青年的重任。

习近平对青年大学生责任担当思想的论述充分体现在中国共产党第十八次全国代表大会以来社会发展的重要表现中，当代青年作为新时代的生力军，需要充分了解国家的发展大势以及在国际舞台上的重要地位，自觉地担负起新时代赋予广大青年的责任与使命，为国家的建设和民族的复兴放飞青春梦想。首先，立身是青年大学生责任担当的基础。广大青年要想为家庭、社会、国家、民族贡献自己的力量，为社会做出应有的贡献，自身就必须具备良好的身心素质、优良的品德、扎实的知识素养等全面发展的优良特征，德智体美全面发展，学习中华优秀传统文化中的责任伦理思想，在这些素养的基础之上还要学会自省、慎独，扎实、勤奋，时刻反省自己还存在哪些不足，以便及时弥补与改正。其次，齐家是青年责任担当的进阶。习近平重视中华优秀传统文化的继承与发展，中国传统文化长于伦理，中国传统的责任思想是以家庭的“孝悌”为基础，对父母、对兄弟姐妹尊重与信任是中华民族的传统美德，《大戴礼记》中提到的“孝、悌、忠、信”四德中，三个都强调对家人和朋友的信任，对父母的孝敬，对兄长的尊敬，对朋友的信任，这是做人最根本的准则。最后，治国平天下是青年责任担当的升华。这是从宏观角度针对广大青年一代提出的使命担当，这里的“天下”不仅是指国家，更指世界、人类社会。广大青年需要自觉担当起维护民族团结与国家统一的重任。因此，青年一代更要加倍努力，心怀国家、心怀世界，树立崇高理想，立志为祖国和人民而奋斗。习近平曾多次提到青年一代的重要地位，青年兴则国家兴，青年强则国家强，相信广大青年必定能不负重托，担当重任。

## 二、当代大学生责任担当意识培育的历史依据

中国近现代以来，青年大学生在不同历史时期承担着不同的历史使命，其勇于担当责任的优秀品质成为当代大学生的榜样力量。新民主主义革命时期，大学生面对民族危机，发起救亡图存的革命运动，并积极传播先进的马克思主义思想；社会主义革命与建设时期，大学生积极参与国家各个领域的建设，成为担当历史任务的主力军；改革开放以来，大学生积极参与社会改革，传播与引领先进思想潮流，勇担时代使命。

### （一）新民主主义革命时期救亡图存与思想传播的责任担当

鸦片战争以来，中国先进知识分子救亡图存的道路从未终止，一直将西方视为富强文明的化身，并历尽艰辛努力学习西方，以振兴中华。先进知识分子与青年学生是学习与传播马克思主义的主力军，进步的青年学生在赴外求学的过程中最先接触到马克思主义思想，他们在深刻地了解了国外社会主义事业的兴旺与中国人民所处的水深火热的困境之后，毅然决然地担当起了传播先进马克思主义思想的历史使命。对于马克思主义思想的宣传，先进知识分子与青年学生采取了各种宣传途径与宣传媒介，在国内积极传播先进的思想成果，努力使其成为挽救中华民族命运的有力武器。先进知识分子与青年学生成立了众多宣传和研究马克思主义的团体，对先进思想的传播具有重大导向作用，提供了宣传先进马克思主义思想的有效媒介与载体。先进知识分子与青年学生在历史潮流中努力为中国寻求有效的救国救民发展道路，为中国人民寻求先进的思想文化，发挥其指引中国人民摆脱贫困、摆脱民族危机的思想力作用。先进知识分子与青年学生在传播马克思主义思想的过程中表现出了强烈的责任担当，振兴中华、摆脱危机，民族觉醒、新道路开辟，这一强烈的担当精神永远刻在历史的记忆里。

### （二）社会主义革命与建设时期保家卫国勇于建设的责任担当

国民经济的逐步恢复与发展给中华人民共和国带来了生机勃勃的发展活力。“三个改造”任务的完成，使中国进入了社会主义社会，社会主义制度在中国确立，当时国家领导人对中国的发展提出了第一个五年计划，优先发展重工业，增强了中国的经济实力。在这一阶段，社会的发展进步极大地鼓

舞了大学生这一群体，他们对社会主义建设与国民经济的发展产生了强烈的认知认同与情感认同，为社会主义建设奉献与牺牲是大学生的自觉行为，大学生表现出了参与政治的高度热情与建设祖国的主动性与积极性，将国家利益与集体利益放在第一位，注重发挥自身的社会价值，积极响应党和国家的号召，为建设社会主义建言献策，同时积极参与到科学与文化领域中。针对当时农村文盲与半文盲所占比重较大的情况，国家开展了大规模的“扫盲运动”，当时的大学生积极响应并参与其中，为“扫盲运动”贡献自己的力量，大学生走进工厂、走向农村、上山下乡，并且积极参与技工学校和工人的业余文化补习活动，积极参与工农业生产活动，为国家建设、社会进步、各个领域共同发展而服务。不仅如此，大学生还积极参与到恢复与发展国民经济的建设之中，各地的大学生积极前往国家重点建设的地方参与支援活动，在知识青年上山下乡活动中，许多大学生投身农村、扎根农村、奉献农村，将自身所具备的科学文化知识与智慧传播到农村，为农村建设发展贡献力量。大学生见证了我国从建国初期百废待兴、一穷二白的局面逐步发展至社会主义建设取得了一定的成就、国家实力逐步增强的过程，很多大学生立志艰苦奋斗、顽强拼搏，勇敢担当富国强国的历史使命。

### （三）改革开放新时期社会改革与引领潮流的责任担当

1. 社会改革的领航者

中国共产党第十一届中央委员会第三次全体会议以来，社会主义现代化进入了新的历史发展时期，改革开放的大旗被高高举起。改革开放初期，中国逐步推进社会主义改革，大学生积极响应党和国家的号召，在祖国需要的地方努力奋斗，建设国家，为新时期社会主义建设贡献自己的力量。1979年，清华大学学生喊出了“从我做起、从现在做起”的时代强音，1981年，北京大学喊出了“团结起来，振兴中华”的雄壮时代口号，表达了大学生强烈的爱国热情。随后，一批有理想、有抱负的青年大学生积极志愿到基层服务，或是到边疆工作，大学生村官的浪潮逐步兴起，大学生积极参与到农村建设当中，为基层群众服务，将先进的思想观念、价值理念与管理方式带到基层中，在一定程度上为农村基层体制改革注入了生机活力。在科技创新领域，青年大学生在航空航天、物理、化学等领域取得了许多傲人的成就，震惊了全世界，将中国力量、“中国智造”带到全世界，有效地推进了科技领域的变革，其中尤为突出的是“墨子号”的科技成就。中国科学技术大学团队研发的“墨子号”量子卫星获得了美国的克利夫兰奖，成绩举世瞩目，并且相继登上了国际顶级学术期刊《科学》与《自然》。这个取得了重大科技成就的团队的成员大多是“80后”，他们凭着内心实现梦想的强大信念，以及为祖国航空航天领域创造成果的使命担当，使中国的伟大科技事业走向了全球，增强了国家的综合实力，为国家富强、民族振兴贡献了自己的力量。不仅如此，20世纪90年代以来，“青年志愿者”活动影响力不断扩大。全国范围内开展青年志愿活动的组织和项目不断增多，中国的志愿服务事业不断发展壮大，2008年北京奥运会中青年志愿者为志愿者中的大多数，2010年广州亚运会、亚残会，大学生志愿者申请人数超过45万，还有2008年汶川地震之后，全国许多高校的大学生都想要奔赴四川帮助震区灾民，纷纷向学校提出申请，强烈请求参与到抗震救灾之中，他们有以天下为己任、服务社会的担当意识，是我们学习的榜样。改革开放以来大学生在各个领域都有所作为，有所担当，作为社会具有较强先进思想的知识分子群体，勇于响应国家深化改革的号召，凭自己力量为社会改革增添了一份动力、一份成就。

2. 思想潮流的引领者

改革开放以来，社会主义中国进入了新时期，党中央高度强调解放思想，重新确立了实事求是的思想路线。随着社会主义改革的不断深入，思想领域也与时俱进，逐步推进马克思主义的中国化、时代化、大众化，进而又强调文化自觉、文化自信、文化自强，大学生作为社会主义新时期思想潮流的引领者，应积极响应思想解放的新号召，认真学习领会新思想、新理念，丰富其知识体系，提升思想觉悟，将自身锻炼成社会主义的时代新人。在学成之后，青年大学生踏入社会，成为奉献社会的一分子，从事各行各业，在各个领域为社会奉献真才实学，同时将所接受的先进思想理念、价值观念积极传播到自身所从事的行业之中，思想相互交流碰撞，产生火花，为思想文化建设发展注入新鲜血液，增添强大的生机活力。这种责任担当意识对大学生来说是潜移默化的，促使他们默默奉献社会、建设国家。

## 第三节　新时代大学生责任担当意识培育的目标导向与价值意义

### 一、当代大学生责任担当意识培育的目标导向

“经过长期努力，中国特色社会主义进入了新时代，这是我国发展新的历史方位。”这是习近平在中国共产党第十九次全国代表大会报告中对中国特色社会主义的重新定位，意味着中华民族实现了从站起来、富起来到强起来的伟大飞跃。习近平在报告中指出：“青年兴则国家兴，青年强则国家强。青年一代有理想、有本领、有担当，国家就有前途，民族就有希望[①]。”这是以习近平同志为核心的党中央站在中国特色社会主义新时代的历史方位对广大青年大学生提出的新要求，为大学生的成长成才和人生价值的实现指明了方向。新时代以来，面对不同的国际国内背景，受不同的思想观念和现实环境的影响，大学生责任担当意识培育的要求同样与时俱进，随着时代的变化不断丰富更新。

#### （一）立“心有大我、至诚报国”之理想

“理想指引人生方向，信念决定事业成败[②]。”理想对于新时代的大学生犹如青春之花，拥有理想目标的大学生能够始终保持昂扬向上的奋斗姿态。实现中国梦是当前大学生的共同理想，也是当代爱国主义的鲜明主题。“心有大我”是爱国之心，“至诚报国”便是报国之行，大学生要将爱国之心化为报国之行，将认识与实践有机结合，培育自己的爱国之情、砥砺爱国之志、实践报国之行，才能实现人生理想、完成责任担当。

1. 秉承中华民族的精神基因

大学生作为社会主义事业的接班人，要想担当民族复兴的大任，首先要了解中华民族的历史，秉承中华民族的精神基因，继承中华民族优秀传统文

① 习近平．决胜全面建成小康社会 夺取新时代中国特色社会主义伟大胜利——在中国共产党第十九次全国代表大会上的报告［N］．经济日报，2017-10-28(1).

② 习近平．在同各界优秀青年代表座谈时的讲话［N］．人民日报，2013-05-05(2).

化精华，薪火相传。大学生要树立正确的历史观、民族观、国家观和文化观，不断增强对中华民族的归属感、认同感、尊严感、荣誉感。正确的历史观指的是大学生要尊重历史，始终坚持历史唯物主义的态度，旗帜鲜明地反对历史虚无主义等不利于社会发展的思潮，有正确的历史方位感，有长远的历史眼光。“欲知大道，必先为史。”习近平也强调：“历史是最好的教科书，也是最好的清醒剂。”大学生要善于运用历史思维分析现状、认清趋势并且把握未来，只有这样才能养成深厚的历史智慧和深邃的历史思维，客观把握历史规律，自觉担当起历史交付给时代新人的使命和责任。正确的民族观是指大学生要准确了解党的民族理论和相关的民族政策，牢固树立正能量的民族观念，不断增强对中华民族大家庭的热爱与认同感。中华民族自古以来就有崇尚民族团结、和平统一的优良传统，新时代的大学生应当将其继续传承下去，继承中华民族的优秀基因，担当新时代的民族大任。正确的国家观是指新时代大学生要时刻将国家的利益放在首位，国家利益高于个人利益，为维护国家对内对外的安全尽一份力，按照中国共产党第十九次全国代表大会报告所说的，致力于建设富强、民主、文明、和谐、美丽的社会主义现代化强国。大学生要认识到社会主义制度的优越性，自觉地坚持党的领导和我国的社会主义制度，自觉为实现广大人民群众的根本利益而奋斗，将个人的利益与国家、民族的利益紧密结合。大学生要认识到中国特色社会主义道路是实现社会主义现代化、实现“两个一百年”奋斗目标和中华民族伟大复兴中国梦的必由之路。正确的文化观是指坚持正确的文化态度，以正确的价值观念看待中华民族传统文化，实现优秀传统文化的创造性转化与创新性发展，建设社会主义文化强国。“中国特色社会主义文化，源于自中华民族五千多年文明历史所孕育的中华优秀传统文化，熔铸于党领导人民在革命、建设、改革中创造的革命文化和社会主义先进文化，植根于中国特色社会主义伟大实践[①]。”新时代的大学生要始终以马克思主义为指导思想，坚定中华文化立场，对自己的文化始终保持清醒的认识，取其精华，去其糟粕，立足于当今中国的现实条件，发展面向现代化、面向世界、面向未来的中国特色社会主义文化，自觉做文化的传承者、推进者、弘扬者。

① 习近平.决胜全面建成小康社会 夺取新时代中国特色社会主义伟大胜利——在中国共产党第十九次全国代表大会上的报告[N].经济日报,2017-10-28(1).

2. 涵养无私奉献的家国情怀

家国情怀自古以来就是中国优秀传统文化中的宝贵精神财富，中华文化之所以绵延数千载而生生不息、中华民族之所以历经磨难而不灭，融于中华儿女灵魂深处的家国情怀起着至关重要的作用。《孟子·离娄上》所说的“天下之本在国，国之本在家，家之本在身”的思想深刻在中国人的传统观念里，家是缩小的国，国是放大的家，家与国始终联系在一起。

“天下兴亡，匹夫有责”是古代家国情怀的主题；推翻封建统治，救亡图存是近代家国情怀的主题；实现“两个一百年”奋斗目标和中华民族伟大复兴的中国梦是新时代家国情怀的主题。新时代的大学生要强化自身家国认同，加深对国家的认同感与归属感，认识到国即是家，始终以家国天下为重，将个人的理想信念与国家民族的命运联系在一起。大学生要将“己”与“群”结合起来，更加注重“群”。“己”是指个人，“群”是指家国。将“己”放在“群”之上，是人的动物性的本能；而将“群”放在“己”之上，才是道德感的体现。

以家国为重是实现个人价值的前提，《唐宋八大家文集·欧阳修》所记载的“得其大者可以兼其小”正是这个道理。新时代的大学生作为社会主义建设事业的生力军，应当深刻领悟家国情怀的精髓，培养中华儿女坚毅的民族性格与高尚的道德情操，具备高度的认同感、使命感、归属感与责任感。屈原等历史人物，毛泽东等革命家，雷锋、王进喜、钱学森、邓稼先、袁隆平等各行各业杰出人物的模范事迹是对大学生最具有感染力的教育资源。大学生在了解中华民族历史、学习杰出人物模范事迹的过程中认真领悟伟人无私奉献的家国情怀，但不局限于领悟这一层面，而要将其内化于心、外化于行，使家国情怀成为自身的一种道德修养，塑造自己的人格品质。新时代的大学生要学会正确处理“小我”与“大我”的关系，理性爱国。当前网络信息技术如此发达，负能量的信息通过网络广泛传播，新时代的大学生应当理性看待网络信息，坚持祖国立场，心怀坚定的理想信念，不受腐朽思想文化的影响。

3. 立志担当民族复兴的重任

中国共产党第十九次全国代表大会报告指出：“实现中华民族伟大复兴是近代以来中华民族最伟大的梦想[①]。”近代以来，无论是革命时期还是改革建

① 习近平.决胜全面建成小康社会 夺取新时代中国特色社会主义伟大胜利——在中国共产党第十九次全国代表大会上的报告[N].经济日报,2017-10-28(1).

设时期，无数仁人志士不懈奋斗，争取民族独立、国家富强，就是为了实现中华民族的伟大复兴。2012 年 11 月 29 日，习近平在参观《复兴之路》展览时首次提出了“中国梦”。此后，习近平在中国共产党第十九次全国代表大会报告等多个场合中多次提到要实现“两个一百年”的奋斗目标、实现中华民族伟大复兴的中国梦，进一步强调了其对时代发展的重要性。青年大学生作为社会中最富有活力、创造力、行动力的一类群体，为实现民族复兴贡献力量是责无旁贷的，新时代的大学生作为社会主义事业的建设者和接班人，要努力成为能担当民族复兴重任的时代新人，具备强烈的时代感和历史使命感。要想担当起这份重任，一方面，新时代的大学生应当将“道”与“术”结合起来。“道”指境界、修养、道德品质；“术”指智力、技巧、才能。既要练就过硬本领，又要锤炼高尚品质。加强道德修养更为重要，“道”是形而上的，“术”是形而下的。另一方面，新时代的大学生在深刻了解国史、国情和当今世界形势的情况下，必须要勇敢地走出来，站在人民群众的前面，承担起青年的使命与责任，要形成迈向新时代的历史自觉、丰富新思想的理论自觉、砥砺自身成长成才的本领自觉、落实理想奋斗目标的实践自觉。在自我期待层面，坚持个人小梦与国家大梦的有机统一。新时代的大学生应当拥有梦想，对自己职业、生活的发展方向抱有更多的期待，这关乎个人的前途命运，每个人都有自我梦想或小梦，但小梦是融于大梦之中的，只有大梦实现了，每个人的梦想才能成真，中国梦是每一个中国人的梦，要实现小梦与大梦的合拍共振。人生画卷初展的新时代大学生要努力锻炼时代新人的理想品格，有知识、有能力、有视野，立志担当民族复兴的重任。

### （二）练“崇德修身、明辨笃实”之本领

“梦想从学习开始，事业靠本领成就[①]。”新时代的大学生要想担当民族复兴的大任，重要的推动力便是掌握够硬、够实、够强的本领，时代的发展呼唤着大学生加强本领建设。砥砺新时代大学生成长成才的影响因子众多，有品德、有修养、有知识、有能力、有落实等，这些构成了大学生本领建设的重要内容。无论是“道”还是“术”，新时代的大学生都应该注重发展，努力成为德才兼备、全面发展的新型人才。新时代、新环境、新条件下，国家对



① 习近平．在知识分子、劳动模范、青年代表座谈会上的讲话[N]．人民日报，2016-04-30(1).

大学生提出了新要求，面对纷繁复杂的国际国内社会背景、中西交流的社会文化、网络信息的多元化趋向，大学生除了具备知识与能力，还应当加强自身道德修养，遇到复杂形势处变不惊，面对大是大非问题坚定立场。新时代的大学生要志存高远、德才并重、情理兼修、勇于开拓，本领的练成不是一蹴而就的，需要扎扎实实的勤奋努力，一点一滴的丰富累积。大学生的本领建设只有以不断学习为根基，厚积薄发，才能支撑起担当民族复兴大任的宏大理想，无愧于生命最好的年华。

1. 以德为先，锤炼高尚品格

"国无德不兴，人无德不立"，立德无论是对国家还是对个人来说都具有重大意义。立德体现的是一种文明程度和人文精神。《文子·道德》提出"夫罪莫大于无道，怨莫深于无德"，清末康有为也曾提出"以德育为先"，立德必须要从青少年就开始抓起。新时代的大学生要修大德，就要自觉践行社会主义核心价值观，加强对其理论认同、实践认同、情感认同和责任认同。既要做到明大德，又要守公德、严私德，大学生要加强自身道德修养、落实道德实践、遵守道德规范，最终锤炼高尚品格。对于个人来说，"修德是一项基本功，因为修不好德，就没有强劲的动力，很难求得真学问……修不好德，就没有明确的方向，很难沉下心来扎扎实实干事、踏踏实实做人"。道德修养对于新时代的大学生从事学习、生活、工作等各项活动都具有指导性意义，具备崇高的理想信念、过硬的知识与本领、复兴民族大业的情怀与担当精神是大学生作为"时代新人"的基本素养，大学生应当具备开阔的国际视野，拥有与时俱进的精神风貌，随着时代形势的发展变化丰富理论涵养、锤炼实践品格，做到学以致德、修以完德、辨以树德、笃以践德。新时代的大学生要修水滴石穿的柔韧之德，坚定理想，坚守信念；修海纳百川的包容之德，学会宽容，有容乃大；修甘心处下的谦虚之德，学会谦让，深入基层，了解人民群众需求，锻炼成长；修泽被万物的奉献之德，甘于奉献，"青年时代，选择吃苦也就选择了收获，选择奉献也就选择了高尚"；修川流不息的进取之德，锲而不舍，奋勇向前。在陕北的七年知青岁月使习近平树立了正确的价值观念和理想信念，受梁家河地区党员干部榜样示范和他们身上表现出来的大德大善的感召与引领，习近平收获了前行的力量。新时代的大学生要牢记以德为先的本领建设，学与德有机结合，"才者，德之资也；德者，才之帅也"，坚守道德品格，成为德才兼备的时代新人。

2. 明辨是非，敢于决断选择

《礼记·中庸》言："博学之，审问之，慎思之，明辨之，笃行之。"慎思明辨作为中华民族的传统美德一直流传至今，并深刻影响着新时代大学生的责任担当意识与能力。明辨要求大学生不畏浮云遮望眼，正确辨别社会的是非善恶，透过现象看到本质，分析实际情况，以做出正确的选择。新时代的大学生应学会理性思考、明辨是非，敢于决断选择，无论面对何种境遇心态都要平和，只有这样才能沿着我们所倡导的社会主义核心价值观的正确方向、正确的人生轨道奋斗成长。大学期间可能会面对多种多样的压力情景，如学业、情感以及职业选择等方面，大学生要学好明辨这门功课，就要始终保持清醒的头脑、处于坚定的立场以及拥有矢志不渝的理想信念，只有这样才能选准未来的方向，在正确抉择中走向人生的康庄大道。明辨思想作为社会主义核心价值观的价值判断与价值选择的重要体现，内含了相关的知识性认识与评价性认识，需要大学生拥有丰富的知识涵养，在责任担当层面追求真善美的统一。如若丧失明辨能力，不明是非，颠倒黑白，失去正确的价值判断标准，人生价值取向上出现漏洞，那将来走向社会后必然会危害自身、他人、集体甚至整个社会。新时代的大环境对大学生提出了更高的要求，信息化时代新媒体途径与渠道的开放性、文化全球化背景之下西方意识形态的渗透性以及全面深化改革的大背景下社会转型问题的复杂性与一部分社会主体价值判断能力的薄弱性等因素的影响呼唤着大学生培育明辨意识与提升明辨能力。大学生要结合时代条件，因时而变、因事而新，辩证看待一切社会问题，在正确判断基础上做出最佳选择，尤其是在西方资本主义意识形态的冲击下，要始终以马克思主义为指导，坚守积极向上的理想信念，以社会主义核心价值观为引领，只有这样才能从思想上提高政治鉴别力，才能抵得住诱惑、经得起考验、辨得了是非、拎得清标准、做得了选择。大学生学会明辨后也要将其落实到实践中，明辨，既要明了是非，又要指导自身行为，两者相辅相成，丰富的实践反过来也会提升大学生的明辨能力，"实践出真知"。因此，明辨是关系到新时代大学生人生"总钥匙"的关键，只有做到这一点，才能正确把握青春奋斗奉献与责任担当的航向。

3. 知行合一，善于严谨务实

追根溯源，"知行合一"的思想是明朝著名哲学家王阳明提出的，注重以知促行、以行求知，知与行相互促进、辩证统一。早在先秦时期，哲学家便对

“知”与“行”的关系进行了阐述，先秦哲学家孟子主张“知先行后”，认为知更重要，相比行来说知起着更为重要的作用；荀子则主张“先行后知”，“不登高山，不知天之高也；不临深溪，不知地之厚也”。南宋哲学家朱熹非常重视“格物致知”，强调只有先格物穷理，之后才能躬行实践。王阳明提倡知行合一的目的便是要求大家言行一致、身体力行，将认知转化为实践并付诸行动。新时代的大学生不仅要将自身的责任担当内化于心，更要经过自身的理解认同，将责任外化为实际行动，转变为责任担当行为，达到知行一致。当然，大学生用以道德准则和规范形成的责任担当指导自身行为的过程也是对其认知程度、情感投入以及信仰认同的外在表现。对于大学生来说，读万卷书固然重要，但更需要行万里路。“知者行之始，行者知之成”。认知指导实践，也在实践中不断完善，两者相辅相成，缺一不可。大学生对自身的责任担当产生理论认同、价值认同，内化于心；对其产生情感认同、实践认同，外化于行。大学生对自身的责任担当经历了从模糊到清醒、从被动到主动的进步与跨越，要逐渐学会摆正位置、俯下身子、沉下心来，对每一责任行为经过沉着冷静分析后再采取行动。新时代的大学生都能在各自的位置上找到个人价值与社会价值的结合点，以实实存在的行为反映自身对理想信念的执着追求、对历史使命的积极回应、对时代责任的勇于担当。“道虽迩，不行不至；事虽小，不为不成[①]。”

凡事皆讲究落实，一个新奇的点子、一个周密的计划、一份应尽的责任如若仅仅停留在脑海之中，仅仅是意识到应该去做，而并没有付诸行动的话，那一切便是空谈，“纸上得来终觉浅，绝知此事要躬行”，只有落到实处，才是真的落实了一份担当，干成了一番事业。因此，新时代的大学生不仅要崇德修身，加强道德修养与道德实践，明辨是非，正确判断自身责任担当，还要将责任担当的意识落实到行动中。“不论学习还是工作，都要面向实际、深入实践，实践出真知；都要严谨务实，一分耕耘一分收获，苦干实干。”只有这样，青年大学生才能以责任自觉为导向，在新时代干出一番事业。

### （三）承“功崇惟志、业广惟勤”之担当

“功崇惟志，业广惟勤”出自《尚书·周书·周官》，取得伟大的功业，是由于有伟大的志向，完成伟大的功业，在于辛勤不懈地工作，这便是它的

① 荀子．荀子[M].沈阳：万卷出版公司,2009: 25.

含义。习近平在 2013 年 3 月 17 日第十二届全国人民代表大会第一次会议的闭幕会上的讲话中也有提到。这句话是周成王向他的臣子说的，在今天，它对为官者、为事者、创业者，尤其对新时代的青年大学生走向正途仍有重大启发意义，古今同理。新时代的大学生作为未来社会各行各业尖端人才的主力军，承担着重大的时代重任，因而更应该树立远大的理想抱负，坚定理想，执着信念，更要坚持不懈地努力，勤学求知，练就本领，并且要勇于开拓，敢于创新，用一生的不懈奋斗承担新时代赋予的责任使命。新时代的使命担当不仅包括传统意义上的对自我、家庭、他人、学校、社会的责任担当，还要结合新时代的发展特点。习近平于 2014 年和 2018 年五四青年节在北京大学师生座谈会上的讲话都对新时代青年大学生的责任担当提出了结合时代特点的新要求，大学生要认真领会，自觉实践。

1. 信念执着，立鸿鹄志

"非学无以广才，非志无以成学。"立志对一个人的责任担当、事业奋斗具有指导性意义，新时代的大学生只有早早树立人生的远大志向，坚定理想信念，并以此为导向，才能自觉担当起时代赋予的重任。小到家庭、个人，大到国家、社会，大学生都要根据自身的理想抱负努力为自身所涉及的领域尽一份责，立鸿鹄志本来就是担当中华民族伟大复兴大任的新时代的大学生的一份沉甸甸的责任，如果一个人没有明确的人生志向，犹如一叶扁舟在茫茫大海中没有导航，注定要迷航。青年时期的马克思立志为人类幸福事业而奋斗，以"为大家献身"为荣，将小我升华为大我，是后来马克思和恩格斯一直为人类的解放事业而长期奔波、担当时代重任的人生航向。青年毛泽东饱含着深切的爱国热情与使命感，在去往湘乡县立东山高等小学读书前，毛泽东给父母留下了一首改写的言志诗："孩儿立志出乡关，学不成名誓不还。埋骨何须桑梓地，人生无处不青山。"该诗抒发了他的远大志向。毛泽东通过阅读书籍和报纸了解到了当时中国的社会现状，便从小立下志向，承担一份作为中国人民的责任，以挽救当时的中国。有一份志，便有一份事。青年时期的周恩来也具有远大的志向，立志"为中华之崛起而读书"，尽力去尽一份责任，最终成为了中华人民共和国的缔造者之一。青年习近平在梁家河插队时，先后写了多份入团申请书、入党申请书，坚持远大志向，对崇高的理想信念有着执着的追求。习近平经常用自己的亲身经历教育告诫青年："人生的道路要靠自己来选择，如何选择一条正确的道路，关键是要有坚定的理想信念。”新时代的大学生生逢其时，也重任在肩，要学会用双手描绘发展的蓝图，用肩膀担当属于青年一代的责任。“青春是用来奋斗的，奋斗是需要生命自觉的，生命自觉是需要大志唤醒的”。因此，青年大学生立志担当对个人、国家、社会意义非凡，立志需要奋斗，立志也需要担当，“青年兴则国家兴，青年强则国家强”，青年大学生要有强烈的时代紧迫感与使命意识，勇敢地接过历史的接力棒，用崇高的人生志向谱写青春之华章。

2. 求真学问，练真本领

“玉不琢，不成器；人不学，不知道。”[①] 这句话是习近平在 2018 年 5 月 2 日在北京大学师生座谈会上为勉励广大青年勤于学习、求真学问所引用的句子。习近平所提到的“求真学问，练真本领”与在 2014 年五四青年节北京大学师生座谈会上对青年提出的“丰富的知识、过硬的本领”的要求有异曲同工之妙，学问与本领是新时代的大学生担当一切责任的前提和基础，“求真学问，练真本领”本就是大学生作为新时代新青年应当承担的责任，如果将勤学求知与社会责任割裂开来，甚至用读书的名义拒绝担当社会责任，那就容易进入读死书、死读书的状态，新时代的大学生要做一个有远大理想、胸怀抱负、勇于担当责任的人。大学生正处于富有创造力与想象力，有饱满热情、体力与智力的美好时期，更应当抓住机遇，珍惜时间，勤于学习，敏于求知，青春的价值要靠青春之责任托举。要珍惜韶华，大学是青年求知最理想的殿堂，大学生应将更多时间放在读书学习上，追求真理，不断进步，发挥自身的潜力，既有“指点江山，激扬文字”的青春豪情，也具备“上穷碧落下黄泉”的求知韧劲。“求真学问，练真本领”首先需要大学生有追求真理的精神，大学生要坚持真理追求真理，真善美是人类追求的永恒价值。其次，大学生要有格物致理的功夫，不能仅仅满足于学习知识，还要学会掌握事物发展的规律，知晓天下道理，真理永无止境，需要我们积极探索。“所谓致知在格物者，言欲致吾之知，在即物而穷其理也[②]。”最后，大学生要具备将真学问、真本领运用于实践的能力，读书是为了明理，学习是为了致用，勤学求知、崇德修身、明辨是非都是大学生要修炼的实际本领，但空有一身本领却无处施展，那便没有意义。大学生要学会走进生活，走进实践，用自己的实际本领展现青春之姿，积蓄成才的能量，担当时代的重任。

---

① 习近平 . 在北京大学师生座谈会上的讲话 [J]. 思想政治工作研究 ,2018(6):6-9.

② 戴圣 . 礼记 · 大学 [M]. 北京 : 团结出版社 ,2017: 35.

3. 敢为人先，开拓创新

“勇立潮头、引领创新，是广大知识分子应有的品格[①]。”新时代的青年大学生作为知识分子，应当自觉培养创新意识、锻造创新能力、丰富创新实践。国家要发展、社会要进步、人民要幸福，离不开创新人才的培养与提升，这一点在五四新文化运动中得到了体现，有志青年大胆革除旧文化、创造新文化，将先进的马克思主义学说带回中国，广泛传播，中国共产党将其与中国的国情相结合，产生了中国化的新的理论成果，这便是青年勇于创新最好的实践证明。青年大学生应具备长远眼光，理想远大，视野开阔，及时了解与分析世界和国家发展的趋势，在继承中华民族优秀文化的同时敢于吸收人类先进文明成果，大胆创新创造，勇于变革，为国家各个层次与其相关领域的发展担一份责任、献一份力量。习近平在 2013 年五四青年节对广大青年成为创新型人才提出了强烈的期望，青年大学生要敢于突破常规，打破传统的思维习惯，敢于对现有的知识质疑，挑战陈旧的学术知识体系，学会发散式和多向思维方式，在发现和创新知识层面另辟蹊径，要想担当国家创新型人才的重任，首先要使自己拥有敢为人先的胆魄和创新精神的品格。当今社会发展日新月异，知识信息不断更新，社会发展的步伐逐渐加快，新时代的大学生作为信息时代的主力军，不仅要跟上时代发展的步伐，更要培养独立自主的人格，勇敢地走在时代发展的前列，善于发现新知识、新本领，开拓新领域，引领时代大潮，在完善自身、奉献社会中担负起应尽的责任。新时代的“新”要依靠以大学生为主体的青年一代来书写，而书写的色彩又赖于大学生群体的理想、本领与担当。

## 二、当代大学生责任担当意识培育的价值意义

从微观层面上说，培育当代大学生责任担当意识对大学生个体的发展具有不可忽视的重要影响，深刻影响大学生身心健康发展，包括大学生的生理肌体健康、心理健康、知识能力与道德思想等。当代大学生是祖国的未来与希望，作为接受过高等教育的优秀群体，将来踏入社会后无论从事的是经济、政治还是文化、社会等各种各样的活动，都代表着家庭、国家、社会、民族，因而加强对他们责任担当意识的培育显得十分重要。针对当代大学生个体来

① 习近平．在知识分子、劳动模范、青年代表座谈会上的讲话 [J]. 中国工运 ,2016(5):4-7.

说，加强其责任担当意识对其自身人格培养体系的完善、个体社会化发展进程的加速具有重要的影响。社会的发展离不开个体，个体也在社会化的过程中担当社会责任，从而达到自我成长成才，这是一个双向互动的过程。

### （一）宏观层面：有利于大学生担当时代新人的使命

当今，经济全球化深入发展，文化全球化也日益深化，改革开放以来，中国的综合国力和人才竞争力赶超了许多国家，取得了显著的成就，但各国之间的竞争也不容小觑。当代大学生作为社会主义现代化建设的新生力量，应当时刻关注国内国际的发展大势，学会判断与分析国际形势，了解社会发展的需要，为社会和人民贡献一份力量。实现中国梦是全国各族人民的共同使命，也是新时代大学生肩负的光荣职责与担当。个体作为社会的有机组成部分，其成长与发展都离不开社会的支持与帮助。社会中的每个人都与国家、民族相互依存，个体的发展离不开国家，国家与社会的发展也离不开个体的努力与维护。当代大学生要肩负起为国家、为民族的历史使命，敢于担当、勇于担当、善于担当，大学生相比其他同龄人有更多的发展机遇，在学校里享受更多的机会与条件，在青年里是接受过系统的高等教育、具备较高的科学文化素质和思想道德素质的青年群体，因而也肩负着更重的使命。大学生要勇于为祖国繁荣富强贡献自己的力量、回报父母的辛勤培养、实现自己的人生追求，不惧艰难、不怕挫折。敏锐的角色认知、勇敢的担当意识、系统的自我管理能力、强烈的学习动机、忠诚的家国情怀、崇高的思想道德品质是当代大学生肩负历史责任、为家国奉献的必备素质。从宏观角度上看，赋予大学生以实现中华民族伟大复兴、完成“两个一百年”奋斗目标的历史使命是针对新时代大学生群体而言的。大学阶段是大学生自立成长的阶段，是大学生了解、学习、适应社会角色的阶段，是大学生承担责任、行使权利和履行义务的阶段，是由“学校人”转变为“社会人”的阶段，大学生责任担当意识的强弱是衡量其是否成长成才的重要标志。首先，当代大学生责任担当意识的提升体现了大学生的自觉意识与主人翁精神的加强，责任担当是一种发自内心的对外界事物以及自身负责，并且是一种理性而自觉的，不受外在约束规定的行为，在日常生活中要时时刻刻以主人翁的姿态承担责任，认真负责，体现时代新人崭新的精神面貌。其次，当代大学生责任担当意识的强弱是衡量其是否成长成才的重要标准。要评价一个人的思想道德素质，就要看他是否承担起了自己的责任以及在日常生活中是否遵循社会道德规范并自觉履行。从职业生涯规划角度上看，强烈的责任担当意识是当代大学生踏入社会、扮演社会角色必备的重要素质。目前许多用人单位高度重视职员的责任心，他们认为知识、经验、技能可以在岗位实践中积累和培养，入职以后再深入学习也不晚，但责任担当意识与能力则是从小养成的，一时半刻不可能有所改变，因而责任担当意识对大学生专业技能、未来的发展、能否成才具有重大意义。最后，当代大学生树立责任担当意识是实现人生价值的必由之路。当代大学生的责任担当意识在于他对个人、家庭、社会的奉献程度，在于对人民群众、对社会群体的尊重与服务程度，这一切都源于大学生的自觉性与主动性以及自我管理能力。责任担当意识是一种自我约束的价值取向，能否发挥实际效应就看大学生的自我认识、自我评价、自我约束、自我激励的程度。当代大学生是新时代青年群体中的佼佼者，是祖国和民族的未来，将来会成为社会主义现代化建设中各行各业的人才，当然这过程中不乏困难与挫折，有学习中的困难，也有外界的诱惑，责任担当意识便是激励大学生不断学习、克服困难的强大动机，强烈的责任担当意识是当代大学生全面发展、成长成才、担当起时代新人重任的不懈动力。

### （二）中观层面：有利于推进大学生社会化发展进程

社会化这一概念属于社会学理论范畴，心理学、伦理学、教育学等学科领域也有涉及。从广义上讲，社会化是一个贯穿于人的始终的过程，是指个体在与社会互动的过程中逐渐养成独立、独特的人格与个性品质，从“生物人”转变为“社会人”，并且通过社会文化的内化和角色知识的学习逐渐适应社会生活的过程。通过社会化这一中介，人的个性得以健全与发展，人格品质得到完善，社会结构得以维系与发展，社会文化得以传播与延续。当代大学生大部分已成年，大学阶段是大学生由“学校人”向“社会人”转变的过渡阶段，对他们责任担当意识的培育对社会化发展至关重要，因而大学生应该抓住机遇，通过理论知识学习与社会实践体验，学会正确处理个人与社会的关系，在社会化中学会角色扮演，担当起不同的责任，学会在个体价值、个人权利与社会责任中寻找平衡点，肩负起社会和历史赋予的责任与使命。

社会化是一个比较大的范畴，包含了众多角度，如角色社会化、道德社会化、个体社会化、政治社会化、语言社会化等，在这里我们谈论的主体是当代大学生，因而我们着重从角色社会化与道德社会化这两个角度阐述。

1. 角色定位准确：加速角色社会化

角色是指在社会化中，一定的社会身份所要求的一般的行为方式及其内在的态度与价值观基础。人在一生中将会扮演众多的角色，角色会随着时间和地点而更换。在不同的环境，在不同的年龄阶段，人会根据角色的定位从事各种各样的社会活动。当代大学生作为将要踏入社会的一类群体，了解角色定位的相关知识以及逐渐适应这一过程十分重要，这样可以避免踏入社会时情况与自身期望有落差而产生焦虑与沮丧的情绪。而如何做好这一准备，通过什么样的途径使大学生提前适应完全社会化的过程，培育其责任担当意识便是有效的方式。在学校期间，大学生的主要任务是扎实学习专业理论知识，提升专业素养和相关的人文与科学素养，这时学习便是大学生主要的责任与使命。当然，在学习的过程中，大学生还可以通过参与科技文体活动、志愿服务活动、社会实践调研、教育实习等社会实践活动提前感受步入社会承担相应责任的角色定位。在这些活动中，大学生在丰富校园生活、提升文艺素养的同时开阔了视野，了解了外面社会的发展状况，通过一系列社会性的工作和人际交往，知道了在不同的社会环境应当如何担当起相应的社会责任，这是一种历练，对大学生来说更是一种适应角色的过程，通过这样的体验，大学生能够更加明确今后的发展方向，定位自己的职业规划，有理想有目标，并为之努力奋斗。

2. 落实道德行为：加速道德社会化

培育当代大学生的责任担当意识，目的是让主体将社会外在的行为规范内化为内心的道德自觉，并落实到行动中。大学生在不同的环境中承担社会责任，在承担责任中理解道德行为规范的意义，便是一种道德社会化的过程。家庭是大学生社会化的启蒙场所，大学生通过孝敬父母、尊重兄长，在家庭中承担一定的责任，并提前体验在未来成立家庭的实际情况，提升道德认知，用实际行动领悟中华民族优秀传统美德，继承“孝、悌、信”的优良传统，在其熏陶感染下加速自身道德社会化的进程。大学生在这一过程中会产生相应的情绪体验，将原有的道德认知转化为道德情感，内化为对自身行为的规范，进而转化为相应的道德行为，落实道德行为又强化了道德认知，如此循环往复，大学生所具备的道德规范就越来越丰富。在学校与社会中，日常与他人的交往、从事的学习与实践活动、为完成某一任务而担当的责任都是潜移默化地进行道德社会化的过程，特别是在学校里与师长的交流，在社会中与前辈的沟通，在交流的过程中大学生自然而然地学习了社会的道德行为规范。知识和经验可以通过多种途径获得，特别是现在处于信息社会，知识发展日新月异，当代大学生更应该学会担当责任，在责任担当的过程中不断充实、积累、内化、落实，大学生责任担当的过程便是道德社会化的过程。

### （三）微观层面：有利于大学生人格培养体系的完善

人格属于心理学的范畴，是指人的性格、气质和能力等特征的总和。从广义上讲，人格是人的一种稳定的、综合的性格特征和精神风貌，是人在知、情、意、行相统一的情况下适应环境的过程中逐步形成的，是人的气质与性格的综合表现。培养当代大学生的健全人格是高等教育发展的需要，也是对大学生提出的意识层面的发展要求。大学生自身拥有健全的人格也对其健康成长、学业与职业生涯发展、个人成就有重要意义。人格是在后天环境的影响下自觉形成的，因而大学生所受的教育、所处的社会环境对其人格品质发展影响极大。当代大学生的责任担当意识是人格发展的重要元素，责任塑造着人格，大学生在对社会、他人担当责任的过程中积累经验、优化道德品质，通过外部环境完善自身，塑造健全的人格。人是社会性的产物，人格是人的社会性存在所展示的价值形象，只有在社会实践中和从事的社会性活动中，自觉履行对他人和社会的责任与义务，在责任履行的过程中收获与之相伴的情感体验，并在与他人和社会的互动中增长知识，提炼、感悟优秀的道德认知与崇高的道德实践，在潜移默化中深受启发，人格培养体系才能自然而然地不断丰富与完善。人格的实质是人格形象所展示的社会意义与价值正效应的充分体现，在大学生与他人、社会的关系中，积极的责任担当意识指导的担当行为可实现健全人格的发展。责任担当意识是评判大学生人格优劣的一个重要标准，人们平日里总是在从事着各种各样的社会活动，人们在这些活动中的表现总能体现出其自身的人格，而对人格的评价就是对其责任担当意识的评价，而责任是主体在自由意志下自觉选择的结果。主体行为的责任有无或者大小取决于责任担当的行为过程或结果对道德规范与义务的履行程度和违背程度，对这一程度的把握会受主体人格精神的支配，因而健全的人格可以进一步促进大学生更加主动自觉地完成自身担当的任务。责任塑造人格，人格又蕴含着责任，两者相辅相成，相互促进。人格作为实现大学生价值追求和满足幸福生活的保障是需要不断完善的，人格的发展永无止境，所谓的责任人格是人格发展的一种品质倾向，是在社会实践锻炼、文化氛围熏陶、有效教育指导的环境中形成的一种具有强烈责任担当意识、情感、意志、行为的优秀人格品质。大学阶段正是人格塑造与发展的关键时期，无论是家长、教师和社会，都要注重培养大学生健全的人格，而培养的途径就是通过赋予其责任担当或培养其责任担当意识，使其自觉产生责任担当行为。具备良好的自主选择和自我管理的能力、健全的人格、卓越的才能、坚强的品格、优秀的品质、良好的个人形象是当代大学生健康成长的重要表现。

## 第四节 新时代大学生责任担当意识的基本内容

大学生担当意识的培养有着丰富的内容。自我担当、家庭担当、社会担当是大学生担当意识培养的重要内容，对大学生的担当意识培养起到重要作用。其中，自我是大学生担当情感激发的内生动力，而家庭和社会是担当意识培养的外在条件。因此，大学生担当意识培养需要从自我担当意识培养、家庭担当意识培养、社会担当意识培养三项基本内容着手，以提高大学生的担当意识水平。

### 一、自我担当意识培养

良好的自我担当意识培养体现在对自我生命的担当、自我价值的担当及全面发展自我的担当意识等方面。当下，要培养大学生对自己和他人的生命担当意识，就要引导他们努力学习科学文化知识，树立积极的人生态度，追求人生价值的自我担当态度，这是大学生担当意识培养的首要内容。

#### （一）自我生命担当

自我生命担当就是每一个现存的生命个体对自己、他人及他物生命的自觉责任担当意识和养成的相应的责任担当行为。大学生的自我生命担当包含两个方面的内容，一是对生命的认识，即对生命现象和生命规律的认识。马克思、恩格斯提出“任何人类历史的第一个前提无疑是有生命的个人的存在”。现实的人具有自然和社会双重属性，与此相对应的是自然生命和社会生命。自然生命是最基本的底线，只有生命存在，才能涉及有价值意义的社会生命。对生命价值的理解和感悟是自然生命的存在对自身、他人、社会发展的意义。正确的生命认知是大学生自我生命担当的重要内容，大学生只有充分认识了生命的价值，才能产生自我生命担当，珍惜生命、热爱生命，并树立积极向上的社会生命意识。

大学生是否具有自我生命担当意识关系到千万家庭的幸福，也关系到社会和谐。大学生受过高等教育，有丰富的科学文化知识和良好的道德修养底蕴，是备受社会关注的“天之骄子”，更应该珍惜自己生命，对自我生命负责，这关系到个人未来发展的前途，甚至影响到国家和社会的发展。总体来讲，身体发肤受之父母，我们的生命来之不易，是父母给予了我们生命。每个人的生命都是独一无二的、不可逆的，我们切不可随随便便丧失自己的生命，任何时候都要敬畏生命、爱护生命。

### （二）自我价值担当

对个体而言，一个人对自己负责任，就会关心自己的身体健康和人格发展，也会注重个体自身潜能的发展和发挥，进而争取价值实现的机会。强调自我发展，注重自我价值担当，是实现自己的人生价值、延长个人生命价值的需要，对个人、国家的发展都有非常重要的意义。从哲学的角度去理解，价值是一种客体满足主体需要的效益关系，是客体固有属性与主体需要发生关系时所产生的属性。从一定层面上讲，自我价值是自我对作为人的存在的一种肯定关系。它包含自尊的情感价值，是以贡献社会为基础，以答谢社会为目的的一种自我肯定态度。大学生自我价值担当是实现自我价值和社会价值的动力源泉。它推动大学生为了人生目标和理想去奋斗，并为实现理想的奋斗过程提供动力支持。作为一个当今的社会人，应当不断地完善自我，这样才可以实现自我的人生价值。因此，我们要帮助大学生成长成才，就必须加强对大学生自我担当意识的培养，引导他们形成积极的人生态度，帮助他们树立正确的人生观、价值观，实现生命的价值。

### （三）自我全面发展的意识

大学生作为中国特色社会主义建设的智力支撑，应对其自身的全面发展负责，应培养德智体美劳全面发展的担当意识，不断提升自身的综合素质和道德情操，提高自身身体素质，以积极向上的精神面貌出现在社会和人民面前。首先，要加强自身品德修养意识。学会做人、学会做事，学会在与人相处时正确处理和他人的关系，培养诚信、感恩、善良、乐观、坚强、负责任、自信等优良品质，健全人格培养。其次，大学生的成长、成才、成功离不开丰富的知识修养，全面发展要求大学生要有勤于学习、敏于求知的学业担当。学习可以让大学生在书中获取宝贵的财富、汲取智慧的源泉。丰富的学识有助于大学生克服现实中遇到的困难，解决学习、工作上的问题，有助于充实大学生的精神生活，不断提高生活品质。“非学无以广才，非志无以成学。”这句话强调了我们只有勤于学习才能增长才干，只有树立远大志向才会学有所成，体现了学习知识、增长才干的重要性。当前，青年正是“恰同学少年，风华正茂”的黄金阶段，探索新知的欲望强烈，理解力很强，对新事物新知识接受速度快，学习新知识的效率高，因此青年大学生要在学习中涵养心智，锤炼意志，陶冶情操，提升精神境界，不断提高在各种压力、困难和考验面前自我调适的能力，不断完善自己。大学生应抓住在校学习的好机会，刻苦学习、积极进取、探索新知，既要读有字之书，也要读无字之书，只有认识到实践也是知识的重要来源，才能不断提升自身的科学文化素养，才能成为国家需要的创新性人才，在新时代投身于社会主义现代化强国建设，担负起中华民族伟大复兴的历史使命。最后，全面发展的担当意识要求大学生养成良好的生活习惯，加强日常身体锻炼，用充满活力的身心迎接未来。

## 二、家庭担当意识

家庭担当意识是指家庭中的成员按照内心意愿出发，自主、自觉、自愿地为家庭承担起相应的责任及义务的意识。

2016 年 12 月 12 日，习近平在《在会见第一届全国文明家庭代表时的讲话》中指出：“努力使千千万万个家庭成为国家发展、民族进步、社会和谐的重要基点。”家庭是社会的基本范畴之一，大学生是家庭关系网上的纽结，为了维系家庭的祥和安定，大学生应具有相应的家庭责任担当意识，在自己的能力范围中承担起相应的家庭责任。同时，大学生作为未来婚姻家庭的主体，必须具有正确的爱情担当和婚姻担当意识，这对维护婚姻家庭的稳定起着至关重要的作用，有利于促进家庭关系的和谐，有利于协调社会的人际关系，有利于提高青年一代的道德修养，对家庭美德建设具有重要意义。

### （一）履行孝亲敬长的担当义务

大学生家庭担当意识最重要的表现便是孝敬父母，这是大学生具有家庭担当意识的首要体现。“百善孝为先”一直是中华民族的传统美德。道德的首要内容以孝为出发点，孝也是其他一切道德的基础。在新时代背景下，青年大学生不仅要担负起全面发展自我、实现人生价值的自我价值担当，还要履行孝亲敬长的担当义务，在家庭中尽力担负起自己的责任。

历代先哲圣贤早已深刻阐明孝的重要地位。孔子说：“夫孝，德之本也，教之所由生也。”强调孝顺父母是一切道德的基础和出发点。《三字经》里也说：“首孝悌，次见闻。”强调要把孝亲敬长放在首位，其次才是读书认知。《后汉书·列传·刘赵淳于江刘周赵列传》中记载：“夫孝，百行之冠，众善之始也。”在中国传统社会，“孝”是百善之首，是为世人所看重的德行。儒家的孝道思想非常深厚，对现代人仍然具有重要的启发和借鉴意义。今天的大学生孝亲敬长应做到以下几个方面。首先，理解父母。理解父母的思想观念，认同家庭。其次，尊敬父母。不顶撞父母，对父母恭谦有礼。以父母之心为心，常与父母沟通。再次，帮助父母。帮助父母学习手机应用软件等新技能、新知识，关心父母的健康，帮助家庭渡过难关，承担家庭责任。最后，回报父母。要勤于学习、敏于求知，进德修业，立志成才，用所学成就回报父母，并在自己经济独立的时候在物质上满足父母。

### （二）承担未来家庭的担当意识

爱情是人类的一种最高尚、最优美、最诚挚的情感。爱情和婚姻从古至今都是人类社会的永恒话题。高校是孕育爱情的伊甸园，它汇聚了来自全国各地的具有不同性格、志趣、人生理想的大学生，他们对大学生活充满激情，对“窈窕淑女，君子好逑”和“所谓伊人，在水一方”的美好爱情有着无限憧憬。大学生在校谈恋爱已经成为普遍现象。在恋爱中，担当是一种非常重要的品质。马克思主义认为，爱情既包括自然属性，也包含社会属性。人类的恋爱已经超越了个人的现象和问题而存在，是社会的现象和问题。男女的恋爱行为不仅会对个人生活产生影响，还会对社会生活产生影响。因此，社会对个人的恋爱行为进行道德约束是必然的，大学生要树立正确的爱情观，培养对爱情负责的意识。大学生在树立正确的爱情观的同时要树立正确的婚姻观。步入婚姻殿堂后，男女双方不仅要互相扶持、相互关爱，还要承担家庭责任，共同把家庭经营得温暖、和睦、和谐。善于为家庭付出、奉献自己对家人的爱，是当代大学生承担未来家庭担当意识的基本要求。

## 三、社会担当意识

社会担当意识是指社会公民对自己应当承担的社会职责、义务的一种自觉自愿的意识行为。一个人具有社会责任担当意识，就会意识到承担社会责任是分内之事，从而自觉地遵守社会公德、维护社会秩序，积极主动参与公共事务、奉献社会。进一步说，公民自觉遵守社会公德，维护社会公共秩序，肯定社会责任价值，产生社会责任担当，就会时刻尊重社会责任，敢于承担社会责任。社会担当意识是大学生担当意识培养的核心内容。只有自觉承担社会责任，才能为国家发展、社会进步贡献力量，成为一名合格的、优秀的社会公民。

### （一）遵守社会公德、维护社会秩序的自觉性

社会公德是全体社会成员最基本、最起码的道德准则和道德规范，也是社会主义精神文明建设的重要内容。而社会主义精神文明建设离不开每一位社会成员思想道德境界的提高，它要求每一位社会成员内心具备善良的道德意愿、道德情感，拥有正确的道德责任感，做出准确的道德判断，提高道德实践能力。大学生作为社会责任的主体，遵守社会公德是立身处世的基本准则，而维护社会秩序更应是一种自觉的行为担当。当代大学生应该对社会秩序有更加深刻的认知，自觉遵守社会秩序。大学生是社会中接受高等教育、具有较高素质和良好道德水平的群体，大学生践行社会公德的自觉程度和普及程度体现了大学生的担当能力和担当水平。通常来讲，大学生社会公德水准越高，其社会公德责任意识和责任感就越强。大学生应该积极主动担当、履行自己的公德责任和公德义务，促进自身道德责任意识和道德素养的提升，从而彰显当代大学生的良好道德品质，弘扬中华民族传统美德。

### （二）参与公共事务、积极奉献社会的主动性

大学生群体是社会的重要参与者，主动参与公共事务、积极奉献社会是公民最基本的责任担当意识体现。处在象牙塔中的莘莘学子虽然还未真正承担具体的社会工作，但在汲取智慧的同时，仍然要了解自己的社会使命，培

养浓厚的担当意识。应当把国家强盛和民族复兴作为自己的历史使命，把个人命运与国家前途紧密结合在一起。这需要大学生积极参加公共事务，积极参与社会实践和公益服务，主动承担社会责任，了解社会，适应社会，为未来走入工作岗位做好充分准备。国家《中长期青年发展规划（2016—2025年）》强调，青年要融入社会，多参与社会实践和公益服务，突出理论与实践的统一，在实践中增加人生历练，强化社会交往能力和社会责任感。

### （三）团结有爱、和谐友善的人际担当

马斯洛需要层次理论表明，每个人都有安全的需要和归属的需要。大学生在学校中和自己学习、生活、工作中的人建立团结、和谐的人际关系，是人与社会关系的直接体现，是寻求安全感和归属感的需要。搭建团结有爱、和谐友善的人际关系，需要大学生在与他人交往中树立正确的交友观，养成自身对他人及关系的责任担当意识，这不仅是大学生学习生活的重要组成部分，还能帮助大学生个人成长成才。当前，大学生人际交往关系存在诸多问题。首要表现是交往能力逐渐削弱。

手机微信、QQ、微博等“屏社交”在方便大学生人际交往的同时，也带来了不可回避的现实问题。大学生群体线上手机聊天、交友热情似火，线下现实情感冷漠、现实交际意愿低，大学生群体中常见的人际僵局有同学聚会大家“尬聊”，见面客客气气，无话可说，这说明大学生实际沟通能力、现实交际能力弱化。脱离了人与人之间看得到、摸得着的现实沟通交流，大学生会隐藏真实情感，在与他人交友中产生不愿意付出、不会付出、不敢付出的交友意识，在与他人的相处中缺乏担当意识。当下中国家庭中的独生子女家庭中，父母长辈对子女过度宠溺，致使许多大学生自我意识强烈，缺乏集体主义精神，“人人为我”大于“我为人人”，也常常“事不关己，高高挂起”，自私、冷漠、怕苦、怕累的坏习气普遍存在。利己主义导致大学生自我意识高涨，同学之间矛盾不断、利益冲突不停，难以建立真诚、热情的人际关系。

### （四）爱国有责、勤于追梦的政治担当

政治担当一般指人们在社会政治生活中所扮演的角色担当其政治领域中的责任、履行政治义务。习近平在中国共产党第十九次全国代表大会报告中提出了“培养担当民族复兴大任的时代新人”，这是新时代对青年在政治担当上的迫切

要求。中国共产党第十九次全国代表大会以来，习近平从党长期执政、民族复兴大任的角度强烈要求青年承担政治担当。作为我国社会主义事业未来接班人，关心热爱自己的祖国是对于新时代大学生的根本要求。其中，青年政治担当还体现在关心国家大事，关心政治上，这是青年参与国家发展的政治担当。中国梦的伟大实现和中华民族的伟大复兴离不开奋发有为、积极向上的时代青年。大学生是实现民族复兴大任的追梦者，更是实现民族复兴大任的圆梦者。要实现全民族的美好梦想，广大青年务必要有政治担当，勤于追梦。

## 第五节　新时代大学生社会责任教育的原则

原则是人们对实际经验的正确总结，是人们认识世界和改造世界所要遵循的定律。新时代大学生责任担当教育的原则就是相关教育工作者对新时代大学生进行责任担当教育所要遵循的定律。新时代大学生教育的原则包括大学生责任担当教育的一般原则和大学生责任担当教育在新时代的特殊原则。

### 一、新时代大学生责任担当教育的一般原则

不同时期的大学生有不同的特点，这是特殊性。但是，作为大学生，他们之间也有某些共性。因此，在对新时代的大学生进行教育时，也要考虑普遍的一面。另外，责任担当教育属于教育的一个方面，因此教育中的某些原则也可适用于新时代大学生责任担当教育这一领域。

#### （一）理论联系实际的原则

理论联系实际历来都是中国共产党的三大优良作风之一，是中国共产党辩证唯物主义思想路线的具体体现，也是进行理论宣传和理论教育必须遵循的根本原则。理论从实践中来，并接受实践的检验。理论只有联系实际，才能从实际出发，指导革命实践。脱离实际的理论会变成僵死的教条。中国共产党在长期的革命斗争中，同违反这个原则的教条主义和经验主义进行了坚决的斗争，从而使党不断地发展和壮大起来。中国共产党经常进行党内的思想政治教育，要求树立和坚持理论联系实际的作风。中国共产党是中国特色社会主义建设事业的领导核心，新时代大学生责任担当教育是中国特色社会

主义建设事业的重要组成部分，新时代大学生责任担当教育的效果直接关系到中国特色社会主义建设事业接班人的质量。新时代大学生责任担当教育虽然需要学校、社会、家庭共同参与，但主要阵地还在学校。中国共产党也是新时代大学生责任担当教育的领导核心。因此，中国共产党所秉持的理论联系实际这一优良作风和教育原则理应成为新时代大学生责任担当教育的原则。那么，新时代大学生责任担当教育怎样坚持理论联系实际的原则？我们可以从以下方面进行分析。

第一，明确新时代大学生责任担当教育中的"理论"和"实际"。新时代大学生责任担当教育不能仅仅从责任担当教育角度来谈，而应该多角度、全方位、立体式地看。如果多角度、全方位、立体式地看新时代大学生责任担当教育这一问题，那么新时代大学生责任担当教育就是一个体系。新时代大学生责任担当教育中的"理论"和"实际"都有各自的体系。其中，新时代大学生责任担当教育中的"理论"体系主要涉及三个具有紧密逻辑关系的问题，即新时代大学生责任担当教育是什么？为什么要进行新时代大学生责任担当教育？怎样进行新时代大学生责任担当教育？对这三个问题的理论阐释构成了新时代大学生责任担当教育中的"理论"体系。其中，关于"新时代大学生责任担当教育是什么？"的理论阐释主要包括相关概念的阐释及其特征和构成要素；关于"为什么要进行新时代大学生责任担当教育？"的理论阐释主要包括新时代大学生责任担当教育对自己、对别人、对家庭、对社会、对国家等方面的意义；关于"怎样进行新时代大学生责任担当教育"的理论阐释主要包括新时代大学生责任担当教育的方法、原则、路径等。同时，新时代大学生责任担当教育中的"理论"还涉及多个学科领域的理论，如教育理论、传播理论等。"大学生"指出责任担当教育的对象是大学生，这就涉及大学生方面的理论。"新时代"指出了大学生责任担当教育的时代背景，这就涉及新时代中国特色社会主义方面的理论。新时代大学生责任担当教育中的"实际"是指教育中的实际情况。这些实际情况也不是单一的，而是相互联系的，如新时代责任担当教育涉及学校、家庭、社会，因此在进行新时代责任担当教育的时候要考虑到学校、家庭、社会的实际情况。此外，还要考虑新时代的时代背景，大学生在学校学习、生活和参加活动等方面的实际情况。

第二，构建新时代大学生责任担当教育中理论与实际的双向互动模式。在新时代大学生责任担当教育中坚持理论联系实际原则，就是要构建理论与实际相结合的双向互动模式。新时代大学生责任担当教育必须坚持理论与实际的结合与统一，用新时代大学生责任担当教育理论分析实际，用新时代大学生责任担当教育实际验证理论，使学生从新时代大学生责任担当教育理论和实际的结合中理解和掌握新时代大学生责任担当的知识，培养学生运用这些知识解决责任担当中遇到的实际问题的能力。理论联系实际原则所反映和要解决的矛盾主要是保证新时代大学生在接受责任担当教育中所学知识与其来源不至脱节，学生掌握的知识能够运用到或回到新时代大学生责任担当实践中。

### （二）科学性与方向性相结合的原则

科学性原则是指必须在科学理论指导下，遵循科学决策的程序，运用科学思维方法进行一项活动或一项事业的行动原则。科学性原则应该贯穿这项活动或这项事业的始终，包括科学决策、科学规划、科学实施、科学管理、科学评价等阶段。其中，科学决策起着决定性作用。决策不科学，就会导致后面事情偏离方向，给正在进行的某项活动或某项事业带来巨大损失。与科学决策相反的是经验决策，经验决策只能是科学决策的补充，科学决策是对经验决策的总结和升华。科学决策以准确、严密、客观、可靠为优点。要使决策科学化就必须建立科学化的决策体制、确立程序化的决策过程、采取科学化的决策程序、培养现代化素质的决策者。新时代大学生责任担当教育科学性原则就是指新时代大学生责任担当教育这项教育事业必须在科学理论指导下，遵循科学的教育决策程序，以新时代大学生责任担当教育科学决策为重点，完善对新时代大学生责任担当教育的科学规划，并精心组织实施，加强科学管理，完善新时代大学生责任担当教育的相关评价体系，使行动原则更加科学化。这就需要高校建立科学化的新时代大学生责任担当教育决策体制、确立程序化的新时代大学生责任担当教育决策过程、采取科学化的新时代大学生责任担当教育决策程序、培养具有现代化素质的新时代大学生责任担当教育的决策者。传统的以灌输为主的责任担当教育方法体系已经越来越不符合新时代社会发展的要求，也越来越不能被新时代大学生所接受。在今天的大学生责任担当教育方法中，哪些大学生责任担当教育方法应该大力弘扬，又有哪些大学生责任担当教育方法应该舍弃，还有哪些大学生责任担当教育方法应该发展创新，其唯一的判断标准在于这种大学生责任担当教育方法是否符合新时代大学生责任担当教育的科学性原则。应该遵循由浅入深、循序渐进的思路，使新时代大学生在责任担当的担当实践中增长知识，提高认识，升华境界。

新时代大学生责任担当教育方向性原则是指新时代大学生责任担当教育的全部内容要始终与新时代中国特色社会主义发展的要求和实现中华民族伟大复兴中国梦的要求相一致，坚持正确的政治方向。当前，新时代大学生责任担当教育方向性原则主要体现为新时代大学生责任担当教育要旗帜鲜明地坚持中国特色社会主义和共产主义方向，与中国共产党的根本宗旨和以习近平同志为核心的党中央的决策部署相一致。新时代大学生责任担当教育就要以此为方向，既要对新时代大学生进行新时代中国共产党的路线、方针和政策的教育，又要进行实现中华民族伟大复兴中国梦这一伟大理想教育，引导新时代大学生增强责任担当感，全心全意为人民服务；既要引导新时代大学生认认真真、踏踏实实地学习，为奉献新时代中国特色社会主义建设事业做好准备，又要引导新时代大学生将自身的学习目标与社会主义现代化建设目标联系起来，帮助新时代大学生坚定共产主义信念，从而为新时代中国特色社会主义的发展和实现中华民族伟大复兴中国梦创造物质上和精神上的条件。坚持方向性原则对新时代大学生责任担当教育具有重要意义。首先，只有坚持方向性原则，才能保证中国共产党领导下新时代大学生责任担当教育的本质特色。其次，只有坚持方向性原则，才能统一新时代大学生对责任担当所持的思想和行动。最后，坚持方向性原则是实现新时代大学生责任担当教育价值的根本要求。新时代大学生责任担当教育价值实现与否必须以是否达到新时代大学生责任担当教育的目的以及达到的程度来衡量；要达到培养有社会主义责任担当感的新时代大学生的目的，就必须坚持中国特色社会主义和共产主义方向。在新时代大学生责任担当教育过程中坚持中国特色社会主义和共产主义方向，首先必须始终坚持将马克思主义及其中国化最新理论成果——习近平新时代中国特色社会主义思想——作为指导思想。只有坚持这些指导思想，新时代大学生责任担当教育才能真正实现阶级性与科学性的统一以及理论与实践的统一，才能在新时代中国特色社会主义建设进程中，增强大学生承担责任担当的自觉性，减少大学生承担责任担当的盲目性，始终沿着中国特色社会主义和共产主义方向前进。其次，增强贯彻新时代大学生责任担当教育方向原则的自觉性。要帮助新时代大学生认识到，坚持正确的政治方向不仅是新时代中国特色社会主义发展的需要，也是新时代大学生全面发展的需要。最后，坚持方向性原则需要讲究科学性原则。要在新时代大学生责任担当教育实际工作中贯彻方向性原则，就必须将原则的坚定性和方法的灵活性结合起来，努力使新时代大学生责任担当教育渗透到社会生活的各个方面和大学生的日常生活当中，从而潜移默化地影响新时代大学生。从事有关新时代大学生责任担当教育的教育者要努力探寻方向性原则与新时代大学生责任担当教育具体目标之间的契合点并以方向性原则统摄新时代大学生责任担当教育的具体目标，使新时代大学生责任担当教育始终在科学理论指导下沿着中国特色社会主义和共产主义方向发展。

### （三）疏通与引导相结合的原则

疏通就是广开言路、畅所欲言、集思广益。引导就是在疏通基础上对正确的观点加以肯定和赞扬，对不正确的观点通过民主讨论、说服教育、批评与自我批评的方法，将其引导到积极、正确的方向上。可见，疏通是引导的前提，而引导则是疏通的目的，两者相互统一，不可分割。从大方面上说，新时代大学生责任担当教育涉及家庭、学校、社会三个层面，并且在每一个层面都涉及许多方面。在家庭层面，新时代大学生责任担当教育涉及父母、兄弟姐妹、亲戚，原生家庭或者再婚家庭，还有未来自己组建的家庭。在学校层面，新时代大学生责任担当教育涉及学校党委、共青团委、社团、学生生活服务部门、学院，专业课和非专业课，思想政治教育，心理健康教育，专业课任课教师和非专业课任课教师，普通教师和研究生导师，等等。在社会层面，新时代大学生责任担当教育涉及各级教育行政管理部门、社会服务部门等。因此，要疏通新时代大学生的责任担当教育，就是要调动家庭、学校、社会各层面的力量，广开言路，坚持开放办学，让所有从事、热爱、关心新时代大学生责任担当教育的各界人士畅所欲言，发挥他们的集体智慧，为新时代大学生责任担当教育献计献策。当各界人士在献计献策中出现意见不合的时候，要认识到这属于人民内部矛盾，要使用“团结—批评—团结”的方法加以解决，肯定和赞扬正确的，并通过民主讨论等方式，批评和改正错误的。从小的方面说，新时代大学生责任担当教育的疏通和引导主要针对在承担责任担当过程中感到困惑、迷茫的那部分人。

新时代大学生责任担当教育坚持疏通与引导相结合的原则。首先，新时代大学生责任担当教育工作者要积极发扬民主工作作风，让广大新时代大学生和相关教师畅所欲言，创造畅所欲言的浓厚氛围。这样，才能使涉及新时代大学生责任担当教育的教育者更多了解新时代大学生的学习、生活、家庭、思想等方面的实际情况，更好地把握新时代大学生各方面的思想动态和需求，找到合适的、具体的疏通和引导的办法以及角度。其次，以对新时代大学生的正面引导和说服教育为主，在新时代大学生责任担当教育的过程中，一方面新时代大学生责任担当教育工作者要坚持用马克思主义立场、观点、方法，向新时代大学生灌输马克思主义理论、责任担当理论等内容并进行积极的引导；另一方面，新时代大学生责任担当教育工作者也要正视新时代大学生在承担责任担当方面存在的思想认识偏差，诚恳地指出问题，激发他们继续承担起应有的责任，调动他们在责任担当行动方面的积极性，促进他们责任担当思想的转化和提升。再次，要将解决新时代大学生的思想问题和解决他们的实际问题相结合。历史唯物主义认为社会存在决定社会意识，社会存在的变化发展可能决定了社会意识的变化发展，但社会意识的变化发展在某个阶段与社会存在的发展变化不完全同步，有可能先进于或落后于社会存在。社会意识是对社会存在的反映，社会意识对社会存在具有反作用，正确的社会意识推动社会存在的发展，落后的社会意识阻碍社会存在的发展。新时代大学生对责任担当的思想认识属于社会意识范畴，在承担责任担当时遇到的实际问题属于社会存在范畴。新时代大学生在承担责任担当时遇到的实际问题会由于种种原因变得多种多样，当他们不知道怎么解决或错误地解决的时候，他们的思想认识会产生混乱，这样他们有可能在责任担当面前心灰意冷，停滞不前，进而大大削弱了责任担当教育的成效。因此，新时代大学生责任担当教育要坚持解决思想问题与解决实际问题相结合，正视而不是回避当前新时代大学生关心的具体问题和面临的各种大大小小的实际困难，要贴近新时代大学生的生活，正确认识新时代大学生关心的热点问题和学习生活中的实际困难，要分清性质，善于引导和帮助新时代大学生从政策上、心理辅导上、法律上寻找解决问题的方法。此外，还要引导新时代大学生正确面对承担责任担当时的实际问题，正确认识承担责任担当给自己带来的根本利益和长远利益，调动他们的内在积极性，培养团结协作精神，用集体主义精神和力量战胜承担责任担当行动中的困难。最后，新时代大学生责任担当教育工作者在进行责任担当教育时要以身作则、言行一致，遵守教师职业道德和《新时代高校教师职业行为十项准则》，用自己的实际行动和人格力量影响新时代大学生、感召新时代大学生、带动新时代大学生，做一名富有责任与担当的新时代人民教师。只有在新时代大学生责任担当教育当中做到了言教与身教的统一，新时代大学生责任担当教育工作者才能在新时代大学生面前树立威信，对新时代大学生的疏通才有基础，对他们的引导才有力量。

## 二、新时代大学生责任担当教育的特殊原则

马克思主义唯物辩证法认为，任何事物都是普遍性与特殊性的统一。普遍性寓于特殊性之中，普遍性是对特殊性的归纳总结。因此，特殊性是根本。这就要求我们从事物的特殊性出发，实事求是。当代大学生处于中国特色社会主义的新时代，新时代赋予了大学生新的任务。因此，新时代大学生责任担当教育一方面要遵循其一般普遍性的教育规律，另一方面还要遵循其特殊性原则。

### （一）强化历史使命的原则

面对责任担当，新时代大学生如何承担，在何种程度上承担，除了要从他们自身角度出发教育他们，还要从外部角度赋予新时代大学生一种历史使命。历史使命就是一种纵向维度的责任担当，一般而言，前一个社会历史时期的历史使命就是后一个历史时期的现实。例如，共产党在资本主义社会时期的历史使命就是后一个时期——社会主义社会时期社会主义的实现。新时代中国共产党的历史使命就是未来某个时期中华民族伟大复兴的实现。历史使命在更大程度上具有未来指向性，责任担当在更大程度上具有当前指向性。人无远虑，必有近忧，没有历史使命感，也就不能真正承担好责任担当。因此，强化历史使命的原则是新时代大学生责任担当教育的一种重要特殊原则。广大青年要增强历史使命感，要高举习近平新时代中国特色社会主义思想伟大旗帜，发扬艰苦奋斗、勇于创新的精神，为建设社会主义现代化强国，实现中华民族伟大复兴，最终实现共产主义而努力奋斗。

### （二）因势而新的原则

因势而新，即随着客观形势的变化而变化。新时代大学生责任担当教育首先要让新时代大学生了解社会的客观形势，然后根据客观形势，对新时代

大学生责任担当教育的内容、原则、方法、路径等做些变动。因势而新的本质就是与时俱进，实事求是。因势而新原则就是新时代大学生责任担当教育要始终坚持一切从实际形势出发，理论联系实际，坚持实事求是的责任担当教育思想路线。具体地说，就是要立足于新时代大学生责任担当教育的客观形势和新时代大学生的思想实际开展责任担当教育，在责任担当教育实践中努力探求新时代大学生责任担当教育内部各要素的联系及其与外部环境的关系，从中探寻新时代大学生责任担当教育的客观规律，以此指导教育活动，以提高新时代大学生责任担当教育的效益。坚持从新时代大学生的学习、休闲、生活和他们的思想实际出发，避免主观性和盲目性，是做好新时代大学生责任担当教育的基本要求，因势而新原则就很好地体现了这一要求。

在新时代大学生责任担当教育中坚持因势而新原则，首先就要树立强烈的因势而新意识。新时代大学生责任担当教育工作者应该努力做到不唯书、不唯上、只唯实，也就是说，要深入新时代大学生责任担当教育各方面实际，加强调查研究，努力把握新时代大学生和新时代思想政治教育的实际情况，努力追求教育实效；要诚实守真，不弄虚作假，不搞形式主义。其次，要坚持新时代大学生责任担当教育与时俱进。因势而新内在地要求新时代大学生责任担当教育要与时俱进，因为社会一直处在不断的发展变化之中，新时代大学生的思想也处在不断的发展变化当中，所以新时代思想政治教育工作者要注意不断地对新时代大学生责任担当教育的内容、形式、方法等进行调整，使之与不断变化的国内外客观实际形势相协调。因此，新时代大学生责任担当教育工作者要特别注意用联系、发展的观点在动态中认真分析和深刻把握新时代中国特色社会主义建设中出现的各种思想现象和社会现象，善于透过现象抓住本质，从而使新时代大学生责任担当教育活动常变常新。可见，只有坚持与时俱进，才能更好地坚持新时代大学生责任担当教育的因势而新原则。最后，要加强形势政策教育。形势是某个时期内社会各方面发展的整体状况和发展态势。政策是党和国家为实现某个时期的路线和任务而根据当时形势制定的行动准则。形势和政策两者相互联系，形势是政策制定的客观依据，而政策反过来通过影响人们的行为从而影响形势的发展变化。新时代大学生责任担当教育形势是指在新时代中国特色社会主义建设时期，社会各方面的发展情况以及大学生责任担当教育发展的整体状况和发展态势。新时代大学生责任担当教育政策是指以习近平同志为核心的党中央为实现新时代中国特色社会主义建设这一时期的路线和任务而制定的关于新时代大学生责任担当教育方面的准则。要帮助新时代大学生正确认识当代形势，全面理解党和国家关于社会各方面，尤其是大学生教育这方面的方针政策，激励新时代大学生满怀信心地投入到建设中国特色社会主义的伟大实践当中去，就必须对新时代大学生不断地进行形势政策教育。这就要经常向新时代大学生分析国内外形势的风云变化，宣传新时代党的路线、方针、政策，培养新时代大学生用正确的观点和方法观察、辨别和分析新时代中国特色社会主义建设面临的形势的能力，正确理解、牢牢把握、认真执行新时代中国特色社会主义和新时代大学生责任担当方面政策的能力，从《关于加强和改进新形势下高校思想政治工作的意见》《中长期青年发展规划（2016—2025年）》《中国教育现代化2035》等文件和政策中提炼出有关新时代大学生责任担当教育方面的专项政策和意见。在对新时代大学生进行形势政策教育时，要帮助新时代大学生掌握马克思主义尤其是习近平新时代中国特色社会主义思想中的形势与政策观，引导新时代大学生用联系和发展的观点来观察和分析新时代中国特色社会主义建设面临的形势，正确认识形势发展变化中的主流形势和支流形势，全局形势和局部形势，现象形势和本质形势的关系；引导新时代大学生正确把握党在新时代中国特色社会主义建设时期的各项方针政策，认清现阶段政策和建设社会主义现代化强国，实现中华民族伟大复兴和最终实现共产主义目标与方向的一致性，从而正确处理个人、集体、国家之间的利益关系和眼前、长远利益的关系。要坚持因势而新，实事求是的原则，防止新时代大学生责任担当教育的绝对化、片面化和表面化；要围绕党和国家建设中国特色社会主义这一中心工作，突出重点，加强对热点、难点问题的分析和研判；要紧密围绕新时代大学生对国内外形势和责任担当教育的思想认识的实际情况进行有针对性的教育，以便使形势政策教育收到应有的实际效果。

### （三）关怀体谅的原则

新时代赋予新时代大学生新任务，新任务需要新时代大学生承担更多的责任。新时代大学生一方面有着较高的社会参与热情，另一方面有着完美主义的想法，又有社会经验不足的实际情况。因此，新时代大学生在承担责任担当的行动过程中，难免有受到挫折或者自己的目标、愿望、理想无法实现的时候，这时新时代大学生责任担当教育工作者不能一味地指责，而要具体问题具体分析，一方面要严格要求，另一方面对他们的失误要以人文关怀的方式进行体谅，以便维护他们的身心健康。因此，关怀体谅原则成为新时代大学生责任担当教育的一条特殊原则。

新时代大学生责任担当教育中的关怀就是新时代大学生责任担当教育工作者对新时代大学生整体学习、生活、社会参与等方面状况的关怀，是对符合新时代大学生的人格尊严和学习环境、生活环境、社会参与环境等方面的肯定，是对新时代大学生自由全面发展的不断追求。新时代大学生责任担当教育中的关怀就是密切关注新时代大学生的生存与发展，努力做到关心人、保护人、尊重人。在新时代大学生责任担当教育中提出“关怀”这一主题，标志着高校教育文明的进步，尤其是高校思想政治教育文明的进步。而这种进步最终也会促进人类社会文明的进步，同时也反映了新时代大学生责任担当教育工作者自觉意识的觉醒和提高。新时代大学生责任担当教育只有深刻理解人的生命内涵，关切新时代大学生的整体学习、生活、社会参与等方面状况，才能激发新时代大学生的责任担当情感和责任担当行动。新时代大学生责任担当教育中的体谅就是新时代大学生责任担当教育工作者设身处地为新时代大学生着想，要善解人意。与人友好相处、爱与被爱是人的基本需求，帮助人们满足这种需求是体谅的主要职责。新时代大学生责任担当教育中的体谅就是要营造和谐的、相互关心的道德关系。人们之间的相似性或共同性是人们相互关心，相互体谅的基础，新时代大学生责任担当教育就是要培养新时代大学生关心别人、体谅别人的品德。新时代大学生如果做到了关心别人，体谅别人，就不仅会使别人感到愉快，还会使自己感到愉快，这既是一种利他行为，又是一种利己行为。在教育目标上，新时代大学生责任担当教育中的体谅就是引导新时代大学生学会关心，让新时代大学生在与别人共同承担责任担当的行动中具备关心别人的品德。一个有体谅品德的新时代大学生能够考虑别人的意见，察觉别人的感受，体谅别人的难处。新时代大学生责任担当教育工作者在以关心体谅为原则进行的教育中起到表率作用。在新时代大学生责任担当教育中，观察和模仿新时代大学生责任担当教育工作者身上体现的体谅别人的品德是新时代大学生获得体谅别人品德的一种重要方式。新时代大学生从新时代大学生责任担当教育工作者言行中学习到的东西会比从他们所讲所教中学到的东西要多，要深刻。因此，新时代大学生责任担当教育工作者引导学生学会关心体谅别人的最佳方法就是教育工作者自己学会关心体谅别人，为新时代大学生树立榜样。

### （四）权、责、利相统一的原则

权，即权利。责，即责任。利，即利益。新时代大学生责任担当教育要有成效，除了客观方面，主要看新时代大学生主观能动性的发挥程度。而新时代大学生主观能动性的发挥程度与他们拥有的权利、承担的责任、获得的利益这三者有关。如果没有相应的权利，新时代大学生就不能也不敢放手大胆地去承当相应的责任担当；如果没有相应的责任，新时代大学生有可能在承担责任担当的行动中迷失方向；如果没有相应的利益，新时代大学生有可能缺乏继续承担责任担当的动力。因此，新时代大学生责任担当教育要坚持权、责、利相统一原则。那么，如何在新时代大学生责任担当教育中贯彻权、责、利相统一的原则呢？我们可以从以下几方面入手。

第一，坚持权、责、利基本相等原则。权、责、利基本相等体现了中华传统的中庸和谐之道，是现代法治社会的基本要求，也是管理学中的一条重要原则。当权、责、利基本相等时，新时代大学生就会在自主权利范围内大胆行动起来，承担相应的责任担当，并在承担责任担当过程中获得满足感、幸福感，这就标志着新时代大学生责任担当教育取得了一定成效。当权、责、利不等时，新时代大学生就有可能会在有限的权利范围内瞻前顾后，放不开手脚，并在承担责任担当过程中有较少的获得感方面的体验，甚至还可能会有深深的挫败感，其实这就意味着责任担当教育的某种失败。权、责、利基本相等包括以下几种类型：一是权和责基本相等。新时代大学生责任担当教育要坚持权和责相等原则，不能拥有权利而不履行职责，也不能只要求学生承担责任而不予以权利。向学生授权是为其履行职责提供必要条件。合理给学生授权是新时代大学生责任担当教育贯彻权和责相等原则的一个重要方面，必须根据新时代大学生承担责任担当的大小授予其相应的权利。新时代大学生完成责任担当承担任务的好坏不仅取决于他们的主观努力和所具有的素质，还与上级是否合理授权有关系。对新时代大学生责任担当教育工作者而言，贯彻权和责对等原则为做好新时代大学生责任担当教育提供了必要条件，同时也对新时代大学生责任担当教育工作者进行了约束，其一不能滥用权利，其二强调了新时代大学生责任担当教育工作者的责任，在其位要担其责。二是权和利基本相等。新时代大学生责任担当教育要坚持权和利相等原则。目前，责任担当教育大都“只是简单、逻辑呈现规范论的要求，忽视权利的教育”①，难以给新时代大学生留下深刻印象。

权利一般指法律赋予人实现其自身利益的一种力量，指人们依法享有的利益，或者人们在法律规定范围内，为满足自身特定的利益而享有的权能和利益。权利是实现利益的前提，利益是权利的维护者。新时代大学生在承担责任担当的过程中要有相应的权利，这种权利来源于公民的基本权利，或者来源于大学生的教育和受教育的权利，或者来源于所就读高校的校规校纪赋予的权利，或者来源于大学生所在基层单位和所在诸如社团、协会等基层组织赋予的权利。新时代大学生只有根据相应的权利，才能获得相应的利益，相应的利益反过来增强新时代大学生对自身各级各类权利的认同。以社团为例，高校社团能丰富大学生的业余生活，能锻炼大学生的社会交往能力，能培养大学生的责任担当感，等等。因此，高校社团在学生教育中起着非常重要的作用。学生在社团中的职位决定了他在这个社团中的权利和相应的利益。三是责和利基本相等。新时代大学生责任担当教育要坚持责和利相等原则。形象地说，责和利的关系就如同勤奋和懒惰的关系。承担好责任需要付出努力，要勤奋，而享受利益带来的快乐则比较轻松。从人的本性来看，人都会有懒惰的一面，都注重利益，注重索取，轻视付出与奉献。新时代大学生责任担当教育则要注重这一现象，把重利益、重索取、轻责任、轻奉献转到重责任、重奉献、轻利益、轻索取上来，实现责和利的基本相等。

第二，坚持以精神利益获得为主。利益一般包括物质利益和精神利益，社会生活由物质生活和精神生活构成，社会生产也包括物质生产和精神生产，人类文明也分物质文明和精神文明。可见，物质与精神这对概念广泛存在于我们生活的世界当中。在新时代大学生责任担当教育中，利益也是新时代大学生愿意承担责任担当的原因之一，对他们来说也是动力之一。新时代，以习近平同志为核心的党中央非常关注广大人民群众的获得感。这里所指的获得不仅是物质方面的获得，更多的是精神方面的获得。新时代大学生在承担责任担当过程中所获得的利益更多的应该是精神方面的利益。一方面是因为精神的力量是无穷的；另一方面，从教育意义角度看，精神利益应该是新时

① 吴康妮．当前我国大学生社会责任感培养现状与应对策略[J]．国家教育行政学院学报，2017(2)：76-81.

代大学生在承担责任担当一事上应获的本质利益。因为中国共产党对党自身教育都一再强调要勤俭节约、艰苦奋斗，这表明中国共产党对党的教育也是更多关注精神方面，而不是一味关注物质，追求物质上的享受。因此，新时代大学生在党的领导下也要发扬这种勤俭节约、艰苦奋斗的作风。

第三，做好权、责、利的统一管理。要使新时代大学生在承担责任担当过程中的权利、责任和利益得到有序运行并取得成效，对权、责、利进行有效的统一管理是必不可少的。运用现代教育管理学原理，遵循新时代大学生责任担当教育基本规律，在科学总结大学生责任担当教育的历史经验基础上，建立健全的，有活力的，科学的权、责、利统一管理制度，形成系统的权、责、利统一管理内容，畅通高效的权、责、利统一管理过程，构建充满活力的权、责、利统一管理组织体系，是当前新时代大学生责任担当教育中权、责、利统一管理的当务之急。只有这样，才能调动一切有利的、积极的因素，形成新时代大学生责任担当教育的强大合力，保证新时代大学生责任担当教育功能的充分发挥和根本任务的完成。

# 第二章　大学生责任担当动力研究

## 第一节　大学生责任担当的动力要素

大学生责任担当是在党和国家、社会、高校、个人多主体参与，责任认知、认同、行动多环节联结及党和国家领导力、外部压力、内在动力、现实阻力多种因素的共同影响下发生、发展的。

### 一、大学生责任担当的内生动力要素

要素是构成事物的本质成分，是决定事物变化发展的原因和条件。大学生责任担当的内生动力要素在多种动力要素之中，具有根本性和决定性的作用，可以说它是大学生责任担当的原动力。从大学生自身角度来看，影响大学生责任担当的因素有很多，如大学生的气质、性格、需要、动机、兴趣、态度、理想、信念、世界观、能力等。本节主要从大学生的责任需要、大学生的责任认知、大学生的责任能力、大学生的责任态度四个主要方面对大学生责任担当的内生动力要素进行阐释。

#### （一）大学生的责任需要

人类的一切活动归根到底来源于需要。心理学认为：“需要是人类行为的动力和源泉，需要可以看成是人类一切活动的出发点和归宿[①]。”大学时期是大学生人生发展的特殊阶段，这个时期大学生的生理、心理各个方面趋于成

① 段荣，温志波．当代大学生家庭责任感教育浅析 [J]. 沧桑 ,2006(6)：123-124.

熟，他们有着多种多样的需要。他们的需要既具有个体需要所具备的普遍性，又有着属于他们自身的特殊性。他们有追求理想的需要、成长成才的需要、获得别人尊重的需要、自我实现的需要。大学生要想满足自身的各种需要，就要积极承担起自身的责任，勇于担当。大学生在满足自身需要时，不能侵犯他人的利益，要做到对他人、对社会负责。因此，大学生不仅具有对自己负责的需要，还有对他人、对社会负责的需要。

责任需要是责任动机的源泉。责任动机是责任主体心理结构中动态的、积极的心理因素，它表现为人们承担责任的一种心理倾向，能够推动人们产生负责任的行动。志愿服务是责任担当的一种具体表现，“大学生参与志愿服务活动的利他动机主要源自他们爱与归属、自尊以及自我实现的需要”[①]，大学生成长成才的需要、自我实现的需要往往能激发大学生的成就动机，驱使他们担当起责任，努力完成工作任务，迎接挑战，并从中得到满足。

大学生责任担当作为一种目标性的活动，与大学生的责任需要密不可分。没有责任需要，就很难产生责任行动。大学生的责任需要从根本上影响着大学生的思想和行为，影响着他们的责任认识、责任信念等，它是大学生责任担当的原动力。因此，对大学生进行责任担当教育，要注重激发大学生的责任需要，提升他们需要的层次，培养他们担当责任的主动性、积极性。

### （二）大学生的责任认知

责任认知是责任担当的重要环节。“责任认知是指个体对责任的内容与意义的认识，以及对责任及其行为的正确感知、判断、理解和评价的能力[②]。”具体来说，大学生的责任认知应该做到：知道什么是责任担当，即了解责任担当的内涵；知道为什么要担当责任，即对责任担当有正确的判断；知道怎样担当责任，即能够掌握责任担当的方式；了解责任担当的后果和形成正确的责任观念；等等。责任认知的过程是个体经验不断积累，责任认识从感性认识逐步上升到理性认识，并接受实践检验日益发展的过程。“责任认知涉及责任主体的是非标准和价值取向，它有助于人们在善恶、美丑、荣辱、公私等矛盾之间保持坚定的立场，对义务、荣誉、幸福等进行审慎的把握[③]。”大

① 卓彩琴．志愿服务动机的深层分析［J］．广东青年干部学院学报，2007(3):36-40.

② 任伟．当代中国大学生社会责任感培养研究［D］．济南：山东大学，2010.

③ 夏丽萍．社会责任感的生成机理及表征［J］．江淮论坛，2009(6):130-135.

学生在掌握正确的责任认知之后，在面对社会生活中各种矛盾纠纷、各种利益取舍时，更容易通过理智权衡，做出正确的行为判断。责任认知是促进责任担当的重要力量，大学生的责任认识越全面、越深刻、越正确，就越有助于转化为坚定的信念和意志，推动大学生更好地做出负责任的行动。

### （三）大学生的责任能力

能力是一个人综合素质的充分体现，责任能力是责任担当的必备条件。缺乏责任能力的人即便有着强烈的责任意识，也不能很好地担当责任。责任能力的内涵十分丰富，个人的知识结构、思想道德品质、身体素质以及在社会生活中获得的经验、技能等都可以看作责任能力。谢平认为："深刻理解责任内涵的认知担当能力是责任能力的基础和前提；对责任具有高度的情感认同，能够把个人利益与国家、集体利益统一起来的心理担当能力是责任能力的重要部分；实践担当能力是责任实现的保障和体现，是最重要的责任能力[①]。"当前部分大学生身上存在着眼高手低、高分低能、不思进取、怕苦累、挑肥拣瘦、不安心本职工作等问题，这些都是责任能力弱的表现，也是大学生不能担当责任的重要原因之一。

能力是在实践中一步步提高的，责任能力是可以培养的，大学生责任能力低并不可怕，就怕明明知道自己能力低还不努力，还安于现状，不思进取。在日常的生活学习中，大学生要有意识地锻炼、提高自己的责任担当能力，着重培养自己人际交往的能力、动手操作的能力、平衡责任角色的能力、适应环境的能力以及处理复杂问题的能力，在实践活动中增长才干。

### （四）大学生的责任态度

责任态度是责任担当的关键。责任态度积极，即使责任能力较差，也能通过充分发挥个人的能动性，出色地完成任务，履行好责任。"责任态度可以通过个人的情感、意志、价值取向和积极负责的态度体现出来[②]。"在责任担当的过程中，情感因素十分重要。积极的情感、良好的情绪作为一种强大的内驱力，能有力地推动个人担当责任。责任情感越强烈，个体就越容易产生

① 谢平．当代大学生责任担当教育研究[D]. 宁波：宁波大学，2014.

② 程东峰．责任论：关于当代中国责任理论与实践的思考[M]. 北京：中国林业出版社，1994: 173.

担当责任的愿望，责任行动也越容易发生。意志是个体人格的重要组成部分，它往往以理想和决心激励着人们去从事某些活动，并在很大程度上影响着个体活动的成败。坚定的责任意志能够帮助我们克服困难和不足，将责任践行到底。价值取向是个人世界观的反映，价值取向出现偏差的人是不能担当责任的。人生的价值只能在责任担当中实现。积极负责的态度是责任态度的正面表述，强烈的责任意识是责任态度的核心。个人的责任态度越积极，就越容易做到责任担当。

大学生应该保持积极的责任态度，激发个人的责任情感，锻炼顽强的责任意志，以正确的价值观为指导，充分发挥个人的能动性，自觉抵制诱惑、克服困难、解决矛盾，选择符合责任要求的行为，坚定地担当责任。

总之，大学生责任担当的内生动力要素之间是相互影响、相互作用的统一整体，它们共同推动着大学生责任担当的发生、发展。其中，大学生的责任需要是大学生责任担当的动力源泉；大学生的责任认知是责任担当的前提；大学生的责任能力是责任担当实现的保障；大学生的责任态度是责任担当实现的关键，责任态度中的责任情感、责任意志是责任动力的助推器和调节器。大学生的责任需要越强烈，责任认知越清晰，责任能力越强大，责任态度越积极，大学生的责任担当就越容易实现。

## 二、大学生责任担当的外生动力要素

大学生责任担当的发生、发展除了需要一系列内在的动力要素，也离不开诸多的外在动力要素。下面将从外部社会环境系统的角度，选取教育主体、同伴群体、责任情境、价值导向四个主要方面，探讨大学生责任担当的外生动力。

### （一）教育的力量

国家的教育体系主要由家庭教育、学校教育、社会教育构成。三种教育密切配合、相互补充、相互促进才能实现育人的伟大目标。大学生的责任担当更离不开这三种教育的共同影响。

1. 家庭教育

家庭教育是每个人教育的启蒙，家庭成员尤其是父母的言行会对子女产生潜移默化的影响。青少年早期责任担当意识的养成深受家庭教育的影响。

朱桂英认为，大学生道德责任的缺失首先是由于在家庭教育中，家长的责任素质不高、教育方法和理念不当，导致大学生缺少塑造良好责任品质的基础环境。

父母应该从小培养孩子的责任担当意识，引导孩子养成良好的责任行为习惯，科学、理性地教育子女，逐步提高家庭教育的质量，促进大学生健康成长。

2. 学校教育

学校教育具有目的性、计划性、系统性等特点，是影响人身心发展的重要外部环境因素之一，在人的发展中起主导作用。学校教育是开展大学生责任担当教育的主要渠道。任伟认为，当前我们的学校教育中，德育教育尤其是责任教育相对薄弱，学校缺乏科学合理的教学、管理方法，高校教师没有充分发挥好榜样示范作用，再加上不良校风、班风、舍风的消极影响，部分大学生很难做到责任担当。

学校是培养大学生责任担当意识、引导规范大学生思想行为的主阵地，应该发挥其应有的教育作用。

3. 社会教育

社会教育伴随人的一生，是家庭教育在社会上的延伸，并和学校教育相辅相成，共同促进人的发展进步。我们认为大学生在社会生活中所接受的一切教育性经验都算社会教育。大学生的思想、性格、价值观等的形成和发展都直接或间接地受到社会现象、社会风气、舆论传媒等社会环境的影响。积极的社会教育有利于学生责任担当意识的养成，能够规范约束他们的行为。大学生参加社会实践活动也是接受社会教育的一种方式，通过实践能提高他们的行动力、执行力，增强他们的社会责任感。

### （二）群体的作用

同伴群体成员之间往往有相近的兴趣、爱好、价值观、行为习惯等。“大学生离开家庭进入集体生活，怎样融入同伴群体，并在其中实现自己的需要对大学生来说尤为重要[①]。”处于同伴群体中的大学生往往彼此认同，相互影响，他们之间更容易形成大家所理解和接受的角色规范和价值观念。

① 龙润忠. 浅议同伴教育的特点和在青少年思想道德教育中的作用[J]. 广西青年干部学院学报,2008(6):25-27.

同伴群体在大学生责任担当中也发挥着重要作用。大学生同伴群体间往往有共同的兴趣爱好，易产生情感上的共鸣，再加上他们之间的互动频繁、活动形式多样，能够促进彼此共同成长。如果同伴群体中的大多数都能够做到担当责任，这会形成一种榜样示范的影响，促使其他成员向其看齐。同伴群体若形成了一定的规模，其行为会激励更多的大学生参与到他们的行动中。例如，当一定数量的同伴群体在学校中排队打水，其他的大学生也会被带动到自觉遵守秩序的活动中。“大学生朋辈群体成员之间的互动、交往、引导，能够有效地推动大学生社会责任知、情、意、行的形成和统一，有利于增强大学生的社会责任感[①]。”大学生同伴群体可以利用共同生活、共同成长的优势，彼此帮助、互相勉励，共同增强责任担当意识。

### （三）情境的影响

“责任情境通常是指责任事件和责任行为发生的时空背景[②]。”责任行动总是发生在特定情境中，并通过具体的情境表现出来，责任情境对个体的责任行动总会产生一定的影响。国外很多学者通过实证研究，证明了情境因素对责任决策起着重要作用。大学生总是处于某些情境中，从宏观角度看，大学生所处的时代、社会背景，具体到政治制度、法治环境、经济条件、文化氛围、社会风气等都可能是责任情境。从微观角度看，大学生生活的家庭、班级、宿舍、社团组织等也是责任情境，甚至某个活动、某种形势、某种心境也可以看作大学生责任担当的具体情境。情境对大学生责任担当的影响是不可忽视的。通常在安全的情境下，人们更倾向履行责任、助人为乐。而在有风险的情境下，有的人就会选择逃避责任、忽视责任。许赟春认为：“责任不仅是静态的态度和行为倾向，更是基于责任情境的动态的价值判断体系。个体因素和情境因素都能影响责任感的形成，应该将两者结合起来考虑并将责任感置于动态的情境下来分析[③]。”

---

① 段惠方 . 朋辈教育在大学生社会责任感培养中的运用 [J]. 教育探索，2014(4):106-107.

② 朱秋飞，何贵兵 . 传统美德认同和责任情境对大学生责任行为倾向的影响 [J]. 应用心理学，2011, 17(1):88-94.

③ 许赟春 . 社会两难中的责任感和亲社会行为分析：身份和情境的影响 [D]. 杭州：浙江大学，2011.

### （四）思想的引导

大学生的责任担当是在一定价值观指导下的社会实践活动。近年来，党和国家高度重视大学生社会责任感的培养。党的十八大首次将“培养学生的社会责任感”写入党代会的报告中。党的十九大关于加强和创新社会治理的新理念和新举措的内容中强调：引导公众用社会公德、职业道德、家庭美德、个人品德等道德规范修身律己，自觉履行法定义务、社会责任和家庭责任，自觉遵守和维护社会秩序。

大学生的责任担当也离不开正向舆论的引导。积极正向的舆论通过向社会传递正能量，能够弘扬社会正气，美化人的心灵，提高人们的道德素质，激发人们的责任担当意识。党和国家对责任担当问题高度重视，通过制定意见、纲要，宣传责任担当思想，引导大众传媒传递正能量，为大学生营造良好的舆论氛围，对大学生群体的思想观念、价值取向以及行为方式进行引导和规范，为大学生责任担当沿着正确的方向发展提供了可靠的保障。

总之，教育的力量、群体的作用、情境的影响、思想的引导四个要素构成了大学生责任担当的外生动力要素，并且这四个要素之间是相互影响、相互补充、共同发挥作用的。其中，教育的力量是大学生责任担当的重要基础，大学生只有接受了良好的责任担当教育才能正确地实现责任担当；群体的作用能够成为大学生责任担当的重要推动力，同伴群体的责任行为会对大学生起到良好的示范激励作用；责任情境是大学生责任担当的载体和不可缺少的现实条件，具体情境会激发大学生责任担当的动机；思想的引导为大学生的责任担当明确了方向，只有在正确价值观的指导下，大学生的责任担当才能顺利实现。

## 三、大学生责任担当的阻力要素

我们在担当责任的时候并不是一帆风顺的，会受到一定条件的制约。个体的道德素养、性格、能力、价值观、经历、态度等主观因素会一定程度影响个体的行为选择，同时个体在活动过程中还会受到自然环境、社会现实等具体境遇的影响。大学生在责任担当的过程中会遇到多种困难和障碍。全面了解大学生责任担当的阻力因素，有利于大学生在责任担当的过程中对不利因素做出调整，有效克服阻力以更好地实现责任担当，所以分析大学生责任担当的阻力因素必不可少。这一小节主要从客观和主观两个角度对大学生责任担当过程中存在的诸多问题和可能遇到的阻力进行分析。

### （一）责任担当的现实困境

1. 责任制度不健全

法律、规章制度、规范条例等外在的约束对人的行为有重要的影响。邓小平曾说："制度好可以使坏人无法任意横行，制度不好可以使好人无法充分做好事，甚至会走向反面[①]。"责任担当的落实不能单纯靠公民的自觉，还需要健全的机制体制给予保障。

当前我国的责任制度还有很多不足之处，一是责任制度化水平低。当前大部分公民普遍缺乏责任担当意识，再加上责任制度没有做细、做深，不够明确具体，责任的滥用与重叠现象也很普遍，责任制度很难落实到个人身上。二是责任制度不全面。当前我国的责任制度尚未形成统一完整的体系，缺乏有效的责任评价机制，缺乏完善的责任奖惩机制以及可靠的责任监督机制，不利于激发人们责任担当的积极性，也无法对不负责任的行为进行彻底追究，因而不能很好地发挥责任制度应有的作用。

习近平在中央政治局第十七次集体学习时强调，要加强制度宣传教育，特别是要加强对青少年的制度教育，讲好中国制度故事，引导人们充分认识我们已经走出了建设中国特色社会主义制度的成功之路，只要我们沿着这条道路继续前进，就一定能够实现国家治理体系和治理能力现代化。

2. 责任教育不到位

只有依靠教育，启发人们的责任认识，提高人们的思想觉悟，引导人们规范自身行为，才能使人自觉地担当起责任。责任教育依靠学校教师还远远不够，还需要社区、组织、政府参与其中，建立一套完整的责任教育机制。

当前的责任教育中存在很多问题。一是学校责任教育有所欠缺。具体来说，责任教育的内容过于单一，缺乏创新，很难得到学生的认同；责任教育的方式仍以课堂灌输和知识复制的传统教育为主，忽视了学生的主体能动性，容易引起学生的反感；责任教育的手段往往停留在理论学习层面，缺少社会实践活动的锻炼，容易造成"知行脱节"的问题。再加上责任教育目标不明

---

① 中央人民广播电台理论部.《邓小平文选》中的哲学思想[M]. 北京：广播出版社，1984: 33.

确，责任教育机制不健全等因素，责任教育无法取得理想效果。二是家庭责任教育不足。家庭对子女的影响是潜移默化和深刻持久的，大部分家长往往更为关注子女的学习成绩和事业的成功，而容易忽视对子女的思想品德、人格修养、道德责任的培养，承担了许多本来应该子女承担的责任。此外，有的家长在言行上推卸责任，没有为孩子树立责任担当的榜样，不利于孩子责任担当意识的养成。

3. 社会环境的不良影响

社会属性是人的本质属性，人们从事任何活动都不能脱离社会环境。社会存在决定社会意识，当前大学生责任担当意识的缺失很大程度上与社会环境的不良影响有关。

社会环境的负面影响主要有三点。一是市场经济的消极影响。市场经济在促进经济高速发展的同时，也因其对效益、竞争的强调，很大程度上对人们的价值观念、道德责任产生了不良影响。社会生活中拜金主义、个人主义、享乐主义等负能量严重影响了大学生的责任担当。二是网络的消极影响。网络已经渗透到大学生生活的方方面面，网络中的部分内容并不真实，很多人并没有对自己的言行负责，网络中的不健康内容使大学生不能理性、客观地认识问题，再加上有的大学生沉迷低俗的娱乐和网络游戏，忽视学业，疏远同学，社会责任感明显缺失。三是不良文化的影响。一方面，随着全球化的不断深入，各国在文化方面的联系日益紧密，西方敌对势力利用强大的经济实力，向我们进行意识形态的渗透，大肆传播西方的个人主义，对部分大学生的价值取向产生了消极影响；另一方面，中国传统的封建思想，如官本位思想、大男子主义等错误思想对大学生的价值观念产生了一定影响，制约了大学生责任担当的实现。

### （二）责任担当的主观障碍

1. 自我意识不成熟

自我意识是指“个人在社会生活中形成的对自我和与自己相关的社会关系的认识和理解，是个体关于自我全部的思想、情感和态度的总和”[①]。自我意识要求大学生能够正确客观地认识评价自己，有自己独立的感受，自信、自



① 樊富珉，王建中．当代大学生心理健康教程[M]．武汉：武汉大学出版社，2006:26.

卑、有责任感、羞耻心等，并且能够自我节制、自我监督、自我改变、自我提升，使自己成为理想的自我。当今一部分大学生的自我意识水平较低，他们对自己缺乏正确的认识和评价，对自己的行为不能很好地调节控制，容易受到诱惑，他们往往内心充满矛盾与困惑。多数大学生生活在相对单纯的校园环境中，缺乏社会经验，看问题比较片面，责任认知比较模糊。他们不能正确认识自己身上肩负的责任，不知道为什么要担当责任，怎样去担当责任，甚至一些大学生还有“别人不负责，我负责也没用”“别人对我不负责，我也不该对他人负责”等错误思想。

2. 责任意志力薄弱

意志力强的人在面临困难阻碍时能够迎难而上，努力克服，坚持到底。相反，意志力薄弱的人往往极易受到诱惑，自我调控能力差，稍微遇到点困难便半途而废。个人责任意识是责任担当过程中克服困难、将责任行为坚持到底的重要精神动力，如果责任意志不坚定，责任担当也就很难实现。

当前一部分大学生具备基本的责任认知，然而他们由于责任意志薄弱，在理想与现实发生冲突、个人与社会发生矛盾时，往往选择了逃避责任、忽视责任，拒绝担当责任。导致这一问题的主要原因是大学生的自我意志力太差，面对诱惑时，他们不能很好地调节、控制自己的行为。从当代大学生的生活实际来看，他们成长的过程中很少经历艰苦环境的磨炼，因而容易缺乏顽强的意志品质和坚韧不拔的奋斗精神。当他们受到不良影响的时候，思想上容易出现波动，很难做到担当责任。

3. 责任能力有待提高

责任行为是衡量个人是否担当责任的有效标准，如果个人只是具备责任认知、责任态度，但并不去行动，不去践行责任，那么这些认知、情感、信念等对责任担当来说并没有实际意义。当前大学生在责任担当过程中存在知行脱节的问题，在责任的践行中并不按照责任的认知标准而进行。

责任能力制约着大学生责任担当的实现。缺乏责任履行能力，责任认知再到位也不能实现责任担当。绝大部分大学生很少参加社会锻炼，缺乏社会经验和生活阅历。因其自身的局限性，很多大学生身上出现了高分低能、眼高手低、怕苦累图安逸等问题，这都是责任能力弱的体现。有的大学生责任认知能力较差，不了解其在学校、家庭、社会各个角色中应担当的责任。还有的大学生对自身责任的反思能力较差，他们认为造成责任缺乏的主要原因在于学校和社会，而很少对自身进行评价和反思，也很少考虑自身缺乏责任会造成的后果。

## 第二节　大学生责任担当动力的运行

### 一、责任担当动力的激发

我们认为责任动机是激发责任担当动力的主要因素，责任动机来源于责任需要。人的各种活动都是在动机的驱使下发生的。动机达到一定的强度，便会激起个体的兴趣、情感等。动机还具有调节功能，当我们面临某些利益冲突、权利取舍时，有意识动机、利他动机等积极方面的动机能够对人的行为进行调整，使人们趋于理性，做出理智的行为。

动机在大学生责任担当活动中的作用不可忽视。动机产生于需要，大学生有着成长成才的需要、尊重的需要、交友的需要等多种需要，就会产生相应的多种的动机，激发大学生去担当责任、践行责任。责任担当动机的强度越大，越能够激发大学生责任担当的兴趣、愿望，促使他们做出责任担当的行为，同时由强烈动机所激发的责任行为也更具持久性。由于大学生个体的差异，他们的责任动机是否产生、责任动机的水平高低都不一致，大学生自身要塑造良好的心理结构，完善自身的人格，以促进积极的、高尚的责任动机产生。在大学生责任担当教育中，我们应正确把握大学生的思想动机，重视大学生责任动机的激发，营造适合于责任动机的良好环境。

### 二、责任担当动力的引导

责任担当动力的引导是指对大学生进行启发、激励、教育等，引导他们正确地担当责任，从而使其思想和行为有益于社会和个人的发展。部分大学生的主体意识尚未成熟，价值观还不稳定，再加上他们缺乏社会实践的考验、锻炼，很容易受到不良环境的影响，甚至有可能产生错误的价值取向，在思想和行动上出现偏差。错误的思维不能促进大学生自觉主动地担当责任，这就需要高校、家庭、社会、政府等外界力量对其进行有效的引导。

大学生责任担当动力的引导要注意两点。从引导方式上看，对大学生进行思想引导要以服务大学生为出发点，采用大学生喜闻乐见的方式，尊重、关爱大学生，与大学生建立良好的互动关系；从引导的内容来看，必须符合社会道德规范的要求，符合人们的共同利益，并且要贴近大学生生活实际，不断创新。

各界教育者要使大学生明白担当责任是其个人成长成才的必然选择。要引导大学生正确认识、深入理解责任担当的内涵、方式、方法，增强大学生的责任认知。最重要的是要教育引导大学生把责任担当的意识落实到日常行为习惯上，使他们从自己做起、从小事做起、从身边做起、从现在做起，自觉主动地担当责任、践行责任。

## 三、责任担当动力的维持

大学生责任担当要想顺利地发生、发展下去，必须要有持续不断的动力。如果责任担当的动力得不到维持，那么责任担当就有可能仅仅停留在思想上，只想不做，或者中途停止，毫无意义可言。

从大学生自身来看，大学生责任担当动力的维持需要大学生的责任情感、责任意志、责任能力等作为保障。情感在促进动力的维持上发挥着重要的作用。人的各种活动都离不开情感的推动。大学生尤其要重视个人的情感体验，要从内心深处认同责任担当并上升为积极的责任情感，发挥好责任情感激发动力、克服阻力以及维持动力的积极作用。大学生在责任担当的过程中总会遇到挫折、诱惑，不少人会选择放弃承担责任，坚强的意志对维持大学生责任担当的动力具有重要的意义。大学生的责任意志越坚定，就越容易克服困难、抵制诱惑，更好地履行责任。此外，责任能力直接制约着责任担当的实现，也是影响大学生责任担当动力的重要因素。责任能力弱的人，往往担当责任的动力也不会很强。

总之，大学生责任担当的实现离不开责任认识的指引、责任情感的推动、责任意志的调节、责任能力的保障。这些因素贯穿在责任担当动力运行的各个环节中。责任担当动力的维持光靠个别因素独立发挥作用是很难的，需要多个动力要素相互协作、相互补充，也需要我们创造良好的内外部条件，以维持责任担当的动力，促进大学生责任担当的实现。

## 四、责任担当动力的转化

责任担当动力的转化是指创造条件、克服阻力，推动大学生责任担当动力转化为责任担当行动，实现责任目标。在责任担当动力的推动下，大学生自身的思想素质、道德修养会逐渐提升，个人人格会不断完善，从而大学生能够将被动接受责任教育转化为主动进行自我责任教育，设置个人责任担当的目标，并真正付诸行动，践行责任、担当责任，这就意味着动力的成功转化，即责任担当的实现。

责任担当动力在转化的过程中不是一帆风顺的，会遇到许多阻力，受到主客观等多种因素的制约，这就需要我们提供一定的条件，克服阻力与制约，促进大学生顺利地担当责任。从外部条件来说，我们要为大学生担当责任创造良好的环境。大学生责任担当是在某一责任情境下的社会行动，其动力的转化依赖良好的社会环境。我们要在党和国家正确的政策导向的指引下，建立健全责任制度，为个人责任的实现提供约束、激励，建立保障机制，规范人们的行为、保护个人的合法权益；要优化责任教育环境，包括自然的、社会的、物质的、精神的等各种环境；要注重责任担当的倡导和宣传，营造人人担当的社会氛围；等等。从内部条件看，要重视激发大学生责任担当的内部动力，促进大学生责任意识的觉醒，合理引导大学生的需要，重视大学生的情感、意志等心理因素的积极作用，要教育引导大学生在正确价值观的指导下，充分发挥主观能动性，以坚定的决心和顽强的毅力，按照责任要求去行动，勇于担当、敢于担当、乐于担当。

# 第三节　大学生责任担当的规律

大学生责任担当是某一责任情境下的社会行动，外在表现为指向“他者”的负责任行动，内在蕴含担当认知、认同和行动的有机统一，其发生发展是有规律的、可认知和驾驭的。大学生责任担当既要遵循人类历史和社会发展的普遍规律，又要遵循大学生成长的客观规律，还要遵循其自身的特殊规律。我们只有充分认识并掌握这些规律，并将其运用到大学生责任教育的实践中去，才能取得理想的教育效果。

## 一、多元动力驱动规律

多元动力驱动规律指的是大学生责任担当的发生、发展是多种动力相互影响、共同发挥作用的结果。大学生责任担当是一个复杂的过程，党和国家、社会、高校、大学生个人都是参与主体，其发展中会涉及责任认知、认同、行动等多个环节。在这个过程中，有来自大学生自身的内部驱动力、来自社会环境的外部助推力、来自党和政府的引导力以及各种现实困境和主观障碍所造成的阻力等多种力量，这些力量共同发生作用，影响着大学生的责任担当。只看到其中任何一点，都是片面的。大学生责任担当引力的构成要素如图 2-1 所示。

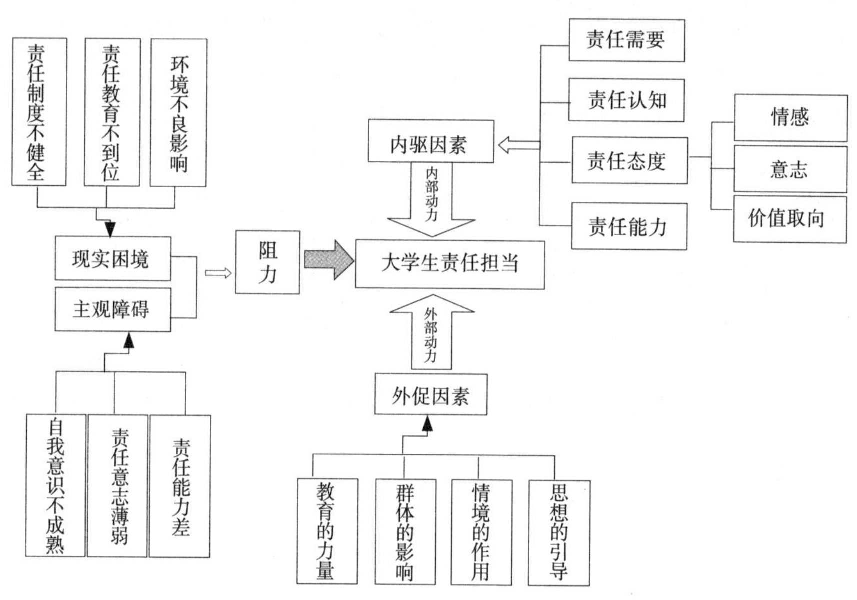


图 2-1　大学生责任担当动力的构成要素

大学生责任担当的内在动力要素之间是紧密联系、协同发挥作用的。其中，责任需要和责任动机是大学生责任担当的原动力；责任认知是责任担当的基础和前提；责任态度中的责任情感是责任认知转化为责任行为的重要推动力，责任意志是责任担当过程中克服困难、维持动力的可靠保障；责任能力是责任担当的必备条件。同时，大学生在责任担当的过程中，会直接或间接地受到各种复杂社会环境的影响。有的是大学生责任担当的积极动力，如大学生责任担当意识的养成离不开责任教育，在家庭、社会、学校教育的共同引导下，大学生很容易做到担当责任。还有一些因素会给大学生责任担当造成阻力，需要我们努力抑制其消极影响。

总之，大学生责任担当是在由多个动力要素构成的合力的作用下发生、发展的。大学生责任担当的各个动力要素都有其独特的作用、特点，它们相互联系，共同影响着大学生责任担当的实现，缺失其中的任何一个要素，大学生责任担当都会被削弱、消减甚至不会发生。大学生责任担当的顺利实现需要责任担当动力系统中各内外要素达到优化整合，实现良性的互动。

## 二、他律向自律提升规律

他律向自律提升的规律是指大学生责任担当由依靠外部强制性的约束转变为依靠个人力量，自觉主动地担当责任的过程。大学生责任担当是大学生自觉主动地践行责任的过程，是大学生从内心深处认同责任担当，并内化为自己的责任担当意识，外化为责任担当行动的动态过程，在这个实践过程中，大学生自己能够做出价值判断和主体选择，这个过程是由他律转化为自律的过程。

“自律是指个人从内心认同外部的规则要求，能够主动地将其内化为自身的行为准则，并依靠个人的自觉和努力，自己要求自己，主动规范自己的言行[①]。”自律强调的是自我约束、自我规范，它要求个人通过道德自省做到对外在规范主动自觉地遵守。他律是指依靠制度、法律、舆论、奖惩、教育等外部力量，使人们遵守某些社会规范和要求。他律会受到社会环境的影响，是被动地接受，它的实现依靠的不是个体的理性和信念，而是外在的约束和制约。他律与自律是紧密联系、不可分割的，自律难以形成统一的标准，也很难稳定发挥作用，因而需要他律的配合；他律要通过自律才能实现，他律的使命是升华自律，没有自律，他律也就失去了意义。

大学生责任担当的发生和发展靠的是他律和自律的结合，但最终应该从他律转化为自律，实现提升和飞跃。大学生责任担当的发生、发展离不开社会环境、教育、同伴群体等外部力量的影响，尤其是他律中的教育引导，是大学生责任担当的重要推动力，但这些力量归根到底要通过影响大学生的责任认识、责任意志、责任情感等内在因素才能发生作用。对大学生进行他律的目的是引导大学生实现自律，即通过外部环境的影响，使大学生发现自身

① 金筱萍．论道德的他律与自律[D]．武汉：武汉大学，2003.

的不足，激发大学生自我完善的需要，帮助大学生更好地规范自身的言行，提升大学生的思想境界。顽强的责任意志是大学生在责任担当过程中运行自律的重要因素，责任意志不坚定，责任担当意识就很难转化为责任行动，责任担当也就无法实现。大学生的责任担当正是在他律向自律的升华中不断发展的。

# 第三章　新媒体环境下大学生责任担当教育

## 第一节　新媒体环境下大学生责任担当教育的理论建构

新媒体的出现不仅重塑了媒体传播范式，还颠覆了人们社会交往的基本模式。新媒体环境是大学生重要的交往空间和生活场域，是大学生形成价值认同的重要环境，其所承载的育人功能对于加强大学生社会责任教育的力度和效度具有积极意义。本节以认同为起点，分析新媒体环境下虚拟认同的形成，再以虚拟认同为理论生长点，从结构分析和动力机制两方面构建新媒体环境下大学生社会责任教育的理论基础。

认同包括从个体视角对自己的认同和从社会视角形成的认同两个方面，是一体双面的范畴。其中，社会认同是社会责任生成的认知基础。随着社会生活网络化、数字化、移动化发展，人与人在虚拟空间中的交互性逐渐增强，超越了社会认同的现实边界。新媒体形成虚拟认同的空间基础，在这个虚实交错的空间里，虚拟实践成为连接人们意识和行动的纽带，也给大学生社会责任教育提出了新的议题。以新媒体为代表的虚拟空间促使认同出现层次分化，超越了个体表象和集体表象的局限，对实现社会整合有重要意义①。对认同到虚拟认同转化过程的研究，有助于建构新媒体环境下社会责任教育研究的理论框架。

① 刘少杰．网络化时代社会认同的深刻变迁[J]．中国人民大学学报，2014(5)：62.

## 一、认同理论及其在思想政治教育中的应用

认同作为一个研究视角在思想政治教育的兴起[①]，与思想政治教育学科的实践导向和坚持贯彻党的思想政治路线的教育原则密切关联。从 CSSCI 三大思想教育专业期刊电子数据库收录发表的论文中以认同为主题词进行检索，共获得 800 多篇论文。刘巧梅指出，思政教育的认同，具有价值认同的本质。思想政治教育研究中的“认同”是个体对于社会主导意识形态所蕴含价值的接纳与认可，是共同价值观在社会交往中形成的过程。

在此框架下，根据研究对象的不同可以将认同划分为思想政治教育认同理论研究、基于认同的教学理论研究和基于认同视角的实证调查和分析；从认同的类型划分主要有价值认同、政治认同和文化认同；从认同理论的具体应用划分主要有认同心理机制研究、认同动力研究、认同过程研究以及促进认同的策略方法研究等。

2015 年，国务院办公厅《关于进一步加强和改进新形势下高校宣传思想工作的意见》明确提出，加强和改进新形势下高校宣传思想工作要“进一步增强理论认同、政治认同、情感认同，不断激发广大师生投身改革开放事业的巨大热情，凝心聚力共筑中国梦[②]”。在这样的背景下，思想政治教育学界以认同为研究视角的成果明显增多。学者充分围绕理论认同、政治认同、情感认同展开研究。认同具有社会性、可塑性和主客观统一性的特点，从认同视角出发，有助于丰富思想政治教育的理论视角，增强社会责任教育的实效性。

## 二、认同理论与社会责任教育的适应性

思想政治教育研究认为，价值认同是其他各种认同生成的实践基础。价值认同是“在实践基础上形成和发展起来的个体对社会核心价值从内心深处产生的认同，是社会核心价值认同化的过程，是个体发展与社会和谐的保

① 刘少杰．网络化时代社会认同的深刻变迁 [J]. 中国人民大学学报，2014(5): 63.

② 中共中央办公厅，国务院办公厅．关于进一步加强和改进新形势下高校宣传思想工作的意见 [N]. 中国教育报，2015-01-20(1).

证[①]”。价值认同具有双重属性。一方面，价值认同是个人对自我的认同，这是从社会属性的角度对自我社会身份的价值确认。另一方面，认同是社会成员共有的价值观念，是维系社会的内在凝聚力。

通过价值认同，人们产生与社会的联系，与社会互动相结合形成认同。认同在社会互动实践过程中，取得各种具体的形式。人们依据血缘、亲缘、地缘逐渐建构起基于文化的社会类化，并进行社会比较和积极区分。卡斯特指出，在社会认同的建构过程中，文化特质占据优先位置。

卡斯特所指的文化特质即文化认同，这是价值认同的表现。文化认同是在人们价值认同实践基础上生成的。沈壮海认为，文化认同增进民族认同，并在一定程度上促进政治认同的建构。可见，认同更多强调社会实践范畴的过程性。而国家认同、政治认同、组织认同、职业认同等都属于认同的具体类型。

2014 年，五四青年节期间，习近平在北京大学师生座谈会上明确提出社会主义核心价值观是“反映全国各族人民共同认同的价值观”[②]，并详细阐述了社会主义核心价值观在国家、社会、公民层面的价值要求。“全国各族人民共同认同”的深层含义，是社会主义核心价值观的价值认同。价值认同的主体是全体社会成员，内容是社会主义核心价值观，目标在于凝聚社会共识，形成强大的国家和民族凝聚力。因此，价值认同就是指个体对社会、对中华民族以及对国家的归属感，以及由此生成的强烈主体意识、责任意识[③]，并进而外化为社会责任行为。价值认同是个人成员明确社会责任的重要前提。其主要体现在以下三方面：

首先，价值认同对于社会成员理解个体的权利、责任具有重要意义。价值认同是个体对自己身份归属看法的基础。社会成员通过一系列实践活动，建构成员关系，确定行动规则以及整合社会秩序。

可见，价值认同是社会成员认知社会责任、理解社会责任、承担社会责

① 李辉，练庆伟 . 价值认同：当代大学生思想政治教育的重要取向 [J]. 学校党建与思想教育（上半月），2008(1)：11-13.

② 习近平 . 青年要自觉践行社会主义核心价值观——在北京大学师生座谈会上的讲话 [J]. 中国民族教育，2014(6):2-5.

③ 付安玲，张耀灿 . 社会主义核心价值观社会认同实现路径探析 [J]. 学校党建与思想教育，2015(1)：4.

任的前提条件。菲尼在埃里克森的“认同发展过程观”基础上提出“个体—认同发展历程说”。如图 3–1，第一阶段为弥散性认同，即个体认同的弥散，表现为个体在个人身份认知上的迷茫状态。第二阶段是排斥性认同，表现为个体对某一特定社会群体持续关注，同时排斥其他社群。第三阶段是延迟性认同，这是个体比较、甄别不同社群的阶段。第四阶段是获得性认同，个体或群体将对某一特定社群的认同成功整合到自我概念中。个体认同发展历程中，以个人自尊为主线，这一心理特质影响个体认同发展的各个阶段。

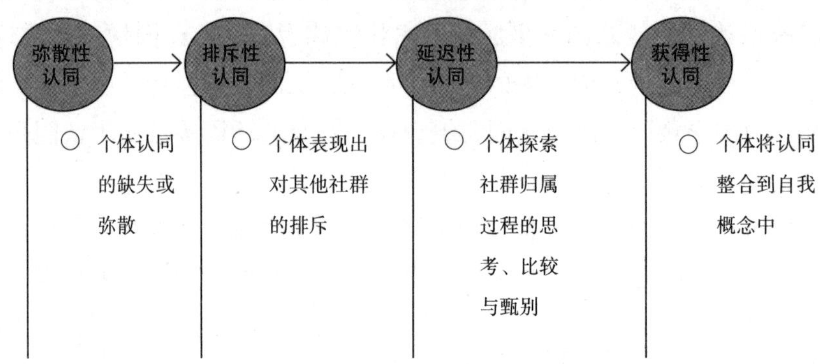


图 3–1　基于个体—社会的认同发展历程

当社会成员完成认同的建构历程，他也在这个社会互动和自我认知的过程中，进一步明确了自己作为某一社会团体成员所具备的权利、所应尽的责任，从而实现获得性认同，并依据价值认同生成责任实践的动力。

其次，价值认同的多层次性，决定了社会责任的复杂结构。李友梅指出：对于个体和群体而言，自我归类的对象不同，其内容也会有所差异。这些都是对某一社会形态的认同，是对自己从属于某一社会范畴或组织的辨识与确认。

从认同理论的角色作用出发，一个社会的价值认同在一元主导的前提下，也会存在多层次性的多元共生价值观。认同的差异决定社会角色的不同，从而决定社会责任的层次性。一个生活在具体社会实践中的人，往往具有多种社会身份，大学生既有对所属学校的组织认同，又有对未来进入职场的职业认同，从不同的认同中催生出不同的社会责任。

最后，缺乏认同的顺畅建构，个体将出现“认同危机”，无法将个人权利与责任紧密结合，进而影响甚至阻碍个人社会价值的实现。认同的成功建构，对于个体建立起与国家、民族的感情纽带连接，融入社会、确定社会生活与道德的方向感，实现个体与所处社会环境的融合具有重要意义。泰勒指出，认同与道德方向感具有本质的联系。认同促进生物个体向社会人转化。但是一旦自然人无法完成向社会人的转化，即个体规范与群体规范相左，个人对自身和环境的认知与社会环境提出的要求有显著的不同的情况下，就会有两种不同的行动框架。一是当群体规范具有外在规定性时，个体被迫向社会规范迁移，这种迁移源自强制性行动的要求，如法律规范所形成的责任；二是当群体规范缺乏外在规定性时，个体将放弃应当履行的责任，从而丧失群体对个体强有力的控制。而个体在追求个人价值时，由于失去社会规范的参照，非常容易迷失，形成认同危机。可见，认同实现受到阻碍，不仅会失去对个体行动的规范，还难以要求社会成员完成应尽的社会责任，进而阻碍个体社会价值的顺利实现。

因此，认同是个体明确其所承担的社会责任内涵、层次、具体行动准则的重要前提。

## 三、虚拟认同与新媒体环境下社会责任的生成

在前人研究“虚拟认同”概念的基础上，本书认为，虚拟认同是对现实世界价值认同的一种形式，是人们通过在虚拟社会中的互动实践，承认和接纳虚拟社会的现象和行为规范，并将其融入自身虚拟生活体系的过程。从主体性角度来看，虚拟认同的主体是人，马克思主义人学所理解的人并不是抽象意义的人，而是现实的人。人处在一定的社会关系和社会历史环境中，因此，理解新媒体环境的特点，对于把握虚拟认同的内涵，构建虚拟认同与社会责任的关系，具有重要的桥梁意义。刘少杰深入探索了新媒体出现后人类生存空间的层级分化。

进一步分析刘少杰的理论可以发现，新媒体环境下的认同是在“空间分化”下形成的，包括在场的现实社会空间、在场的新媒体空间以及缺场的新媒体空间。新媒体出现以后，受到信息鸿沟和人类生活情境的限制，人类相当多的实践活动依然在现实社会环境中展开，这是传统社会实践的在场空间。在以移动通信、物联网、移动定位系统为依托的新媒体社交平台中，在电子商务、电子政务等传统社会生活交往的新媒体平台中，因电子支付、虚拟交易、电子治理等客观需要，人类以真实身份展开了网络交往，这是在场的新

媒体空间，是线下人类实践活动向虚拟实践的延伸。在新媒体环境下，还有更多的个体和群体隐匿了自己在真实世界的身份和实际存在形式，以完全虚拟的形式参与新媒体空间的信息交往。这种虚拟实践不受现实世界各种社会规范制约，更不受地理条件和时间的限制，形成传统社会实践身份缺场的新媒体空间。

社会存在决定社会意识，新媒体环境下三种并存空间的关系如图 3-2 所示，在场的社会现实空间通过在场的新媒体空间与缺场的新媒体空间相联系。李彪认为，虚拟认同的功能在于向社会成员（无论是线上还是线下）灌输行动逻辑、塑造特定结构以及营造相应的群体文化。虚拟认同是社会情绪传导和线上线下群体性行为的认知基础，既有真实世界身份又有虚拟实践的在场新媒体空间，是现实环境和完全虚拟的新媒体环境的桥梁。在社会现实环境下，认同主要是个体观照社会需要后形成的认同的统一。由于受到社会实践的限制，这个认同受到所在环境的制约。刘少杰认为，传统社会现实环境下形成的认同，只是一定群体内的认同，不能涵盖一定历史时期认同的全部指涉。

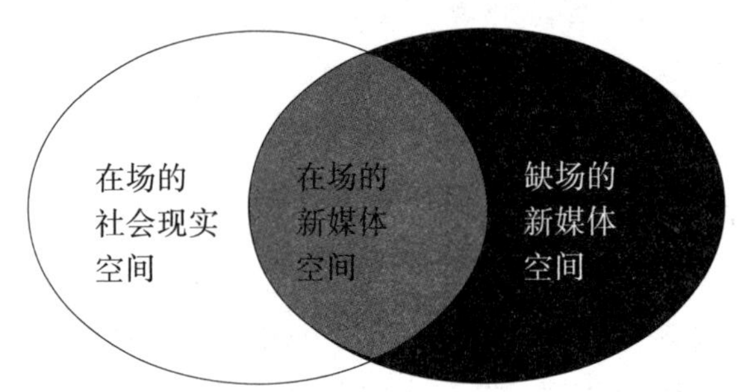


图 3-2　在场的社会现实空间、在场的新媒体空间、缺场的新媒体空间三者关系

在缺场的新媒体空间中，认同超越社会现实中的个体和群体边界。以共同意识、共同旨取通过个体虚拟认同、群体虚拟认同和类虚拟认同的相互转化，形成更为广阔的真正意义上的价值认同[①]。但是，由于处在不受约束的匿名的自由空间中，个体会认为这种认同的建构是基于个人主宰的力量，是个体自主选择的结果。事实上，根据虚拟认同的界定可知，虚拟认同依然受到媒介环境下“意识形态偏向”的隐秘影响。而在介于两者之间的在场的新媒

① 贾英健．论虚拟认同 [J]. 湖北大学学报（哲学社会科学版），2014(2): 11-12.

体环境中，尽管个体在新媒体中采用虚拟实践的形式，由于虚拟身份与现实身份密切勾连，虚拟认同依然受到现实世界价值认同的显著影响，同时又受到新媒体个体化特征的影响，显示出所谓“自由”构建的认同提升的过程。

基于以上分析可知，虚拟认同是传统现实环境下价值认同向新媒体环境的延伸。当我们从媒介环境和思想政治环境论的视角洞悉新媒体时，会发现新媒体为人类造就了新的虚拟生存环境。由于技术推动媒介环境的变迁，媒介的社会权力结构发生变化，从而导致虚拟认同的实现和传统现实环境下认同的实现存在紧密联系和明显差异。根据前文所建构的“认同是个体明确其所承担的社会责任内涵、层次、具体行动准则的重要前提”，虚拟认同对于个体明确其在新媒体环境下所承担的社会责任同样具有前提性。虚拟认同对社会责任的生成和内容建构有着现实的联系，与现实世界的社会认同也存在着差异。具体包括以下三点：

一是在场新媒体空间与现实世界深度融合，将现实世界基于认同形成的社会责任延展到虚拟空间。随着新媒体技术与社会生活融合的不断深入，更多的虚拟实践以在场新媒体空间的形式展开，即人们用现实世界的真实身份在新媒体虚拟空间中交往。现实世界的社会规则也会被带入到虚拟空间中，相应的社会责任也会在这个新媒体在场空间里生成，形成虚拟认同的重要组成和现实资源。

二是新媒体空间的匿名性削弱了社会责任的外在规定性，提升了社会责任的内在规定性。在缺场的新媒体空间内，个体具有匿名性，这使责任的外在规定性进一步削弱。此时，责任的担当更多依赖对责任的内在规定性，即心理内源性动机下主动承担社会责任的愿望。这就需要高度依赖虚拟认同的形成，促使缺场的新媒体空间实现虚拟实践中的社会整合。

三是虚拟认同的多层次性与嵌套性，与社会责任的层次性、复杂性形成关照，多层次性是由于新媒体空间具有多个群体，群体差异会形成不同的群体内聚力，群体之间具有的认知差异形成虚拟认同分化，一定程度上促进了现实世界中认同的分化，然而这种分化，又正是社会责任层次性的基础。

新媒体环境下社会责任不仅是现实世界中社会责任范畴在虚拟实践中的延伸，还包括这个新的生存环境对社会责任所提出的新要求。虚拟认同成为构建新媒体环境下社会责任观的重要前提。社会责任的内在规定性，就是将社会责任“内化于心”，并进一步“外化于行”，这是思想政治教育的职责。

新媒体环境为思想政治实践提供了广阔场域，将虚拟认同作为逻辑起点，以虚拟认同为基点建构新媒体环境下大学生社会责任教育的内容体系，研究新媒体环境下社会责任生成机制。

## 四、基于虚拟认同的新媒体环境下大学生社会责任教育研究框架

### （一）研究起点：从思想政治教育研究对象出发

思想政治教育是指特定社会在一定历史时期，运用其特有的思想观念、政治观点以及道德规范，对社会成员有计划、有组织地施加影响的过程，目的在于促使社会成员形成符合一定社会需要的道德品质和价值观念。

高校思想政治教育的基本过程，就是作为社会组织之一的高等院校向大学生系统性施加意识形态影响的活动的总称。杨威指出，目前学界对思想政治教育研究对象的表述集中在两个规律上，这两个规律源于郑永廷提出的“思想形成发展规律、服从和服务社会发展规律”，即面向人的思想形成的规律和面向社会要求的规律。

面向人的思想形成的规律，就是探索社会成员个体思想道德品质的形成发展的规律；面向社会要求，就是社会对塑造社会成员意识形态提出的教育要求。具体到本书的研究情境，对大学生开展社会责任教育的主要社会组织是高等院校。因此，高校在探索大学生社会责任教育中，必须围绕服务社会发展这一基本规律，构建社会责任教育的具体内容。以大学生社会责任思想形成规律为依据，建构教育方法和途径。

杨威进一步指出，作为思想政治教育研究对象，可以表述为社会成员个体思想道德品质的形成发展规律，和一定社会组织围绕社会目标塑造社会成员意识形态的规律。他还提出应把一定意识形态随着社会环境发展的规律纳入思想政治教育的研究中。杨威的观点具有重要的借鉴意义：由于意识形态受到社会环境、社会发展阶段的制约，在针对当代问题的研究中可以将意识形态发展规律放在一定社会环境下加以考察。对于本研究而言，一定意识形态的发展规律可以明确新媒体环境下意识形态的发展。在本章中构建的虚拟认同对新媒体环境下社会责任教育内容和教育机制的影响研究成为本研究的理论前提和基础。因此，本研究在接下来的章节中，依然聚焦社会成员个体思想道德品质的形成发展规律和社会组织围绕社会目标塑造社会成员意识形

态的发展规律这两个方面，将新媒体环境下大学生社会责任意识和行为的形成发展规律、新媒体环境下高等院校思想政治教育系统如何构建社会责任教育内容作为研究对象。

如图 3-3 所示，高校思想政治教育的根本任务是引导和帮助大学生确立正确思想。正确思想必须符合社会发展规律和人的发展规律，反映一定社会发展的客观要求，同时在教育过程中遵循个人思想形成发展的基本规律。大学生社会责任教育的内容必须反映社会发展的现实要求。在教育方法上，遵循大学生社会责任形成发展的基本规律，才能有效实现社会责任教育目标。一定的社会环境会对大学生提出具体的社会责任要求，由于研究对象社会责任思想水平的制约，社会要求和研究对象社会责任行动之间往往存在着矛盾，促进矛盾转化需要运用和遵循个人思想形成发展的基本规律。在大学生社会认同的形成过程中，应促使其将社会责任“内化于心，外化于行”。

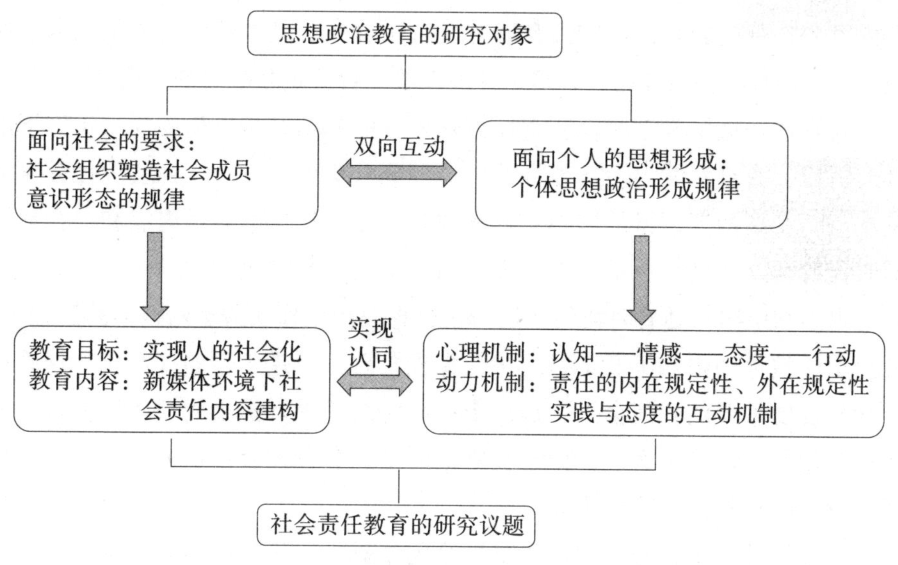


**图 3-3　社会责任教育研究议题和思想政治教育基本规律的关系**

社会责任教育研究落实到实践层面，要对“怎样教育”提出行动指导。解决“怎样教育”，首先需要明确两大理论议题：第一，教育什么？第二，哪些因素影响教育效果？第一个议题涉及人类社会发展进程中对社会责任教育目标设定的不断演化，在一定的教育目标指导下，形成受社会发展制约并随着社会发展而变化的社会责任教育内容。因此，社会责任教育的具体内容和教育理念、教育思想的变迁以及社会环境的发展有着密切联系。第二个议题涉及社会责任教育的有效性，需要从教育环境的变化和在此环境下责任心理生成机制两方面加以探索。对于第一个议题，本书将从结构论视角基于历史发展变迁，探索当代建构社会责任教育内容体系的必要性；对于第二个议题，需要将教育过程放在具体的环境下加以考察，理解个体社会责任生成发展的完善历程。解决这两个理论议题，才能提升社会责任教育的有效性。

### （二）结构分析：基于虚拟认同构建大学生社会责任教育内容体系

思想政治教育学科的研究对象之一，是一定社会组织围绕社会目标塑造社会成员意识形态的过程规律。在本书的研究视野中，高等院校是实施大学生社会责任教育的最主要社会组织。研究社会责任教育先要从历史语境把握社会责任教育的发展脉络，在此基础上掌握社会发展对人的社会责任的基本要求。再从当下新媒体环境出发，明确社会责任教育目标，构建社会责任教育内容，并分析教育内容的内在联系、层次分布、基本特点。从结构角度厘清社会责任教育的具体指涉，这是开展大学生社会责任教育的重要基点。

新媒体环境下大学生社会责任教育内容的基本结构分析要立足于当下的社会情境，通过对社会责任教育的历史溯源分析可以发现，社会责任教育的基本范畴受到两大因素的影响：教育理念及教育思想的时代内涵和社会环境的时代特征，两者在历史演进过程中相互影响，共同决定大学生社会责任教育的内容和层次。随着时代的变迁，在思想政治工作实践不断探索的过程中，社会责任教育的内涵不断丰富。从教育理念看，促进学生的社会化、培养符合社会发展需要的“社会人”是整个社会对高等教育提出的根本性要求。人的社会化通过认同来实现，构建价值认同是社会责任教育根据社会环境的变迁不断丰富和发展的根本目标。

在掌握社会责任教育发展历史脉络的基础上，运用结构化思维，将社会责任教育的基本内涵熔铸成一个结构体系。结构思维方法以马克思主义唯物辩证法为基础，以现代系统论为指导，对社会责任教育内容的建构依据、建构原则、结构体系、结构关系进行深入系统的研究。

通过结构思维模式梳理和规范社会责任教育内容的存在形态，分析社会责任教育内容的构成要素，探究社会责任教育内容的结构体系，解析社会责任教育的结构关系，使社会责任教育具体内容之间建立逻辑联系。这种结构思维方法，实质上是一种整体的、联系的、辩证的方法，有利于总体把握社会责任教育内容的结构性特征，有利于从多个层面剖析社会责任教育内容要素之间的纵横联系，从而形成社会责任教育内容的结构网。通过结构分析，研究者着力于当下社会情境，厘清当代大学生社会责任教育研究的具体内容，展现社会责任教育内容的要素系统、层次结构、整体架构，促进社会责任教育内容结构研究不断优化。

### （三）动力分析：基于虚拟实践探索大学生社会责任生成的影响机制

对教育内容的结构分析，是从社会责任教育理论和实践的发展，以及结构优化的应然视角解决“教育什么”这个议题的过程。而新媒体环境下如何促进大学生社会责任生成与发展则需要进一步解决“哪些因素影响教育效果”这个议题。这需要教育者对一定环境下社会责任教育现状有清晰的认识，进而深入分析环境对大学生社会责任生成的影响。新媒体环境下社会责任的生成机制就是构成个体社会责任产生的各要素之间如何相互作用、如何产生社会责任伦理的内在过程。换言之，研究社会责任生成机制，旨在把握个体社会责任在新媒体环境下的生成过程。

新媒体环境是社会责任形成的外部环境。环境要实现对大学生社会责任的影响，必须诉诸大学生社会责任生成的内化过程。因此，需要将社会责任教育转向内在动力分析，即大学生社会责任生成的内在景观。以往关于社会责任生成基本过程的研究，学界具有一定的共识，基本沿着“责任认知—责任情感—责任行动”的内化过程展开，然而新媒体如何促进社会责任在认知、情感、行动之间相互转化、生成却是一项研究空缺，本研究借鉴德育心理学和思想政治教育学相关理论，将这一过程分解成若干要素加以分析，以期得到多维呈现。

新媒体环境如何促进大学生社会责任的生成这一课题，缺乏足够的前期理论研究支持，但是针对个体的社会责任意识的动机研究，可以从皮亚杰对儿童道德心理发展的研究中获得一定的启发。皮亚杰在对儿童品德发展过程的研究中发现，儿童的道德判断力受两大要素的支配：儿童自身在成长中逐渐形成的价值观和外在环境的价值标准。随着儿童的成长，内在价值标准的作用强度不断增加，体现了价值内化的重要性。大学生处在青年时期，已经形成一定的道德判断能力，同时个体价值观依然在继续发展。加强道德修养、强化社会责任价值判断，依然是社会责任教育的重要前提。

关于社会责任行动的反馈效应，科尔伯格的研究为本书提供了思路。科尔伯格继承和发展了皮亚杰的道德发展理论，并将着眼点落实在实践层面。科尔伯格在研究中发现，学生经常出现知行不一致的现象，这就意味着学生对道德行动的标准具有认知，但常常疏于具体的行动。这就需要教育者在教育教学中，促进学生认知和行为的一致性。结合社会责任教育实践，促进学生的社会责任意识转化为社会责任行动，而行动又会强化社会责任意识。社会责任行动反馈机制的建构，对完善新媒体对社会责任生成的系统分析具有借鉴意义。

社会责任理论教育在新媒体环境下与虚拟实践相互结合，促进社会责任“认知—情感—行动”相互转化的过程离不开价值认同的实现。在新媒体环境下，这种认同表现为虚拟认同，虚拟认同需要在虚拟实践中实现。认同在大学生思想形成中居于关键位置，思想政治教育是通过教育手段和方法实现认同的教育机制，并由此提出“双重认同模型”，双重认同模型对于揭示新媒体在社会责任理论教学与实践行动之间相互促进的内在逻辑，具有重要的指导意义[①]。

关于新媒体环境下大学生社会责任生成的影响机制分析，研究者从质性访谈入手，采用扎根理论的研究方法，再对照相关理论，推动理论演进。研究路径应遵循以下理论逻辑：首先是动机研究，动机是社会责任意识生成的前置变量。其次是研究新媒体对社会责任认知、社会责任情感的影响机制，最后是研究新媒体对社会责任行动的驱动因素，并考察新媒体的评价反馈机制对社会责任教育的作用。在此基础上从双重认同模型出发，进行大学生社会责任生成的动力分析。

---

① 熊建生．思想政治教育内容结构论［M］．北京：中国社会科学出版社，2012: 1-16.

## 第二节 新媒体环境下大学生责任担当教育的时代境遇

新媒体深刻影响着大学生的学习方式、为人风格、处事态度、生活习惯。本节从技术和哲学两个层面分析新媒体环境的时代内涵，提出新媒体互动、融合、扩大、创新的发展态势，深入新媒体环境下社会责任教育现状，在此基础上归纳新媒体环境下大学生社会责任教育面临的挑战和机遇。

### 一、新媒体环境的时代内涵和发展趋势

“时代”从时空的角度，体现了人与社会的密切联系，是影响人的意识活动的所有客观存在的总和。新媒体内在的技术本身具有工具性的中性特征[①]，然而结合社会关系加以考察，会产生丰富的内涵。本书所指称的新媒体环境的时代内涵，主要通过和人类历史上出现的媒体相对比，这种时代内涵需要从技术和哲学双重视角加以分析。大学生作为“数字化生存”的一代，被深深地烙上了新媒体环境的时代痕迹。其思想价值观、人际交往和行为方式等受到新媒体时代的深刻影响。

#### （一）新媒体环境的时代内涵

卢黎歌、兰美荣指出，所谓时代性，可以从科学技术引发社会变化的维度加以考察。新媒体环境的时代性是指新媒体的整合应用，深刻地改变了人类社会的生产生活和人与人之间的社会交往模式，进而深刻地改变着人们的价值观念和精神追求。在思想政治教育学界，对于新媒体时代性的深刻内涵，一般从两个角度加以理解：一是把新媒体看作加强和改进大学生思想政治教育的技术工具，二是把新媒体视为社会环境的变革，探讨如何在新媒体环境下推进大学生思想政治教育。因此，新媒体的时代性内涵可以分为两个层次：第一层次为技术层面上的新媒体，主要把握新媒体之“新”；第二层次为哲学层面上的新媒体，需要重点把握新媒体之“变”。

1. 新媒体的技术内涵

从应用层面看，新媒体是新兴的科学技术。在技术层面上，新媒体依托

① 郑志龙，余丽．互联网在国际政治中的“非中性”作用 [J]. 政治学研究，2012(4): 61–70.

数字、网络技术，通过互联网、宽带局域网及无线通信网等途径，以笔记本电脑、手机、平板电脑、移动联网电子设备等载体作为终端向受众提供信息。因此，从严格意义上讲，新媒体是数字化新媒体。新媒体以数字信息技术为基础，实现信息在传播者与接受者之间的流动。在新媒体环境下，信息传播具有较强的互动性。信息不再是简单地从教育者向教育对象的单向传播，而是教育者与教育对象密切联系基础上的双向互动传播。根据拉斯韦尔关于传播过程的论述，一次完整的社会责任教育传播过程应该包括谁（Who）、说了什么（Says what）、通过什么渠道（In which channel）、对谁（To whom）、取得了什么效果（In what effects）。社会责任教育传播过程要素就是教育主体、教育客体、教育内容、教育途径以及最后所形成的教育效果。通过对几个维度新特点的研究可以探讨新媒体环境的时代性。

首先，新的传播主客体关系。在新媒体环境下，教育的主客体及其关系发生了显著的变化。教育者不再是单纯的信息传播者，教育对象不再是单纯的信息接收者。从现实情况来讲，任何信息发布者都可以作为信息传播的主体。新媒体既为大学生获取话语权提供了重要的途径，又削弱了教育者在社会责任教育中的主导权威。同时，传播受众即大学生群体，也出现了不同层次的分化。有些媒体意识较强的学生积极活跃于新媒体环境中，相比一些媒介素养欠缺的学生，他们显示出对新媒体运用的绝对优势，成为新媒体环境下校园信息传播的推动力量。同时，新媒体也改变了社会责任教育主客体的关系。在新媒体环境下，大学生的主体意识增强，他们对新媒体的使用甚至超越教育者对新媒体的把握。同时，教育者也深受新媒体环境的影响，在网络社会中丰富、改变自己的认知，成为新媒体实践活动中的教育对象。师生不再扮演传统意义上的“传授”与“接受”角色，而是平等的话题讨论者。在新媒体环境下，教育主体客体化及教育客体主体化倾向更加明显。

其次，新的传播载体。随着物联网、智能移动终端技术的不断发展，传播载体日益丰富。现阶段，新媒体技术以人机互动、人际互动、自我互动的方式，实现移动交互并全方位覆盖人们的生活。人与人之间的交流活动通过手机等新媒体变得日常化。相比以往高校通过报告、大课堂研讨、课堂灌输等外在的教学形式，新媒体自普及于大学生之日起，就渗透在大学生日常生活的方方面面，深刻影响着大学生的思想观念及行为选择。新媒体的文字、声音、图像、影音，甚至 3D 动态的综合表现形式，更容易激发大学生思想共鸣，这是以往教育方式不能比拟的。在新媒体环境中，各种 App 的应用，社会媒体的聚集效应，使大学生相互影响，生成“传播载体亚文化偏向”[①]，进一步将新媒体融入大学生的日常生活中。新媒体载体为实现社会责任教育提供了诸多可能。

最后，新的传播模式。在以往的高校教育环境中，教育者占据着绝对优势，主导着责任教育的控制权，通过理论教育深化大学生的责任意识。这种单向的理论传播模式需要借助其他手段（如考试、调查等形式）反馈教育对象的信息接收程度，且反馈链缺乏时效性。随着新媒体在大学生中的普及与应用，这一尴尬局面逐渐被打破。新媒体的便利性与其强大的互动性拓展了教育者与教育对象之间信息交流的方式，传统的单向传播转变为具有双向互动性的多对多的传播。新媒体为这一传播提供了可能。一方面，新媒体为教育者与教育对象的交流互动创造了新的途径。充分利用新媒体软件，教育者可以及时了解学生的思想动态。根据提问模块的问题，老师可以了解学生的困惑，集中为学生解答。新媒体强大的交互性沟通了教育主客体之间的联系，使教育不再拘泥于传统的课堂之上。在课堂以外，教育者可以通过微信、QQ、微博等社交媒体与学生交流互动。另一方面，新媒体裂变式传播也使教育实现社会化，学生利用慕课、网络课堂等，实现在线学习、自主学习，扩宽了获得教育信息的渠道。总之，新媒体传播模式既为教育者和教育对象之间提供了双向互动的可能，又提供了更为丰富的教学资源。师生之间的信息传播模式被拓宽，促进了师生之间的平等交流，体现了教育以人为本的理念。

2. 新媒体的哲学意蕴

从深层次来看，新媒体的本质具有哲学意蕴。新媒体实现了人类与信息关系的根本性变革。正如马歇尔·麦克卢汉所说，电灯的发明，不仅仅是带来光明，更促进人们形成新的社会感知、构建新的生活方式，也影响各种社会关系的变化[②]。例如，霓虹灯的使用，构建出都市生活繁华的场景，夜生活的丰富多彩形成了新的生活方式。所以，技术的使用本身会影响社会关系的变化，形成哲学意义上的新变化。从哲学层面洞悉新媒体，可以借用布迪厄

① 指传播载体的亚文化群体效应，例如“知乎”在大学及以上毕业生群体中使用率较高，“百度贴吧”的总体用户中小学生居多，“B 站”的使用者也以青少年为主。

② ［加］马歇尔·麦克卢汉．理解媒介：论人的延伸 [M]. 何道宽，译．北京：商务印书馆，2000: 33.

场域理论的分析框架。“场域”概念的解释力，被思想政治教育研究广泛使用。场域是一个开放性的概念，只有置身其中才能够真正理解它的内涵。布迪厄的场域理论包含四层特征[①]：

场域具有关系网络特征，场域具有相对独立或半自主的特征，场域空间各种关系对抗、角力的特征，以及场域的共时态和历时态交融的特征。新媒体环境符合场域的全部特征：新媒体以信息传播为载体，实现人脉再造，形成关系网络；新媒体环境本身具有相对独立性，其主体具有自主性；在新媒体环境下，各种观点交锋、交汇，存在对抗性特点；不同主体在新媒体环境下占据不同的位置或地位，以信息为连接，形成共时态与历时态并存的局面。新媒体环境在一定程度上重构了人与信息的关系，我们可以借助场域视角，分析新媒体带来的新的生存境遇。运用场域理论分析新媒体环境需要把握三个立足点：元场域、参与者和惯习。

（1）新媒体环境的元场域。所谓元场域，指每个场域都不是孤立存在的，都存在与更高层次、更大范围的场域的互动，受到政治、经济、文化等更大元场域的影响。在布迪厄看来，场域不是实体系统而是客观关系系统：“现实的就是关系的，……是各种马克思所谓的独立于个人意识和个人意志而存在的客观关系[②]。”一方面，新媒体的这种关系属性，本质上说明其并不是一个独立空间，作为各种信息交错纵横的场域，新媒体背后是社会政治、经济、文化中形成的各种思想、价值观的交错。另一方面，新媒体环境作为子场域，是一种客观关系系统，有其自身的逻辑和运作规律，在受到元场域影响和作用后，也会产生相对独立、自主的发展态势。因此，新媒体所表现出的各个相关要素通过相互作用所构成的客观关系，既包括新媒体传播者、接受者、参与者，又包括新媒体传播技术媒介本身和其所观照的现实社会环境。

从社会责任教育角度考察，新媒体环境作为新兴的思想传播环境，是各种现实存在的价值观的映射，对大学生社会责任认知、社会责任情感以及社会责任实践都产生了重要影响。这种影响表现为三个方面：第一，新媒体和大学生现实世界具有交互性，是教育空间和社会网络的延伸。第二，新媒体关系场域的各个构成要素之间相互联系，共同发挥作用。第三，新媒体环境

① 布迪厄，华康德.实践与反思：反思社会学导引[M].李猛，李康，译.北京：中央编译出版社，1998: 133.

② 同上：134.

与现实社会相互观照、交叉碰撞，成为总体社会大环境。从新媒体与社会元场域的联系可以看出，考察新媒体环境下各种价值观和思想意识实际上是从社会整体视角研究其对大学生社会责任教育的影响。

（2）新媒体环境中的参与者。从场域理论出发，考察新媒体环境需要勾画出整个新媒体场域中参与者的位置。布迪厄认为，考察场域中的参与者的关系，可以从空间位置、相互关系和权力结构出发。

他明确指出，场域是社会权力斗争的场所，人及社会只有在“竞争”中才能生存，社会的“场域”因为“竞争”才具有现实的意义。布迪厄把场域看作动态空间，参与者展开各种斗争，使场域充满活力。在场域的斗争中，对场域的认知决定其斗争策略。

斗争的焦点在于谁能够给予自身资本一个最有益的等级化原则。新媒体环境下的参与者，包括主体、客体和本体。所谓主体即信息表达主体和传播者，客体是新媒体信息内容，包括各种事件、现象和问题，而本体指主体所表达的观点、意见和看法。

换言之，本体是隐含在信息中的人们的价值观。和传统媒体不同，从价值认同的视角考察会发现，新媒体环境下参与者的虚拟认同具有双重性。一方面，新媒体给予人们更多交往空间，新媒体环境下的虚拟认同以内在价值为纽带，共同体意识增强，各个网络虚拟社群内聚力增长。另一方面，也生成“茧房”效应，即新媒体参与主体具有信息关注的主观性。用选择性视角审视自己认同的看法，忽略整个社会层面和其他社群的信息。不同群体之间边界明晰，在社会事件的讨论中拒绝有效的观点交锋，拒绝对话，互动意愿不强，引入场域研究视角后的新媒体，尽管具有充足的社群活跃度，但社群难以形成或增强社会共识，参与者在各自的社群里强化群体认同，形成群体极化现象，凝练价值认同和社会共识更加困难。由于这种参与者虚拟认同的双重性，思想政治教育所传播的主流意识形态离网络共识存在一定距离。这种差距向传统教育模式下社会责任教育的实效性提出了挑战。

（3）新媒体环境下的惯习。惯习是在一定场域内参与者个体或组织的惯习，通过社会实践的积淀，内化为个体或某社会群体的特有的思维方法和心理模式，是社会化过程中形成的主观性。以互联网和移动通信技术为基础的新媒体，对于当代大学生而言，已经成为其数字化生存的基本模式，大学生在新媒体环境下的惯习，主要体现在以下三个方面：

①泛娱乐化惯习。基于资本对利润的敏锐，新媒体场域被迅速开发出商业应用价值。新媒体消费主义呈现娱乐化倾向。资本的利己性通过新媒体进一步渗透进当代大学生的日常生活。新媒体环境下，"数字一代"大学生具有自主意识强烈、崇尚自我实现的特征，新媒体消费呈现娱乐化特征，这在一定程度上消解了社会责任的严肃内涵，泛娱乐化惯习对社会责任议题的建构提出严峻的挑战。

②公共性转向的惯习。新媒体的出现改变了公众话语的内容和意义，在大学生新媒体亚文化场域，萌化和戏谑成为主流，以娱乐话题和热点新闻为起点，大学生亚文化群体运用语义迁移等方式为公共话题赋予新的内涵，如鬼畜文化、二次元文化、表情包再创造等，消解着公共话题的严肃性。正如塞尔托所述，当今时代是一个视觉史诗时代，亚文化场域的公共话题再造，本质上是大学生群体通过共享文化情境、唤醒集体记忆、凝聚群体共识，从而塑造亚文化共同体的过程。从增强情感理论的视角看，这种萌化和戏谑的新媒体亚文化品格促进了情感交流，维护了亲密关系，克服了新媒体场域的缺场和虚拟性，拉近了社会个体的情感距离，增进了人际关系。

③ O2O 集群惯习。O2O 集群惯习是基于近年来物联网、传感网络技术的不断发展，与新媒体深度融合，形成的新媒体虚拟场域与现实世界真实场域的深度连接。

④ O2O 模式即线上线下融合的模式，既包括线下行动牵引线上信息的流动和扩散，又包括线上信息传播推动线下行动的实现。例如，线下消费通过手机扫码实现网络支付，团购 App 基于地理信息系统实现实体消费推荐。新媒体 O2O 集群惯习，消除了线上社会动员与线下社会行动的距离，在新媒体嵌套性传播结构下形成信息与行动共振交织，产生了更广泛的社会影响力，超越了传统媒体的传播功能，实现了行动—信息一体化的集群惯习。通过分析大学生新媒体亚文化场域的惯习，可以发现，新媒体信息传播、信息—行动之间的交互呈现，使传统的教育表征、体系结构都被纳入被重新解构的新媒体场域运动过程中。新媒体的广泛应用使教育主体间性和教育环节与过程处于虚拟空间转向之中，这要求社会责任教育在新媒体环境下实现新的演进。

### （二）新媒体环境的发展趋势

新媒体迅速推广，是由于其满足了人类发展的需求。新媒体的发展呈现出互动、融合、扩大、创新的态势。随着新媒体技术的不断深化，其应用场景不断丰富，应用功能不断完善，新媒体将具有更为丰富的社会文化意义。

1. 互动态势：新媒体互动更为频繁

与传统媒体相比，新媒体的创新点是互动。常见具有互动功能的新媒体以三微一端为载体，即微信、微博、微视频和手机客户端。

2016 年元旦前夕，习近平敲击键盘，通过《解放军报》官方微博向全体官兵祝贺新年，引起热烈反响。目前，高校普遍重视新媒体平台建设，或基于社会化应用平台，如微博、微信等，或开发独立的应用 App，以人际互动、人机互动、社会互动等形式提供信息和应用服务。以微信应用为例，微信官方披露的数据显示，截至 2019 年，微信活跃用户达 11.5 亿。随着传感技术、物联网技术的不断发展，未来新媒体与终端之间将会出现更多的配合形式，而这些配合以人机互动、人际互动、社会互动为重要的应用增长点。受众自由选择传播载体，由过去传统媒体环境下被动接收信息转变为主动接收信息，由传统媒体下传播受众向传播主体转换，更多地参与到社会活动中来。新媒体的互动态势使其变成人们社会生活的体验终端。无论是信息内容、数据交换，还是信息传递模式，都应着眼于互动性，进而发掘和创新应用场景。

2. 融合态势：新媒体与传统媒体融合逐步加强

新媒体具有强大的媒介融合特征。新媒体与传统媒体正在加快融合速度。传统媒体为适应环境变化，积极向新媒体发展融合。有着较广覆盖率的综合新媒体将会整合过于单一的新媒体应用。在逐渐超越传统媒体的进程中，传统纸质媒体《人民日报》推出网络版，在社交新媒体平台开设微博、微信，还开发了客户端 App。习近平指出："推动传统媒体和新兴媒体融合发展，要遵循新闻传播规律和新兴媒体发展规律，强化互联网思维，坚持传统媒体和新兴媒体优势互补、一体发展。"

对于高校而言，思想政治教育有多种传统传播媒介，课堂教学、教材建设、专题讲座、报纸报刊、校园电视等都是重要的传播载体。将这些传统传播媒介与新媒体深度融合，通过传播内容、表现形式、传播领域、传播互动的创新，吸引学生关注，使面向媒体融合打造的全新媒体成为高校思想政治宣传和教育的重要载体。实现教育内容到传播媒介的系统化、集成化转变，将传统教育传播中的优势转化为新媒体平台信息传播的优势，需要高校在新媒体建设中不断创新融合。

3. 扩大态势：新媒体使用范围不断扩大

新媒体拥有丰富的信息内容、独特的传播体验、虚拟与现实交错的交往模式。社会化应用使新媒体使用范围不断扩大。以数字化远程支付和现场网络支付等应用为依托，以物联网、传感器技术、地理信息技术、大数据应用等为支撑，新媒体越来越多地与现实世界的生活场景密切联系。人们对新媒体产生深度依赖，从消费习惯、人际交往到信息传播结构，新媒体社会化趋势势不可挡。受众应用面不再局限于媒介传播效应，新媒体社会互动效应和生活化应用推动新媒体使用范围不断扩展，信息技术的不断发展推动着新媒体走向社会化，虚拟生存的现实图景使新媒体使用范围不断扩大。

4. 创新态势：深入渗透到人的生活方式

创新中的“创”，意指“初始”，创新的含义是初始之新，有创造、更新、改进的意思。在理论界，熊彼特首先提出创新理论，随后，罗斯托将技术创新置于创新活动的主导地位。目前，创新在实践中的含义包括全新发明、模仿与改进，创新对象则是产品（技术）、服务以及流程，将创新对象视为不同的资源，对资源实现不同组合，这也是创新的重要形式。而创新的目标，则是提供新的手段、方式和方法，满足人类发展的客观需要。

新媒体本身是技术创新的产物，新媒体的创新态势，体现为渗透到人们日常生活之中，使人们日常生活产生对新媒体的高度依赖。新媒体的创新首先是传播模式创新，使传播渠道变成全方位的生活模式。手机、互联网、微博、博客等的密切配合，在时间和空间效应上显示出巨大威力，导致人人都是新媒体，人人都是传播者和接收者。新媒体还实现了场景化应用，将虚拟世界和现实生活密切结合在一起，虚拟与现实并存共融、共生互补、不断创新。新媒体在场景化应用方面，密切结合现实世界的文化特点。例如，财付通是腾讯公司 2005 年推出的在线支付平台，长期以来被支付宝抢占了更多的市场空间。2013 年，腾讯公司在微信平台上引入财付通。2014 年春节前夕，微信支付平台决定采用中国传统文化过年发红包的方式，在微信推出抢红包功能。微信红包上线后，由于社交媒体强大的传播功能，仅 2014 年春节期间，就有高达 6 亿的微信用户参与春节抢红包送祝福活动。2019 年，新生的微信支付凭借“先享后付”“免押租赁”两大模式，为无数商家的经营模式、用户的生活方式带来积极的新变化。2020 年，微信支付为全国用户节省押金百亿元、让行业坏账率降低 91%。未来，微信支付还将继续拓展更多场景，丰富更多产品能力，成为微信支付商业基础能力中的重要组成部分。

通过推广方式创新，微信支付改变了中国消费者对线上支付不信任的态度，使社交平台微信一跃成为重要的电子支付工具。可见，创新态势使新媒体成为具有强大生命力的媒体，创新是可持续发展的动力，推动着人们生活方式的巨大改变。新媒体环境下，社会责任教育也要建立创新思维，优化教育实效性。

## 二、新媒体环境下大学生社会责任教育机遇

习近平在全国宣传思想工作会议上的重要讲话中强调："很多人特别是年轻人基本不看主流媒体，大部分信息都从网上获取。必须正视这个事实，加大力量投入，尽快掌握这个舆论战场上的主动权……[①]。"新媒体带来的教育环境的变化是一种社会趋势，思想政治教育工作者必须在这种趋势面前做到因势利导、顺势而为，高校思想政治教育必须适应新媒体环境的发展变化，掌握新媒体作为教育文化环境的基本规律，运用新媒体作为技术手段的核心功能，"要创新思想政治工作方式方法"[②]，增强社会责任教育效果。

### （一）掌握新媒体作为教育文化环境的基本规律

新媒体环境区别于传统思想政治教育环境的显著特点，表现为虚拟性、信息容量无限性、互动性、不受时空限制等特点。这些特点结合在一起，共同构建一个对人的生存、发展和交往产生影响的文化环境。"重要的不是技术发明，而是社会革新[③]。"新媒体对人们社会、文化、生活方式产生全面影响，在价值维度、联结维度和交往维度呈现出新媒体特有的规律，掌握新媒体作为教育文化环境的基本规律，对于深入思考教育途径、方法、方式的变革具有重要意义。

1. 价值维度：技术与文化融合共享的规律

技术是新媒体文化产生的物质基础，新媒体文化作为网络文化的重要组

① 宋建武．融合平台——媒体融合发展的基石 [J]. 南方企业家，2017(9): 35.

② 靳超颖．创新思想政治工作方式方法的思考 [J]. 合作经济与科技，2015(2):137.

③ 巴尔，埃梅里．新媒体 [M]. 张学信，译．北京：商务印书馆，2005: 26.

成部分，具有鲜明的技术性特征；文化是技术发展的精神内核，技术与新媒体文化的相互依存、相互交融推动着新媒体文化的发展。作为文化与科技深度融合的新媒体，发挥着情感慰藉、精神交往、愉悦身心、陶冶情操的作用，新媒体技术架构深深嵌入人的精神生活与文化生活之中。与物联网技术、通信传输技术、虚拟现实技术、传感网络技术、地理信息系统、音频视频流媒体播放技术等伴生的新媒体文化，通过线上线下的实时连接，利用易检索性、交互性等特征，有力地提升了新媒体文化的表现力和感染力，也更加受到大学生群体的青睐。尼葛洛庞帝认为，数字技术与传统物质技术有着不同的法则，现实世界的物质的使用具有排他性，而数字技术分享边际成本为零，因此有了无限分享的可能。新媒体的数字化特征，成为信息和资源分享机制的重要技术保证[①]。新媒体环境下，大学生实践活动是虚拟和现实高度融合的，大学生将共享行为从新媒体信息环境引入到精神文化空间，再推进到经济物质实体环境。在当代大学生的新媒体语境中，分享、协作行为已经成为其生存发展的重要模式，通过融合与共享的实践活动，丰富大学生的精神生活。在价值维度上，也促成大学生融合与共享的精神形态，成为滋养社会责任意识的新媒体文化基础。

2. 联结维度：现实与虚拟共生共存的规律

与传统网络世界相比，新媒体通过信息技术集成人们线上线下的实践活动，使虚拟性与现实性并存。新媒体对人类生活和交往方式的嵌入，形成虚拟与现实共存的图景，影响并改变着人类的文化环境。正是这种虚拟与现实共生并存的规律，使新媒体呈现出社会化特性。桑斯坦通过考察线上的定制服务和个性化设计，探讨虚拟空间中民主与自由议题，并提出“群体极化”现象。换言之，新媒体线上动员直接引发线下行动，线下行动又推动着新媒体线上动员，现实世界与虚拟环境的交融连接、相互演变，形成共生共存的形态，不断丰富着新媒体文化的具体内容。唐亚阳指出，思想政治教育中的新媒体研究往往带有批判审视的意味，事实上，新媒体的社会化特性及其局限性彼此嵌入、相互观照，成为共生共存的基本规律。从实践性生成的角度看，这种现实与虚拟共生共存的规律，使现实社会价值观和文化积淀作为新媒体实践的文化历史背景，影响着新媒体虚拟行为的生成。反过来，新生成

---

① 尼葛洛庞帝．数字化生存[M].胡泳，范海燕，译．北京：电子工业出版社,2017: 65.

的新媒体文化范式也将对现实世界的行动产生推动作用。因此，新媒体现实与虚拟共生共存的基本规律，为推动社会责任践行提供了新的机遇。

3. 交往维度：在场与缺场的数字联结的规律

人是新媒体文化的创造主体，人的文化需求是新媒体文化发展的动力。作为交往媒介的新媒体为大学生的社会互动提供了广阔的技术载体。例如，传统的视频直播技术，在加入“弹幕”功能后，深受大学生追捧，正是由于“弹幕”克服了传统的在线视频技术单向传播的制约，以提供用户交互“弹幕”的双向传播形式，满足了受众对虚拟交往的需求。在线音乐分享软件在加入评论和社交功能后，深受大学生群体的青睐，这些实例突出了新媒体交往的受众需求，也是促进新媒体发展的重要引擎。大学生的新媒体交往形态呈现出交往关系间接化的特点。交往关系间接化有两个方面：一方面是指新媒体环境下人与人的交往通过“人—机—人”的互动展开，甚至形成“社交在线对物理在场的排斥”[①]。在线社交通过在场与缺场的交互，满足了大学生多重身份体验的心理需求，但如果过度依赖在线社交，会让大学生模糊其在现实世界的角色定位和其在现实世界所应承担的社会责任和义务。另一方面，传统交往模式一般以血缘、地缘这些现实的、直接的社会聚集为基础，具有强共同体意涵，这种对共同体的认同具有同一性优势，促进了群体成员社会责任感的生成。随着经济发展和城市化进程的加快，传统熟人社会迈向陌生人社会，基于契约、利益等关系所构建的交往虽然也具有现实的、直接的特点，但由于共同价值的建构缺少情感连接，这种交往具有间接性特征，因此社会责任日渐式微。当代大学生的交往模式在传统社会聚集之外，以趣缘这种间接关系为基础，具有共同价值、志趣、友谊等情感要素。因此，新媒体数字技术不仅为新型社会交往的发展提供了技术基础，还为大学生社会责任感的生成提供了内在动力和价值认同的依托。

### （二）运用新媒体作为教育技术手段的核心功能

新媒体是通过新媒体技术手段，有意识地建构和传播有效的教育信息，使大学生在各种社会关系中接受社会责任教育。新媒体作为教育技术手段，具有强化知识传播效果、加快知识生产、促进媒介素养提升和实时指导实践的功能，这些给社会责任教育带来新的机遇。

① 朱白薇 . 新媒体语境下大学生精神生活发展的新形态 [J]. 思想教育研究，2017(10)：98-102.

1. 强化知识传播效果

媒体的教育功能又称为涵化功能，一直被学者认为是媒体的基本传播功能。拉扎斯菲尔德指出，传播具有促进社会准则实行的社会功能，促进社会准则的实行是传播教育功能的体现。新媒体作为大众传播工具，与传统媒体相比，进一步扩大了教育的影响范围。新媒体可以提供丰富的教学资源，其中巨大的信息储备具有教育价值。知识传播效果包括知识传播的深度和传播的广度。

从知识传播深度看，首先要明确社会责任教育传播的知识特征。社会责任教育集价值观、道德教育和行为规范教育于一体，其传播的知识可以分为认知层面知识、心理和态度层面知识以及行为层面知识。所谓认知层面的知识，一般作用于学生的知觉和记忆系统。社会责任理论教育可以引起学生知识量的增加和知识结构的变化。通过知识传播加强与改进学生对社会责任的认知。心理和态度层面的知识是隐性知识，是指通过知识传播帮助学生建立社会责任价值观念和价值体系，引起情绪和情感的变化，促进社会责任感的生成。行为层面的知识是指在认知和态度的基础上，生成行动所需要的知识，包括专业知识，与他人交流、合作的技巧，具体行为的规范等。新媒体的传播内容具有多维呈现的特征，运用文字、图像、视频、音频等多种表现方式强化了知识传播的深度。随着新媒体信息技术的不断发展，大数据、云计算以及人工智能在新媒体技术中的深化应用，基于新媒体智能化的特点，可以通过数据挖掘分析学生知识结构的特征，有的放矢地传播相应的教育内容，进一步深化知识传播的深度。

从知识传播广度看，与传统媒体传播方式相比，新媒体传播具有多种模式，其中裂变式传播是其最主要的特点。裂变式传播也称洪泛式传播，是指信息在网络新媒体传播中像洪水泛滥一样快速散布蔓延。这种传播的广度不仅具有时间效应，还具有空间效应和范围效应。由于新媒体的虚拟性，各种新知识、新观点通过新媒体快速传播，传播范围超越了传统教育方法知识传播的物理界限。同时，新媒体传播还具有多级传播效应，在持续不断的信息多级传播过程中，知识不断得到扩展、重构、积聚，进一步深化了知识传播的广度。

2. 共同知识生产

新媒体强化其作为传播手段的教育功能，还表现为共同知识生产的特征。

所谓共同知识生产，在教学实践中，可以看作是教学资源的挖掘、教学素材的制作过程。第一，教师不再垄断知识所有权，不再是知识传播的权威。在新媒体双向传播的基础上，教学相长成为现实。学生的信息素养决定其在知识建构过程中的自主性，新媒体给予其知识搜索的便利，运用新媒体组织信息的能力加强，同时也给予其知识表达的可能。学生参与知识生产，是共同知识生产的重要组成。第二，基于网络新媒体超链接的特性，大规模用户合作成为可能，这也是新媒体“共享性”的精神品格。分布式计算使多人协作运用新媒体终端执行一个知识生产任务，可以大大提高知识生产的效率。新媒体环境下多级传播实践、受者即传者的传播图景确立了共同知识生产的特征，使传播中人的价值和受众地位不断提高，一定意义上彰显了主体平等的人文精神。

3. 促进媒介素养提升

所谓媒介素养也称媒介信息素养，包括熟练使用信息媒介的技术能力和对媒介信息的甄别分析能力。一般前者属于媒介技术素养，后者属于媒介文化素养。随着新媒体的迅速普及，媒介素养教育也成为学生的内在需要。媒介素养是现代社会每一个大学生必备的能力，这不仅是信息获取能力，还是信息鉴别能力。高校常见的媒介技术素养教育有计算机技术与文化教育，常见的媒介文化素养最典型的主题教育，就是每年开学对新生广泛开展防电信诈骗的宣传教育。特别是“8·19徐玉玉电信诈骗案”发生后，很多高校甚至在发放录取通知书时附送防电信诈骗宣传单。这不禁引起教育者深思，为何电信诈骗案的受害主体常常是大学新生？这在一定程度上反映了应试教育对媒介素养的忽视。

进入21世纪，思想政治教育愈来愈重视新媒体的运用。目前借助新媒体环境进行社会责任教育的实践，主要是对新媒体的工具化应用。具体包括三种形式：一是采用“三微一端”取得新媒体话语权，这就要求思想政治教育工作者首先要提升媒介素养。二是展开媒介素养教育，其中对于信息甄别意识的培养，目前还停留在初级阶段，不能满足学生的实际需要。三是基于保护主义立场，将学生对新媒体的依赖视为病态。目前在思想政治教育学界，越来越多的学者认为，对大学生网络依恋症候群应从社会、人际关系、教育视角进行多维分析。思想政治教育学界在不断检视、不断探索的过程中，尝试运用基于移动新媒体的教学新途径，在这一过程中不断提升师生的媒介素养。

4. 实时指导实践

高校思想政治教育不仅传导和灌输科学的世界观、人生观、价值观和道德观，更要让教育目标实现内化，获得学生的认同，并付诸实践。因此，应建立实践导向的社会责任教育体系。传统的教育手段显然难以满足实时指导实践的需要，而新媒体的线上线下实时交互性功能，可以在社会责任实践教育中发挥重要作用。

实践的第一个层面，是源自课堂教学的信息反馈。沈震提出在新媒体教学技术演化的过程中应重视“回归课堂”，回归课堂与实践导向的社会责任教育并不矛盾。

传统的思想政治教育课是大班教学，缺少新媒体技术手段的配合，充分调动每一个学生的积极性参与课堂交互是“不可能的任务”，而理论教学—现实反馈，是课堂教学实践的重要组成。基于新媒体技术与课堂教学同步展开虚拟交互，可以在师生互动的基础上，完成“理论讲解—学生反馈—针对议题深化—实现价值内化”这一闭合的教学循环，新媒体交互功能是课堂指导实践的技术基础。

实践的第二个层面，是社会责任教育走进社会，在社会的广阔空间中践行社会责任。党的十九大报告中提出志愿服务制度化，以此强化社会责任教育，突出社会责任教育的实践导向。在以志愿服务活动为代表的社会责任实践活动中，通过新媒体实时信息传输、双向交互功能以跨越时间和空间的方式指导学生的实践活动，可以更好地将社会责任教育建构在社会情境中，一方面实现了大学生在实践活动中的自我教育，同时不会因为缺乏指导阻滞社会责任行动，另一方面实现了大学生在社会实践层面的“增权赋能”，即通过社会责任实践获取责任行动能力，实现大学生内在的理性主义、责任精神和行动潜力的发展。

## 第三节　新媒体环境下大学生责任担当教育的路径选择

本节提出优化大学生社会责任教育。首先，转变新媒体育人理念，包括构建新媒体环境下社会责任教育的伦理向度、丰富新媒体素养的时代内涵及尊重新媒体环境下大学生的主体意识。其次，提出新媒体环境下改进社会责任教育的基本思路，即重视教育整合性以应对新媒体碎片化情境、运用系统思维推进大学生社会责任教育、运用新媒体“智慧教育”方法创新社会责任教育手段。最后，通过推进媒介整合打造全媒体传播平台，促进话语创新，把握教育话语权，增进“理实统一”，提高责任教育实效性。

## 一、前提：转变社会责任教育育人理念

理念即意识，行动即实践，两者是辩证统一的关系。理念先行，行稳则致远；理念淹留，远近交困。正确的理念对实践具有指导意义，推动着实践的发展。应对新媒体环境下社会责任教育出现的新挑战，最重要的就是要转变教育工作理念，树立科学的社会责任教育育人理念。这是新媒体环境下进行社会责任教育工作的前提。新媒体环境下，社会责任教育需要树立全面发展的新媒体育人理念、培养思想政治教育队伍的新媒体育人理念、发挥新媒体的育人功能、尊重教育规律、提高大学生接受社会责任教育的自觉性。

### （一）构建新媒体社会责任教育的伦理向度

在新媒体环境与社会转型相互影响的今天，依据时代的要求，调整和优化社会责任教育的方法和手段，以提升教育实效性，这是思想政治教育最基本的价值取向之一。新媒体环境下优化社会责任教育，首先要把握以下几个方面：

1. 责任与权利的统一

我国《公民道德建设实施纲要》明确指出，要“坚持尊重个人合法权益与承担社会责任相统一……引导每个公民积极承担自己应尽的社会责任”。社会责任在某些层面体现为公民应尽的义务，大学生在承担各种义务的同时，也享有相应的权利。权利与义务具有一定的对应性。既要教育大学生懂得没有无责任或无义务的权利，又要充分保护大学生作为社会成员享有的权利。

2. 责任与自由的统一

马克思认为：“一个人只有在他握有意志的完全自由去行动时，他才能对他的这些行为负完全的责任[①]。”这不仅体现了自由与责任的内在关联，还说明了责任的大小在很大程度上取决于自由的程度。自由可具体化为自主、自

① 马克思，恩格斯．马克思恩格斯选集（第 4 卷）[M]．北京：人民出版社，1995：78.

愿和自觉。前一章中分析了外显认同机制对社会责任教育的作用和内隐认同的形成对社会责任教育“内化于心、外化于行”的重要意义。促进大学生主动、自觉、积极地承担社会责任，是社会责任教育的根本目标。

3. 价值导向一元化和实现方式多元性相统一

施春梅、张澍军指出，传统思想政治教育模式在教育内容上没能充分体现时代主题，过分强调社会价值，忽视个人价值[①]。

在新媒体环境下，虽然肯定价值导向的一元性，但允许大学生依据自身特点，采用多样性层次化的实践形式，实现特定的个体化价值追求，即价值导向一元化和价值实现方式多元化相统一。构建“一元主导、多元并存”的社会责任教育模式，运用各种教育方法、管理方式、评价机制提升大学生履行社会责任的自觉性，发挥其在社会责任教育中的创造性，是新媒体时代应有的教育内涵。

### （二）丰富新媒体素养的时代内涵

社会责任教育是全员性、系统性的教育，是显性教育和隐性教育的结合，是高校全员共同参与的教育过程。但在具体实践过程中，社会责任教育主体由高校思想政治教育队伍和素质过硬的学生骨干队伍组成。传统观点认为，新媒体素养主要指新媒体技术素养。在当前时代背景下，培养思想政治教育队伍的新媒体素养包括新媒体政治素养、新媒体技术素养和新媒体文化素养。

1. 新媒体政治素养

思想政治教育工作者自身必须要有过硬的思想政治素养。首先，教育者只有提高自身的政治敏锐度和思想鉴别力，才能在信息良莠不齐、真假难辨的新媒体网络环境中辨清哪些是媒介“拟态环境”，哪些是客观现实。基于这个前提，教育者才能充分利用新媒体优势将自己的知识传递给大学生。通过自身强大的理论解释力与清晰的思想逻辑，以理服人，增强大学生对社会责任的接收与认同。在此基础上，大学生才会将认同的社会责任付诸到实践中。同样，学生骨干作为思想政治教育工作队伍的重要组成部分，也应具有足够的政治素养。学生骨干在工作、学习与生活中都表现出优于一般学生的先进性。因此，发挥学生骨干在大学生群体中的模范带头作用，对于优化新媒体

① 施春梅，张澍军．构建思想政治教育认知心理模式提高大学生思想政治教育实效性[J]．思想政治教育研究，2016(6)：80-84.

环境下的社会责任教育具有重要意义。尤其是学生骨干作为大学生群体的一部分，其榜样行为更容易激发其他学生的效仿。基于此，学生骨干要自觉提高自身的政治素养，加强自律意识，维护新媒体的健康环境，传播校园正能量。综上所述，面对新媒体环境下复杂的社会环境，高校思想政治工作者，无论是教育者还是骨干学生，都要增强自身政治理论修养，提高学习习近平系列讲话精神的自觉性与积极性；立足社会现实，深入领会习近平新时代中国特色社会主义思想的时代精髓。

2. 新媒体技术素养

提高新媒体技术素养是对高校思想政治教育工作者的时代要求。2019 年，中共中央、国务院印发了《中国教育现代化 2035》，其战略任务之一就是加快信息化时代教育变革。建设智能化校园，统筹建设一体化智能化教学、管理与服务平台。利用现代技术，加快推动人才培养模式改革，实现规模化教育与个性化培养的有机结合。创新教育服务业态，建立数字教育资源共建共享机制，完善利益分配机制、知识产权保护制度和新型教育服务监管制度。推进教育治理方式变革，加快形成现代化的教育管理与监测体系，推进管理精准化和决策科学化。现实条件下，大部分思想政治教育者（特别是老教师）与大学生之间由于对新媒体技术运用程度的差异，存在明显的数字鸿沟[①]。

在社会信息化不断加快的背景下，高校思想政治教育工作者急需熟练运用新媒体，提升自身媒介技术素养。教育者要及时提高自身使用新媒体技术的能力，综合运用各种新媒体，丰富对社会责任的阐释，增强大学生对社会责任的理解及对自身应有社会责任的认知。同时，还要建立一支新媒体技术熟练、业务能力突出的新媒体学生骨干团队。大学生新媒体内部环境的优化依赖高校内部新媒体团队的管理。新媒体学生团队掌握着高校内部新媒体技术和平台，充分应用前沿信息技术，如机器学习、数据挖掘、人工智能等方法，发现和分析大学生信息偏好、内容偏好和情感偏好，优化新媒体内容推荐算法，创建大学生喜闻乐见的信息形式，引导大学生形成对高校新媒体的阅读偏好、参与偏好。

3. 新媒体文化素养

新媒体文化素养是指熟悉新媒体环境下的行为规则、话语体系、交往取

① 沈震，钱伟量. 基于移动互联技术的思想政治理论课课堂教学改革 [J]. 北京工业大学学报（社会科学版），2016(3): 67.

向，具有甄别信息的价值所在的基本素养。要提升教育者新媒体文化素养，就要克服因对新媒体文化的认知偏差而造成的数字鸿沟。一般意义的数字鸿沟，是指数字技术的使用带来使用者和非使用者在信息获取权上的巨大差异，扩展意义下的数字鸿沟，还体现为一种文化隔离，如对学生亚文化的不理解、漠视，甚至因为个别偏差性信息将亚文化载体视为洪水猛兽，如二次元、鬼畜、弹幕、表情包、网络流行语等。掌握和理解新媒体文化的特点、对大学生亚文化保持包容心态、从中发现社会责任教育资源并加以改造利用是思想政治教育工作者应有的新媒体文化敏锐力。人民日报客户端借鉴青少年群体流行的 P 图软件，在八一建军节期间推出的"亮出我的军装照"H5 界面小游戏"刷爆"微信朋友圈，用户在 P 军装照的过程中，实现内容共融、情感共振，以共享、协作、互动的方式实现了隐性思想政治教育。因此，提升教育者新媒体素养，要深度分析大学生亚文化的特点，从而实现利用新媒体传播机制优化社会责任教育的目标。

### （三）尊重大学生主体意识

新媒体所具有的平等教育的特点，使教育者的权威话语权被消解，教育对象主体意识凸显，这要求新媒体环境下社会责任教育必须尊重大学生的主体意识，培养大学生成为新媒体责任主体。尊重大学生的主体意识，可以从以下两方面着手。

一方面，尊重大学生的主体意识包括尊重大学生的自主性、能动性及选择性。尊重大学生的自主性，指高校思想政治教育工作者在明确只有自主学习才是大学生提升效率的动力基础上，优化大学生社会责任教育的内部及外部环境，改善大学生责任意识生成的教育方式及手段，促使大学生发挥自主性，在实际学习和工作生活中履行自己的责任。因此，从自主性出发，社会责任教育就是要帮助大学生培养良好的行为习惯，促使大学生主动承担自身的人生责任。塑造学生学习自主性有利于激发大学生社会责任认知的思维创造力。尊重大学生能动性，是在尊重大学生成长规律的基础上，积极调动大学生的主观能动性，使大学生能够主动认识责任、履行责任。塑造学生学习的主动性有利于发挥大学生社会责任思考的主观能动性。充分发挥团委、学生会、学生社团的作用，培养骨干大学生和学生意见领袖，以同辈教育的方式，引领校园新媒体文化，带动大学生网络协商能力、公共理性的提升，培养学生集体意识、整体利益意识，在网络交往中体现大学生主体意识。尊重大学生的选择性是指高校思想政治教育工作者在明确大学生个体差异的基础上，理解大学生选择的多样性，并加以正确引导。年龄、性别、社会文化环境或家庭背景的不同，导致大学生对个体价值如何与社会需要结合产生社会责任认知的差异，进而使大学生采用不同的形式履行社会责任。由此，教育者要充分尊重大学生的选择权，而不是强制大学生必须采用固定模式履行社会责任。通过因材施教，创造适合大学生成长的氛围。

另一方面，尊重大学生的主体意识还表现在要坚持服务学生的基本原则。新媒体环境是社会现实环境的延伸与拓展，具有与传统社会现实不同的特征。新媒体环境下，高校日常教学和管理要以服务学生成长为核心。要坚持服务学生的原则，首先，高校必须牢固树立教育学生、服务学生于一体的责任意识。大学生社会责任教育应融入校园日常管理之中，大学各机构的教职员工要以身作则，爱岗敬业，全心全意为学生服务，立德树人，将责任意识落实到各个岗位，以实际行动教育引导学生。其次，实现平等互动，将大学生看作新媒体传播中的主体。传统大众传播由于具有单向传播的特点，一般称传播对象为受众。在新媒体环境下，传播内容呈双向互动形式，传播受众向“用户”概念演进。师生之间构建平等关系，通过交流互动实时反馈，有助于教师了解学生所思、所想、所需，及时提供相应的信息支持和资源支持。再次，高校新媒体应让更多的校园服务和教学管理采用新媒体人机交互形式，从而适应学生的媒介化生活的客观要求。高校新媒体具有服务功能，只有吸引大学生使用、爱用、想用，才有可能将高校新媒体打造成服务平台，成为社会责任教育宣传的传播平台。最后，要尊重学生的思想发展阶段性，及时掌握学生价值观念的发展与变化，推动社会责任教育。新媒体建设要坚持为学生服务，在新媒体环境下开展社会责任教育，以大学生的服务需要、思想需要、教育需要为主。在确定社会责任教育内容时，应注意形式多样化，从新媒体思维出发，适应大学生的接受模式，吸引大学生主动参与新媒体社会责任教育的内容建设，增强社会责任教育的有效性。

## 二、核心：改进社会责任教育思路

新媒体多元开放的客观现实和大学生碎片化思维模式的形成，要求高校思想政治教育工作者必须遵循社会责任教育的基本规律，以“立德树人”为目标，通过强化教育整合性、运用教育系统性和新媒体智慧教育手段，应对大学生碎片化思维，推进大学生社会责任教育，创新教育手段。

### （一）强化教育整合性，应对新媒体碎片化情境

新媒体碎片化从传播碎片化到阅读碎片化再到思维碎片化，造成大学生价值取向个体化、情感生成多元化，造成大学生对社会责任认知的模糊或片面性理解，消解了大学生社会责任担当意识，并最终阻碍大学生社会责任的生成。整合性是相对于碎片化而言的。卢秀峰提出碎片化概念应从整合性出发，指整体被分离的过程和状态[①]。其中，整合性包括精神世界的整合和实体世界的整合。精神世界的整合是指人的思维方式系统化；实体世界的整合强调现实的物理世界、人类社会与个人之间的互动联系。碎片化将人的思维方式分割细化，使人难以系统整体地看待世界。同时，将人观察、认知的世界细分化、局部化，形成一叶障目、管中窥豹的认知结果。新媒体环境下“碎片化”的形成是伴随着新媒体信息技术发展，并对其现代性进行反思的渐进过程。

“碎片化”正在以其独有的方式改变着今天的新媒体话语环境，进而影响到现实世界，对人们的社会生活产生潜移默化的影响，有愈演愈烈的趋势。大学生社会责任教育给出中，新媒体碎片化思维情境依赖教育的整合性，这是高校大学生社会责任教育的关键。大学生对社会责任的科学认知是其履行社会责任的前提条件。因此，保证大学生获取完整的信息内容，建立科学的责任认知体系是加强大学生社会责任教育的重中之重。这就需要把大学生当作一个系统要素，从教育要素的整合性和教育过程的整合性来把握。

从教育要素的整合性来看，教育者和教育对象，教育方法、手段、载体以及教育环境之间需要整合性来统摄。教育要素的整合性围绕着“立德树人”的目标展开。教育者要从提升个人政治素养、道德涵养、业务修养做起，本着“立德树人”的要求，采用各种教育手段和方法，通过各种教育途径，对教育对象施加影响，从而达到教育目标。在传统教育环境下，思想政治教育课普遍采用大班授课的模式。教育者教学任务繁重，在课堂上实践全员互动必然影响理论教学的进度。因此，这种模式难以顾及每个学生、每个环节、每个阶段的意识活动和实践活动的整合性问题。对教学效果验证考核方式以

① 卢秀峰，李辉．基于新媒体背景下的青年大学生碎片化思维及其整合 [J]. 黑龙江高教研究，2014(5): 88-90.

结果评价为主，过程评价主要通过学生作业、课堂提问、参与讨论等形式来实现。传统教育模型受限于技术手段，难以真正做到因材施教，降低了教育对象的获得感，影响了教学效果的提升。新媒体为实现教育整合性提供了技术手段。新媒体信息技术是传播技术，也是整合技术。通过大数据、云计算、物联网等技术的支持，实现感知—认知整体化。在新媒体商业应用中，机器学习技术通过抓取消费者对页面和商品的检索，分析消费者商品偏好，通过神经网络技术、蒙特卡洛树型搜索算法等计算消费者可能发生的购买行为，对潜在消费进行推介。这些基于感知—认知一体化的新媒体技术已经相当成熟，甚至可以在大选活动中分析选民的意识形态偏好。竞选团队采用一定的选举策略，通过人工智能技术预测特定信息对选民意识和行动可能形成的影响，并通过社交媒体自动推送信息影响选民的选举倾向。可见，运用新媒体信息技术，采用必要的策略和手段，用于整合影响人的认知、思维、行动等因素是具有实践基础的。

从教育过程的整合性来看，社会责任教育包括教育者和教育对象双方的意识活动过程以及实践过程。教育过程的整合性包括教育者与教育对象的整合、教育过程中意识活动和实践的整合以及教育内化—外化—反馈全过程的整合。教育者与教育对象的整合要求把握其内在一致性，而不是将两者看作是对立的，这主要通过加强互动、增进彼此理解来实现。意识活动和实践活动的整合要求教学形式结合多种方法，促进学生在理论学习的同时生成行动，在实践中观照理论教学，在理论教学中回应学生实践中产生的问题和困惑。内化—外化—反馈全过程整合是指三个阶段不是独立的，而是相互交融的过程。在价值观内化过程中实现行为外化，在行为外化的过程中促进价值观内化的实现，这就要求反馈检验不能只采用结果控制的方法，而应在教育中实现实时控制，以达到教育过程整合性要求。整合性教育有助于培养大学生的社会责任综合能力，提升理解、认知并践行社会责任的综合素养。

基于大学生碎片化思维的现实，可以考虑通过以下两个教育行动策略结合新媒体技术加以整合：通过唯物史观教育促进大学生理解历史与现实的整合性，通过课堂教学与实践的结合增进学生认知个人与社会的整合性。在此基础上，激发大学生对国家、对社会、对他人的责任感和担当精神。

历史本身是不可分割的连续过程，与现实形成连续统一、不断发展的历程。唯物史观作为马克思主义主要的理论构成，对于培养学生整合性历史观具有重要的理论意义。整合性历史观有助于学生构建对历史、对现实以及对未来的认识，帮助个体生存发展。

同时，整合性历史学习可以促进学生深刻认知当代中国的发展历程，对于提高大学生历史文化素养、增强民族认同感和爱国热情，激发社会责任感，树立共产主义理想信念具有重要意义。现阶段思想政治教育课程有着丰富的历史教育内容，可以充分利用新媒体生动活泼、富于表现力的形式开展历史整合性教育。在新媒体时代，众多历史文化遗迹和红色历史教育基地都开发了基于新媒体的信息展示手段。例如，西安汉阳陵博物馆的三维历史呈现、重庆红岩革命历史博物馆的新媒体展示资源等，可以充分利用这些信息资源，整合打包，开发历史教育多维展示技术。通过线上线下历史教育的有机结合，大学生能更好地把握历史与现实的整体联系，促进其整合性思维的发展。社会责任教育的旨归必然是落实在行动层面，因此社会责任教育本身就应基于社会实践。实践性应始终贯穿社会责任教育的整体过程。在媒介化生存的现实境遇下，大学生从新媒体环境中通过虚拟实践体验现实社会，甚至有学生提出“网络信息新媒体无所不包，没必要采用社会实践去实地感受”的看法。由于媒介的拟态效应，媒介所反映的社会现实与真实的社会现实有一定的差异性。因此，新媒体所呈现的现实社会往往会给学生带来片面的感性认知，而信息选择效应又会强化这种认知，造成片面化、碎片化的思维效应，使大学生沉浸在自我世界和虚拟世界中，甚至产生思维极化的趋势。这种对新媒体的过度依赖使人丧失主体性、自主性，进而无法承担责任行为。

因此，社会责任教育必须强化实践，通过实践培养大学生团队合作的能力，促进其认知社会，在实践中感悟、认知原有思维方式的不足与偏颇。实践不仅能够促进大学生理解社会、修正碎片化思维、促进整合性理性思维的萌生，还有助于大学生培养和增进社会责任意识，树立正确的理想信念。

### （二）运用教育系统性，推进大学生社会责任教育

系统性是指一定装置内各个要素和各个组成部分之间的有机衔接，这些要素和组成部分彼此联系，相互连接，形成有机统一体的格局。系统性与整合性具有一定的联系，又存在一定差异。前文对整合性进行了概念界定，提出现实世界整合以及观念整合的差异。前文所述的整合性主要是对碎片化的大学生思维现实采取的策略，其本身是一个动态的过程。系统性更多强调现

实世界的整体性特征，是现实世界运行的基本规律，是应然与实然状态的统一。教育系统性是指在整个教育范畴内存在着不同教育部门、教育学科、教育类别，这些部门、学科、类别相互联系、相互影响，统一一体又自行运转。教育系统性的基本规律包括目标一致性、机制协调性、循序渐进、动态演进性，缺少其中的一点，系统就无法运行，或运行后总会由于这样那样的原因运转不顺，乃至系统失灵。

从社会责任教育的角度看，社会责任教育是高等教育的重要议题，也是整个教育系统的基本教育责任。从教育系统内部看，无论是教书育人、服务育人还是管理育人，都需要将责任教育落实在“育人”的深刻内涵中。从不同学科、不同院系看，社会责任教育始终贯穿于教育各学科、各环节，因为责任不仅需要理解，还需要行动体现。为实现社会责任教育目标一致性，在实践中要求教育系统全部教职员工以身作则、爱岗敬业，为学生做出责任表率，同时将社会责任教育落实到专业知识教育、专业实践教育中。

机制协调性是指高等教育系统在运行过程中各要素、各部门彼此有机联系，实现内在平衡。新媒体环境下，机制协调性比较突出地表现在学校教学和管理信息化实践中。构建各种教学和管理信息系统能促进学校内部各部门之间以流程驱动连接，以数据驱动管理。随着移动办公、移动学习的不断发展，教学与管理系统也在不断改进，更多地向新媒体方向发展。新媒体移动终端与基于计算机的终端有一定的技术差异，前者由于内存容量等限制，要求界面设计更加简洁、服务模块集成度更高、链接服务更能满足移动通信的要求。新媒体环境下，机制协调还具有信息系统协调的作用。特别是成长在信息数字化时代的大学生，他们对系统协调的理解更多基于移动终端使用便利、连接迅速、数据访问服务稳定、界面设计一目了然、应用功能强大等要求。教育系统的根本目标围绕对学生的教育展开，教育系统的循序渐进、动态演进性一方面体现为教育规律的系统性，另一方面体现为教育教学信息系统构建中的发展性。

从教育规律的角度看，社会责任教育是循序渐进的过程，尽管社会责任教育有着总体目标的一致性，但落实到每一个学生身上时，却存在具体目标的差异。这要求教育者从实际出发，针对学生的特点因材施教，保持社会责任教育的适度张力，在循序渐进中立德树人。社会责任教育教学系统的开发建设也存在循序渐进、动态演进的特征。社会责任教育新媒体教学系统的开发建设不是一蹴而就的，必须针对大学生社会责任现实特点，对新媒体成熟技术加以开发应用，不断完善各个功能，以达到增进效果的目的。

社会责任教育新媒体教学系统的开发是一个动态演进的过程，根据软件周期定理，任何软件的使用都有一定的时间限制，超过这个时间就需要开发升级。这主要受到技术变化和应用变化两大因素的影响。一方面，信息技术的不断发展可以将新的技术应用于系统中，丰富新媒体环境下社会责任教育方法和教育内容。另一方面，随着软件 App 的深化应用，新的需求产生，原有系统无法满足新需求时，就需要进行二次开发和模块升级。因此，教育系统需要循序渐进、动态演进，以满足社会责任教育不断发展的需要。

### （三）采用新媒体"智慧教育"，创新教育手段

当代新媒体技术在新一代信息技术（如传感网络、物联网、移动通信、大数据、云计算以及人工智能技术等）的推动下，呈现被感知化、互联化、智能化的新特点。随着"智慧地球"概念的不断发展，智慧校园、智慧交通纷纷被投入到应用领域，"智慧教育"概念应运而生。智慧教育的内涵包括五个层面：以学生为中心地提供教学资源、通过多元呈现调动学生学习动机、没有时空限制的在线互动学习机会、丰富的可供分享的学习资源、以信息技术支持构建学习支撑环境[①]。

可见，从技术层面解读，智慧教育主要是指在教育教学过程中，以学生体验为中心，利用各种手段与方法创设具体情境，丰富多维表现力，带动学生的情感体验，激发其学习兴趣，使学生迅速进入学习状态，并以互动方式提高教学中的学生参与度，从而达到教学目标。智慧教育的载体目前以移动终端为主，未来还将发展出多样化新媒体，以优化智慧教育的技术支撑环境。

从学习环境建构论出发，学习环境的构建以情境、协作、互动、意义建构为要素。"情境"是以新媒体多维呈现及仿真技术搭建模拟现实的场景，增强学生的代入感，激发情感共鸣，这是实现学生主体价值的基础；"协作"是共同合作完成具体的教学环节，这是以体验来表现学生的主体价值；"互动"是实现师生之间、生生之间的互动，这是实现学生主体价值的关键所在；"意义建构"是在以上环节实现的基础上完成教学目标，实现"入心入脑"的过

① 张奕华．智慧教育与智慧学校理念[J]．中国信息技术教育，2013(6)：15-17.

程。社会责任教育采用新媒体“智慧教育”手段构建教学模式就是为了实现这四大要素的高效利用。引入新媒体“智慧教育”，其切入点是以教育对象为核心、以丰富的教学资源为内容、以新媒体信息技术为支撑、以多元呈现为导向的情景教学引起学生情感共鸣，提高理论引导力、价值传播力。利用先进信息技术实现多维表达，带动学生社会责任认知，让生动形象的情境、场景唤起学生积极的社会责任情感体验，利用情感的共鸣来加快社会责任意识的内化速度，为行为外化奠定基础。可以说，“智慧教育”的学习者在具体的教学情境下通过相互协作和有效互动进行意义建构。社会责任教育结合新媒体技术的特征，尤其是生活化情境、角色情境、互动情境、激励情境的创设能使学生更好地融入社会责任认知建构、社会责任情感带入以及社会责任行为激发过程。无论是学生高效参与的思想政治课堂，还是课外实践教学环节，都充分展现了教育对象的主体性。

本书以推动教育对象主体性为核心，以智慧教育过程的教学要素为线索，在课内与课外两个教学环境的基础之上，将社会责任新媒体智慧教育的教学模式分为以下五类。

1. 多维情境式新媒体智慧教育

多维情境式新媒体智慧教育是指利用新媒体多样化的表现力，充分展示生活场景，对于面向实践的社会责任教育具有重要的意义。真实世界教学情境的完整搭建对于高校思想政治教育而言存在诸多现实制约，在搭建教学情境方面受限于物理世界的时间和空间，走出校门、走向社会难以成为日常化的教育手段。在这样的背景下，借助新媒体智慧教育技术手段，以仿真的形式展现和模拟具体教育情境，并充分运用新媒体共享协作的机制、全员互动的模式，以虚拟实践的方法促进社会责任教育意义建构的实现。应用新媒体智慧教育丰富社会责任教育手段，是马克思主义实践导向的教育理论在信息技术条件下的有力拓展。多维情境式新媒体智慧教育还可以作为新媒体网络教育资源，供学生课后学习、跨校学习。在多维情境教学资源的建设中，还应特别注意新媒体的快速发展，如很多基于浏览器模式的多维互动型教学如何改进为用户友好型移动学习系统；开发适用于手机、平板电脑等的 App 模式供学生学习应用，甚至还要考虑到手机 App 平台开发是基于安卓系统还是 iOS 系统。开发原则主要是能适应新媒体平台的飞速发展。

2. 案例探究式新媒体智慧教育

案例探究式新媒体智慧教育是在案例型情境教学基础上发展而来的。案例探究教学又称故事教学法，是隐蔽思想政治教育中品格教育的常用方法，即运用新媒体多维展示的技术优势，将热点事件、公共道德事件通过新媒体多样性情境再现，以案例分享的方式启发学生思考与讨论。与传统案例探究式方法不同的是，新媒体智慧教育方法能做到以下几点：首先，在学生收集、处理与案例相关信息时提供快速迅捷的技术手段；其次，在教学实践中运用新媒体技术达到充分的互动；再次，教育者可以通过数据集成技术、人工智能数据挖掘技术，快速有效地整合案例核心要点；最后，便于教育者分享案例，不仅实现了教育者之间的互动，还可以通过循证教学[①]，以分享、互助的形式，促进案例探究过程的不断演进。基于新媒体智慧教育案例探究方法的要点是提高课堂探究的广度与深度，以克服新媒体环境下学生碎片化思维带来的认知片面性。

3. 问题启发式新媒体智慧教育

问题启发式新媒体智慧教育与案例探究教学有相似之处，即教师根据教学需要，以问题来启发学生，诱导学生思维活动不断向前推移。与案例探究不同的是，案例探究以热点事件或公共道德事件为对象，而问题启发式可以是虚构的、非独立场景式议题。迈克尔·桑德尔在新媒体公开课《公正：该如何做是好？》中采用问题启发式叙事结构，把学生引入日常生活的道德判断境地，真正唤起学生的道德热情，不但能撼动学生的道德良心，而且能促使人们反思日常生活中的道德认知、道德情感与道德实践问题。传统教学情境下的问题启发式教学难以实现全员互动，还要求教师掌握良好的提问手段以及反馈时的说理逻辑，这对教师的个人理论素养、表达素养都有较高的要求，因此，在传统教学环境下，设问常流于形式，学生的主体地位常常被忽视。新媒体智慧教育的应用，一方面将启发讨论置于新媒体智慧教育平台，使其突破时空界限，创设虚拟教学新媒体环境，促进学生长久思考与互动；另一方面，可以借鉴议程设置的方法，运用大数据集成技术，将学生对问题的深入思考做聚类分析，并通过大数据平台集成教师反馈，优化不同问题的

① 循证教学来自循证管理概念。循证管理本身是一种管理决策模式，强调在决策后通过对执行过程的回溯性分析，不断优化决策。循证教学即在实践教学模式确定后，通过分享教学实践使教学过程不断优化的进程。

不同反馈方式，甚至可以在此基础上，开发自动应答系统，实现以智慧技术驱动的社会责任教育。

4. 合作探究式新媒体智慧教育

合作探究式新媒体智慧教育也称为合作学习法，在此教学情境中既要体现教师的引导作用，又要突出学生的主体地位。一般由教师提出需要学生协作完成的教学任务，分配小组后，由学生自拟主题、合作分工，共同探究和完成学习任务，并提交学习成果。

在社会责任教育实践中，引入合作探究式教学策略对于培养学生的合作精神、合作能力以及综合思维能力具有现实意义。协作精神对大学生社会责任意识有着重要的推动作用，合作中的责任心是学生协作成功的必要条件，如何提高合作学习的实效性是此种教学模式的关键。在新媒体环境下，学生的合作学习可以跨越时空限制，通过新媒体社交平台，设置发展跨专业、院级之间、学校之间的合作学习，对渴望增加朋辈交流的大学生而言，具有很大的吸引力。在合作实践中，新媒体一样发挥着重要的沟通桥梁作用，推动着合作实践过程的顺利进行。

5. 服务学习型新媒体智慧教育

社会实践是思想政治教育常用的教学方法，其强调课外实践活动情境的重要性。社会实践又分为感受型社会实践、参与型社会实践和服务型社会实践。感受型社会实践主要通过参观访问认知社会情境；参与型社会实践通过参与社会活动，以期学生在个人情感上进一步理解社会情境；而服务学习是实践情境教学模式的典型操作方法，它强调课程理论学习与社会服务活动或实践活动的有机结合，通过志愿服务等方式，运用角色扮演的手段，以角色扮演的各种基本技巧为依托，在实践中学习社会行为价值规范，培养学生合作意识、责任意识以及在履行社会责任时所需要的各种社会能力和专业技术能力。在社会实践性教学活动中让学生以协作的方式参与体验，并在充分互动的过程中实现教育目标的意义建构，这是每一个教育对象期待的实践性情境教学。实践活动对真实的、有价值的教育情境的重要性是不言而喻的。然而，传统社会实践活动受到以下两方面条件的制约：一方面，教育管理规律中管理幅度[①]的要求锁定了实践教学中的师生比，带队教师数量短缺；另一方

① 周三多，陈传明，鲁明泓．管理学——原理与方法（第五版）[M]. 上海：复旦大学出版社，2009: 25.

面，有关社会责任的社会实践（如志愿者服务）具有专业化、技能化的特点，社会机构的容纳度有限，在分散学习的条件下，带队教师难以顾及和实时指导每个学生面临的实践问题。新媒体智慧教育的感知网络技术、实时交互工具支持跨时空互动教学，将教学融汇于日常生活、志愿服务等各种真实世界的教学情境中。教师可以通过新媒体服务学习支持平台，及时给予学生社会实践过程中所需要的各种支持，包括服务涉及的基本知识与技能、服务学习过程中职业伦理与道德困境的引导以及学习过程中的生活指导及情感支持。此种教学模式是社会责任教育的重要教学手段，是让学生社会责任认知，培养社会责任情感，并直接转化为社会责任行动的有效方式。在现实世界环境下，师生通过新媒体智慧教育技术平台，交流在具体场景中面临的实际问题，通过技能、方法的实时指导，在实践中提升学习者的责任行动能力，这是培养学习者在践行社会责任的过程中提升实践技能、进一步巩固社会责任意识的关键。在十九大报告中，习近平强调："推进诚信建设和志愿服务制度化，强化社会责任意识、规则意识、奉献意识。"作为服务学习的重要方式，中国特色的志愿者服务有了更广阔的空间。于2017年12月1日正式实施的《志愿服务条例》标志着我国志愿服务事业进入新的发展阶段。大学生是志愿服务者的重要组成部分。在高校践行社会责任教育的实施过程中，新媒体智慧教育可以搭建以实践教学为基本模式的辅助学习平台，运用多媒体智慧教育技术，深化大学生社会责任意识，培养践行责任能力，同时有效地推动志愿服务在高校道德教育事业中不断发展，开创新的局面。

社会责任教育采用新媒体"智慧教育"手段构建教学模式的核心在于学习者在具体的教学情境下通过相互协作和有效互动进行意义建构。社会责任教育结合新媒体技术的特征，尤其是生活化情境、角色情境、互动情境、激励情境的创设能使学生更好地融入社会责任认知建构、社会责任情感带入以及社会责任行为激发的过程，充分展现教育对象的主体意识。新媒体智慧教育手段一方面使教学过程与生活情境相联系，另一方面直接将责任教育融于社会责任实践之中。新媒体智慧教育是实现社会责任教育从理论向实践转变的重要媒介。

习近平要求思想政治教育"立德树人"，社会责任教育"立德"的结果是教育学生如何做人，要将社会责任最终落实到行动层面。目前智慧教育在社会责任教育乃至在整个思想政治教育中的应用才刚刚开始，如中成智慧课堂及各种定制化智慧教学系统。在智慧教育系统开发过程中，教育者需要具有良好的新媒体素养和丰富的教学经验，从教学模块、教学流程等实践的角度提出系统设计需求。新媒体智慧教育将是整个思想政治教育发展的方向。

## 三、保障：重组社会责任教育合力

在新媒体环境下加强社会责任教育，需要找准着力点。可以通过推进媒介融合、促进新媒体话语、创新增进“理实统一”等方式来打造全媒体传播平台、把握教育主体话语权，提高责任教育实效性，进而实现社会责任教育合力重组。

### （一）推进媒介融合，打造全媒体传播平台

媒介融合最早由尼葛洛庞帝提出。他预言在媒介化生存的时代，各种媒介会相互交融，媒介融合打破了不同传播载体的边界，以视觉、听觉统合，文字、图片、视频整合为特征。在新媒体强势发展的今天，媒介融合是指传统媒体与新兴媒体的融合。在市场经济的推动下，商业传媒集团通过媒介融合增创优势。常见媒介融合的形式主要有以下三种：一是传统媒体向新媒体迁移，如《人民日报》通过开发新闻客户端，促进了《人民日报》传播受众的扩大化、年轻化。二是门户网站向新媒体延伸。web1.0 时代的门户网站曾经是传统媒体的重要竞争对手，在新媒体不断发展的今天，门户网站如网易、搜狐等开始从内容制造者向信息平台转变，以寻求更广阔的市场空间。三是新兴多媒体平台向传统媒体形式延伸业务，如网络电视产业由智能终端向智能电视系统发展。

高校新媒体媒介融合发展是时代发展的客观要求。与商业传媒公司不同，各大高校新媒体或因为经费之忧，或因为缺乏商业动力，在寻求媒介融合的创新改变上远远落后于商业市场的步伐。同时，在传统传播手段向新媒体迁移的过程中，由于缺少新媒体思维，很多高校新媒体无非将传统宣传内容和教育内容发布在新媒体平台，所采用的只是披着新媒体外衣的传统传播模式。无论是内容还是表达都缺乏足够的吸引力，不能满足大学生个性化需求。缺乏媒介融合不但使社会责任教育的实效性下降，而且削弱了思想政治教育的引导力。因此，高校媒介融合是优化新媒体环境下社会责任教育有效性的重

要保障。高校媒介融合无论从本质还是形式上看，都比商业化传媒公司更具独特性，具体体现在以下几方面。

从传播载体看，媒介融合是高校传统传播工具与新媒体的融合。无论是传统教学载体的使用，还是高校各类思想宣传阵地，都需要将教育信息化、宣传信息化向新媒体推进，都需要靠媒介融合打通教育载体边界。

从媒介应用看，在数字化生存的背景下，高校实现媒介融合是网上网下、网内网外的融合。高校教学工作和学生思想教育实践工作必须以现实世界为依托，以新媒体为信息媒介；在信息到达、信息接收和信息交互方面，媒介融合提供了开放式信息系统，优化了教学和宣传效果。

从传播主体看，媒介融合是师生共同参与的信息融合。与传统媒体相比，新媒体最大的优势就是信息交互性强。师生共同参与的信息融合在媒介交流互通中得以实现。推广新媒体可以通过与传统媒体链接来实现，传统媒体宣传效果可以通过新媒体得到回馈。促进高校媒介融合，必须坚持马克思主义新闻观，坚持转变新媒体思维。习近平在党的新闻舆论工作座谈会上指出，在新的时代条件下，党的新闻舆论工作的职责和使命是“高举旗帜、引领导向，围绕中心、服务大局，团结人民、鼓舞士气，成风化人、凝心聚力，澄清谬误、明辨是非，联接中外、沟通世界”。习近平在新闻舆论工作座谈会上的讲话是新媒体宣传工作的科学指南，在当前信息技术迅速发展的时代背景下，坚持马克思主义新闻观是促进新媒体发展的必然要求。只有坚持马克思主义新闻观，才能确保营造良好的网络空间环境。通过新媒体优化社会责任教育，首先需要坚持马克思主义新闻观这一基本原则。具体来看，需要提升思想政治教育工作者的新媒体素养，提升高校新媒体管理队伍的媒介素质。只有这样才能引导大学生加强理论学习、树立理想信念，才能促进新媒体网络道德的养成，才能提升大学生辨识新媒体文化的能力。新媒体思维是在充分认知新媒体的性质、特点、运作规律的基础上，以用户为基点，以增加传播实效性为目标的思维模式。在坚持马克思主义新闻观的基础上，运用传统媒体的“精”与“专”，结合新媒体的“快”与“活”，发挥媒介融合的载体优势，以内容为主，对大学生形成吸引力，才能进一步通过全媒体推进社会责任教育。

### （二）促进话语创新，把握教育话语权

与传统媒体相比，新媒体传播功能的优势主要体现在平等对话机制的构建。新媒体环境下，教育者要主动设置议题，充分运用靶向效应和新媒体涵化功能，把握思想政治教育话语权，通过全媒体平台实现社会责任教育的目标。

传统媒体对传播信息具有“把关”权，可以过滤与主流价值观不相符的信息。传统的思想政治教育是教育工作者对学生的讲授，教育工作者是主动讲授，学生是被动接受。教育者要结合学生的学习生活状态，采取相应的教育方式和手段，遵循学生的思维方式，引导学生积极面对问题，并及时加以解决。例如，早期传播理论所说的靶向效应是指在确定目标群体后，采用针对性传播策略和传播方法，将特定的信息传递给受众，达到传播效果。随着传播研究的不断深化，研究发现受众并不是信息的被动接受者。因此，需要将受众进一步细化，充分理解受众社会心理和个性心理的差异，才能提高信息传播的有效性。靶向效应目前在传播学中有很大的争议。

在新媒体环境下，由于新媒体互动性较强，针对特定群体的靶向效应因对话、质疑、争议过程可能会出现消解。但是，争议中的意见分化过程常常会使一部分目标受众更为坚定地支持传播者的意图和主张。对于思想政治教育者而言，靶向效应并没有恒定的传播效果。因此，在传播过程中必须坚持研究和理解教育对象的群体特征和个体特征，不断调整传播策略，才能实现思想政治教育传播的有效性。传播内容生产机制呈现多元化裂变发展态势。以往思想政治教育主要采用“堵”（控网）和“导”（用网）的机制，控网依托于高校思想政治教育工作力量的充足性，用网基于平台的不可替代功能。在人们生存境遇媒介化的今天，单纯“堵”和“导”都无法抗衡新媒体迅速发展的巨大力量。想要在新媒体发展过程中顺势而为，加强对大学生的社会责任教育，提高社会责任教育的实效性，就必须创新思想政治教育话语。新媒体的涵化功能是因为受众长期浸染在新媒体环境中，对特定新媒体平台、应用系统产生依赖，其意识形态受到影响，从而使新媒体完成了对受众的社会化过程。由于新媒体环境多元文化的境遇存在，其涵化功能可能会促进受众形成多元文化价值观，思想政治教育需要进入新媒体环境，运用大学生受众所接受的传播方式，才有可能产生对大学生思想意识的涵化功能。

越来越多的思想政治课教师在课堂教学之余充分运用新媒体平台，展开与学生的虚拟对话，共同构建师生之间的虚拟认同。在新媒体网络互动的过

程中，教育者要注意理解和把握学生所思所想，通过新媒体生活情境构建，拉近师生之间的心理距离。同时还要注意在生活情境下的思想政治隐性教育，及时把握学生思想脉络，掌握青年亚群体流行动向，促进话语创新，以青年学生喜闻乐见的方式进行交流。在自媒体时代，不仅仅是思想政治教育工作者，其他高校教育工作者也应积极弘扬服务他人、服务社会的理念，倡导社会责任意识，引领关于社会责任的讨论，把握新媒体话语权，促进社会责任教育生活化。

以“老夏说课”微信公众号为例，西安电子科技大学马克思主义学院副院长夏永林教授利用教学内容编辑微信短文“老夏说课”系列，每天发布一期内容，贴近时代、贴近时事、贴近学生生活，供学生线上学习，同时利用微信公众号平台与学生交流，并将学生作为参与教学活动的一个载体，得到广大师生的好评。

### （三）增进“理实统一”，增强责任教育实效性

“理实统一”是指社会责任理论教育和实践教育的统一。理论教育依赖各种教学手段，让社会责任意识入脑入心。实践教育是推进大学生通过参与社会实践，以支教、志愿者工作等服务学习的形式，切实将社会责任落实在行动层面的教育。习近平在全国高校思想政治工作会议上强调：“要运用新媒体新技术使工作活起来，推动思想政治工作传统优势同信息技术高度融合，增强时代感和吸引力。”当代新媒体技术已经突破传播平台的基本功能，基于传感技术和物联网技术以及人工智能技术的演化推进，新媒体在与现实社会的结合方面有着突飞猛进的发展。

高校思想政治教育工作者在“理实统一”的教学体系建设中，应充分发挥新媒体技术优势，促进社会责任教育实效性的提升。在新媒体环境下实现“理实统一”，需要从四个方面着手：以新媒体技术优化理论教学模式；加强校园新媒体文化建设，深化社会责任教育；以新媒体技术推进实践教学改革；以新媒体技术创建实践培养管理、评价机制。

其一，运用新媒体技术优化理论教学模式。通过对外显认同过程的研究可以发现，理论教学对于大学生明确社会责任内涵，培育其社会责任意识，推动其履行社会责任有不可或缺的作用。理论教学对于大学生形成正确的价值取向具有重要的意义。关于社会责任理论教学，新媒体以智慧教育的各种

形式、方法和手段，构建以学生为核心的教学体系，强化了教学效果，使社会责任认知、社会责任意识入脑入心。当今技术手段可以实现的新媒体智慧教育分为课外教育与课堂教育两大类。无论是以慕课、翻转课堂、视频公开课为代表的课外教育，还是基于全员互动教学、以“回归课堂”为导向的“智慧课堂”系统，都要建立在学生界面友好这一前提下。开发多元化、整合性教学平台，以资源共享为依托，构建社会责任新媒体教育平台。习近平指出，思想政治教育要“用好课堂教学这个主渠道，思想政治理论课要坚持在改进中加强，提升思想政治教育亲和力和针对性，满足学生成长发展需求和期待，其他各门课都要守好一段渠、种好责任田，使各类课程与思想政治理论课同向同行，形成协同效应①”。社会责任教育是高等教育将思想政治贯穿教育教学全过程的重要内容。职业责任也是社会责任重要的内容与基础，这就要求高校专业课教师、人文与社会科学教师与思想政治理论教师共同探索，运用新媒体信息技术，建立社会责任教育的衔接机制，并把社会责任教学内容在各课程和专业分布中统和贯通，形成协同效应，共同为社会责任教育培养建立广泛的贯通机制。

其二，加强校园新媒体文化建设，深化社会责任教育。校园文化是大学生生活的基本场域，校园新媒体建设以隐性教育的形式，促进社会责任教育的不断深化。围绕生活化情境，校园文化建设应大力倡导和弘扬志愿者文化的发育和形成。校园新媒体建设应充分应用基本规律，以具体事件为载体，通过新媒体信息传播功能中的事件多维呈现、集群议题设置、交互评论功能来促进大学生对社会责任的认知。叙事方式的视觉冲击、虚拟在场效应的临场感，基于新媒体交互功能的情绪表达机制，共同促进学生社会责任情感的生成。随着人工智能技术的不断发展和校园新媒体的不断整合，高校还可以利用信息分析技术、个体化识别技术，通过分析大学生信息检索和信息访问特征，研判大学生信息获取偏好、网络行为特点以及思想价值倾向，有的放矢地进行信息推送，潜移默化地促进其社会责任意识不断增强。

其三，以新媒体技术推进实践教学改革。关于社会责任实践教学，有两方面教学资源亟待开发：社会责任能力教育系统和社会责任实践实时指导系统。2015 年，安徽省教育厅发布了《关于深化高校教学改革加强大学生社会

① 张烁．把思想政治工作贯穿教育教学全过程 开创我国高等教育事业发展新局面[N]．人民日报，2016-12-9(1).

责任教育的意见》(以下简称《意见》)。该《意见》明确要求高等院校必须把社会责任教育纳入学分，单独考核，并作为学生毕业的必要条件。这是国内首次由地方教育部门明确将社会责任教育纳入高等学校教育内容的基本范畴。可见社会责任教育不仅是思想政治教育领域的研究课题，还是整个高等教育应有的重要组成部分。十九大提出志愿服务制度化，随着《志愿服务条例》的颁布实施，志愿者服务能力建设必将纳入高校社会责任服务学习教学体系。志愿者服务是大学生履行社会责任的重要实践形式，推进志愿者服务制度化有利于深化社会责任教育的有效性。对于志愿者服务本身的效果而言，责任行动能力建设是关键，包括志愿服务所需要的各种专业知识、社会交往技能、志愿者服务意识等。在开发社会责任行动能力培养课程、开展相关服务技能培训的同时，还应做到理论联系实际，推进服务学习理念。要组建社会责任教育培养专业队伍，开发基于新媒体技术的社会责任实践实时指导系统，为学生参与实践服务提供专业、实用、有效的指导。大学生在广泛参与社会责任服务活动的过程中，可以将服务过程、技术指导和服务互动通过新媒体技术手段加以统合，及时进行循证分析，不断优化服务学习的实践方法，建立知行统一、理实一体的融合机制。

其四，以新媒体技术创建实践培养管理、评价机制。社会责任教育要通过新媒体环境创建大学生社会责任教育实践培养的有效管理体制，确保该项工作顺利进行并取得良好效果。学校要积极主动与社会有关部门加强联系，共同建立健全学生社会责任教育培养的长效机制，营造有利于学生社会责任教育培养的社会大环境。新媒体技术手段可以有效构建学校、社会的移动平台联动机制，实现协同教育，同时开发社会责任实践评估系统。评价在社会责任生成与转化机制中有重要的影响，是社会责任教育实效性的反馈机制，同时可以促进大学生社会责任意识的生成，提高其履行社会责任的积极性。传统教学评价机制由于缺少必要的技术手段，只能重视教育结果评价，忽视或难以进行过程评价；学生在学习中特别是在走向社会的服务学习过程中，由于缺乏足够的信息通道，难以实时反馈学习实践中面临的技能瓶颈。在社会责任教育评价机制的构建中，应注意充分应用新媒体技术，以过程评估代替结果评估，以实时反馈代替结果反馈，使社会责任教学与实践活动真正落实到履行社会责任的行动中。基于新媒体环境下社会责任教育管理系统的构建，将有助于进一步完善思想政治教育培育的管理平台，为推进思想政治教育提供有效服务。

加强大学生社会责任教育培养是立德树人的有效手段，是高等教育将思想政治贯穿教育教学全过程的重要内容。在新媒体环境下推进大学生社会责任教育有助于促进学生个性化发展、推进教学内容时代化。新媒体技术可以提升教学方法的艺术性，也能够推动教学过程智慧化，最终提高思想政治教育的实效性。

# 第二篇　实践篇

# 第四章　起点：中国传统担当精神

## 第一节　中国传统担当精神

### 一、中国传统担当精神的概念

#### （一）担当的概念

“担当”指接受并负起责任。林少波在《担当》中给“担当”下了定义：“什么是担当？就是一事当前，勇挑重担、敢于负责。具体来讲，担当是一种精神，一种情操，一种态度，一种习惯，一种要求，一种能力，一种素质。担当精神，就是想干事的进取精神，能干事的务实精神，干不成事不罢休的负责精神。担当，是一种高尚的道德品质，一种崇高的精神境界，一种催人奋进的力量，一种不辱使命的气概[①]。”

#### （二）担当精神的概念

何谓担当精神？“按照习近平总书记的论述，担当精神，就是全心全意为人民服务的责任意识，就是为实现中华民族伟大复兴不懈奋斗的使命意识，就是敢于面对困难、勇于克服困难的无畏品格，就是坚持原则、铁面无私、毫不妥协地与腐败现象和不良作风做斗争的亮剑精神[②]。”

① 林少波．担当[M]．北京：中国纺织出版社，2011：7.

② 任引泌．谈大力培育和弘扬担当精神[J]．新长征（党建版），2014(8)：6-7.

### （三）中国传统担当精神的概念

中国传统担当精神是指在中华文明发展历程中所形成、发展、传承的，在事情面前敢于负责、勇挑重担的精神。担当精神作为民族精神的重要内容，深深植根于中华民族优秀传统文化。中国传统文化中的担当精神内涵丰富，既涵盖着对民族、对国家、对社会、对家庭的担当，也包含着作为独立的个体，个人对自己的发展也要有所担当。诸葛亮为了国家社稷“鞠躬尽瘁，死而后已”的爱国情怀，西汉名将霍去病的“匈奴未灭，何以家为”的豪言壮志，范仲淹的“先天下之忧而忧，后天下之乐而乐”的政治主张，张载的横渠四句“为天地立心，为生民立命，为往圣继绝学，为万世开太平”等，都诠释着政治担当。古人先贤的嘉言懿行生动诠释了中华民族敢于担当的内在禀赋。

## 二、中国传统担当精神的内容

中国传统担当精神既是中华民族五千年文明历史流传下来的精神财富，也是历朝历代华夏儿女一脉相承的优良传统。在五千年的发展历程中，中国传统担当精神不断发展、吸收、融合、弘扬，从而传承下来，影响着一代又一代的中华儿女，指导着中华民族不断前进。中国传统担当精神是中华民族精神的重要组成部分，是当代大学生需要继承和发扬的重要内容，充分体现了中国优秀传统文化的现代价值。因此，弘扬中国传统担当精神既是当前思想政治教育的重要内容，又是对中国优秀传统文化的继承和发展。中国传统担当精神涵盖着中华儿女对国家、对社会、对家庭、对个人等各方面的担当，内涵丰富，思想政治教育价值极大，值得人们去认真探索、梳理。

### （一）国家兴亡、匹夫有责的爱国担当

中国传统文化饱含强烈的爱国主义精神和民族责任感。爱国主义是中华民族的传统美德，也是中国传统文化的核心精神。中国的优秀传统文化，孕育、抒发、蕴含了历代民族精英的爱国之情、报国之志[①]。纵观中华文明的发展历史，爱国担当精神深深植根于中华民族优良传统的肥沃土壤中。杜甫的

① 潘志军．中国传统文化精神在当代高校思想政治教育中的作用[D]．西安：西安科技大学，2011.

“安得广厦千万间，大庇天下寒士俱欢颜”的慨叹、林则徐的“苟利国家生死以，岂因祸福避趋之”的报国情怀、文天祥的“人生自古谁无死，留取丹心照汗青”的家国情怀等，这些圣哲先贤的经典名言，无不体现出对国家、对民族的担当，生动地诠释了中华民族担当精神的深刻内涵，为子孙后代的精神世界提供了思想源泉，竖起了行为的标杆。在历史的长河中，爱国担当始终是贯穿中华民族的精神纽带，始终是民族凝聚力和集体向心力的基本源泉，始终是推动中国社会不断发展进步的巨大动力，如司马迁的“常思奋不顾身，以殉国家之急”、贾谊的“国而忘家，公而忘私”、陆游的“位卑未敢忘忧国，事定犹须待阖棺”等，他们用自己的理想和信念、行动甚至生命表达了为国家使命的担当、为民族大义的担当、为整体利益的担当，诠释了爱国担当精神的丰富内涵，激发了华夏儿女的爱国热情，激励着一代又一代仁人志士为国家、民族的发展而不懈努力。

### （二）恪守孝悌、重视人伦的家庭担当

一个有担当、有责任心的人，必定是对家庭、对社会负责的人。只有对家庭负责，担负起为人子女、为人夫、为人妻、为人父母应尽的责任，才能建立一个和睦的家庭，为社会的和谐做出贡献。

“一室之不治，何以天下家国为？”即人们常说的“一屋不扫，何以扫天下”。一个人若对自己的至亲都尽不到应尽的责任，那又怎么能够担负起国家、社会的责任呢？因此，只有对家庭责任有担当的人，才有可能对社会、对事业负起责任，才会努力进取，事业有成；才能真正成为对国家、对民族负责任的人，才会得到人们的尊崇。

在弘扬中国优秀传统文化时，家庭担当是无论如何都不能忽视的。作为传统文化的重要组成部分，家庭担当包含着对爱情、婚姻、父母、子女、亲友的责任担当。对待爱情，“愿得一人心，白首不相离”表达了对爱情美好的诉求；对待婚姻，“君当作磐石，妾当作蒲苇，蒲苇韧如丝，磐石无转移”表达了对婚姻的忠贞不渝；对待父母，“不得乎亲，不可以为人；不顺乎亲，不可以为子”表达了为人子必须要守孝道；对待子女，“养不教，父之过”表达了父母要担当起对子女的教育责任；对待亲友，“兄弟叔侄，须分多润寡”表达了亲友之间的相互扶持与担当。一句句至理名言传承了先人留下的极具特色的宝贵的历史文化遗产，充分展示了中国传统文化中的担当精神。此外，

中国传统文化中还有大批家庭教育著作，如诸葛亮的《诫子书》、嵇康的《家戒》、向朗的《遗言戒子》、颜之推的《颜氏家训》、朱柏庐的《朱子治家格言》等，这些古代的教育理论家也十分重视家庭伦理道德建设，重视家庭责任，重视对家庭责任的担当。传统家训在论及家庭关系时特别强调夫妻、父子、兄弟间的关系，如“夫义妻贤”“父慈子孝”“兄友弟恭”等，无一不是维护家庭和谐稳定的有力保障。

### （三）自立自强、勇担大任的个人担当

人们活在世上，都会承担着各种责任，小至对父母、对子女、对家庭、对亲戚、对朋友，大至对国家、对社会，都有着一定的使命与担当。然而，人们还有一项根本的担当，那就是对自己人生的个人担当。在一定情况下，一个人的各种使命和担当都是可以转嫁给别人或者与别人一起分担的，唯有对自己人生的个人担当只能亲自来承担，丝毫不能假手于人。对自己人生的担当是其他担当的根源。唯有对自己的人生负责的人，建立真正属于自己的生活信念，为自己树立明确的人生目标，才能够自觉地承担起对他人和社会的责任。一个民族的复兴，需要担当；一份社会的繁荣，需要担当；一个人的成长，也需要担当[①]。

中国自古就有“修身、齐家、治国、平天下”的做人理念。邓球柏在《中国传统文化与思想政治教育》中明确指出，“修身”是我国古代思想政治教育的中心任务。《大学》记载：“古之欲明明德于天下者，先治其国。欲治其国者，先齐其家。欲齐其家者，先修其身……身修而后家齐，家齐而后国治，国治而后天下平。”修身为根本，是个人担负其他责任的前提。《大学》记载：“自天子以至于庶人，一是皆以修身为本[②]。”无论是天子还是平民百姓都要修身。何谓修身？邓球柏认为：“人们有了道德自律意识，就能时刻净化心灵。能够净化心灵，就能美化言行，这就是修身[③]。”人之为人，在于为人。只有修好身，做好人，才能担负起自己应担负的责任，才能完成自己个人担当的使命。

关于修身养性，《周易》说“天行健，君子以自强不息；地势坤，君子以

① 徐林旗．四书五经：大学·中庸·孟子[M]．北京：北京大学出版社，2013: 10.

② 徐林旗．四书五经：大学·中庸·孟子[M]．北京：北京大学出版社，2013: 12.

③ 邓球柏．中国传统文化与思想政治教育[M]．北京：首都师范大学出版社，1999: 9.

厚德载物”；《三国志》说“勿以恶小而为之，勿以善小而不为”；《论语》说“躬自厚而薄责于人，则远怨矣”；《孟子》说“君子莫大乎与人为善”；《劝学诗》说“黑发不知勤学早，白首方悔读书迟”；《中庸》说“好学近乎知，力行近乎仁，知耻近乎勇”；《诫子书》说“非淡泊无以明志，非宁静无以致远”。古代仁人志士的至理名言，告诫人们要不断地修养身心，提升自我，担负起应当承担的责任。另外，个人担当还要有远大的志向。“燕雀安知鸿鹄之志哉”道出了陈涉的远大志向；“老骥伏枥，志在千里；烈士暮年，壮心不已”写出了曹操人到暮年的雄心不止；“志当存高远”寄托了诸葛亮对外甥的期盼；“穷且益坚，不坠青云之志”表达了王勃的凌云壮志；“壮心未与年俱老，死去犹能作鬼雄”抒发了陆游的雄心壮志；“贫不足羞，可羞是贫而无志”写出了吕坤对人的志气的重视。每个人不仅要有自己的志向，还要有立志实现志向的担当，只有这样才能实现自己的志向，完成自己的使命，实现自己的价值。个人除了有做好人的责任和自己的志向外，还要对自己的生命负责。志士惜年，贤人昔日，圣人惜时，要珍惜自己的时间和生命。虽然说“人生自古谁无死”，但是也要珍视生命、珍惜光阴，要“死得其所”。古人云：“身体发肤受之父母，不敢毁伤，孝之始也。”尽管每个人是独立的个体，但是并不意味着自己只属于自己，同时属于家庭、社会和国家。

### （四）乐之君子、民之父母的为官担当

习近平在系列讲话中多次用到“担当”一词，并将其化为在现实中身体力行的一种领导行为。习近平在不同场合表示“我们做人一世，为官一任，要有肝胆，要有担当精神”① 及“干部就要有担当，有多大担当才能干多大事业，尽多大责任才会有多大成就”②，多次强调领导干部的为官担当。在中国传统文化中，也有大量诗文事例讲到了为官的担当，涵盖如何敬民、如何为政、如何廉政等方面。

《孟子·梁惠王下》记载了齐宣王见孟子于雪宫。齐宣王说：“贤者亦有此乐乎？”孟子回答道：“有。人不得，则非其上矣。不得而非其上者，非也；为民上而不与民同乐者，亦非也。乐民之乐者，民亦乐其乐民；忧民之忧者，民亦忧其忧。乐以天下，忧以天下，然而不王者，未之有也。”这是孟子与齐

① 习近平．在党的群众路线教育实践活动总结大会上的讲话 [N]. 人民日报，2014-10-9(002).

② 陈治治．有多大担当才能干多大事业 [N]. 中国纪检监察报，2020-1-6(002).

宣王的对话。“乐民之乐者，民亦乐其乐；忧民之忧者，民亦忧其忧”是孟子民本思想的重要观点。他认为民众是国家的主体，治国者要想使国家安定、人民富强，就必须得民心、顺民意、与民同乐，这样才能得到百姓的拥护爱戴。《晏子春秋·卷四·内篇》中的“意莫高于爱民，行莫厚于乐民”深刻地阐释了为官者应尽的职责。为官者的正己爱民，向来是一种备受推崇的为官风范；而残民以逞的行为，向来是受到世人的反对和抨击的。

作为领导干部，该如何为政、如何担当起人民赋予的责任？这在中国传统文化中也有回答。《论语》曰：“政者，正也。子帅以正，孰敢不正？”“其身正，不令而行；其身不正，虽令不从。”这些回答说明了为政者一定要自身行为端正，只有这样才能起到示范作用，身正民行，上感下化，才能施不言之教，对百姓产生潜移默化的影响。《论语·为政篇》曰：“为政以德，譬如北辰，居其所而众星共之。”孔子“为政以德”的思想，说明当政者应施行德治，百姓才能受“圣德”感召并遵其道而行之，天下自然就归于太平。

领导干部要有担当精神，勇于担当、勤于担当，要以务实的态度、踏实的作风苦干实干，心存远大的志向，取得伟大的功绩，完成伟大的事业，担负起自己作为领导干部的责任。

中国传统文化中的担当精神，包含着对国家的使命担当、对家庭的责任担当以及对自己的价值担当，还有作为领导干部应该担负起责任的为官担当。中国传统担当精神值得人们学习，更值得当代大学生学习。

### 三、中国传统担当精神在新时期的时代内涵

习近平说：“培育和弘扬社会主义核心价值观必须立足于中华优秀传统文化。牢固的核心价值观，都有其固有的根本。抛弃传统，丢掉根本，就等于割断了自己的精神命脉。博大精深的中华优秀传统文化是我们在世界文化激荡中站稳脚跟的根基[①]。”我们绝不可抛弃中华民族的优秀传统文化，而是要很好地传承和弘扬，因为这是中华民族的“根”和“魂”[②]。中国传统担当精神已经融入中华民族的血液，成了中华民族的基因。新时期人们要立足当代，不忘过去，传承昨天，面向明天，成为一个具有中国传统担当精神的现代公

① 曹雅欣．国学与社会主义核心价值观 [M]. 北京：光明日报出版社，2015: 3.

② 陈锡喜．平易近人：习近平的语言力量 [M]. 上海：上海交通大学出版社，2014: 11.

民。中国传统担当精神与时代的融合不仅是民族特色的思想传承，更是博大精深的中国优秀传统文化进行创造性转化、创新性发展的现代化需求[①]。

### （一）爱国担当的新发展

爱国是社会主义核心价值观个人层面的第一个价值准则。爱国，从古至今都是中国社会始终强调的个人必备品质，也是中华民族重要的民族精神。国家的繁荣和富强是每个公民幸福和安康的保障，每个公民应该对自己的国家有着深厚的情感，认同自己的国家，珍爱国家的每一寸土地，为国家的政治、经济、文化发展感到自豪。

爱国是每个人都应当自觉履行的责任与义务。在中国历史上，中华民族的爱国担当在不同时期、不同形势下，有不同的表现：为国为民，忧国忧民；利国利民，富国富民；救国救民，报国报民。在新时期，爱国担当表现更倾向于担负起祖国的使命，自觉履行应尽的责任与义务；担负起“两个一百年”奋斗目标和实现中华民族伟大复兴的中国梦的时代使命。

### （二）家庭担当的新价值

“家是最小国，国是千万家。”家庭是国家组成的基本单位。要想担当国家大任，首先要担当起家庭的责任与义务。只有家庭和谐稳定，国家才能和谐稳定，只有家里每个人都担负起自己应担当的责任与义务，家庭才能和谐稳定；中国传统担当精神中的家庭担当所提倡的“夫义妻贤”“父慈子孝”“兄友弟恭”符合马克思主义家庭观，在新时期依然为人们所推崇，为国家所提倡。当代公民尤其是当代大学生要对家庭有担当，担负起为人子女、为人夫、为人妻、为人父母应尽的责任与义务，营造和睦的家庭，共建和谐的社会。

### （三）个人担当的新延伸

能否担当，往往取决于一个人的知识储备、理想信念、道德修养、战略思维、价值追求等情况，是一个人的世界观、人生观、价值观的集中表现，是一个人的品格、素质、责任的综合体现，也是一种精神、底气、境界的鲜明反映。做一个有理想、有担当的人是每个人都应当做到的，尤其是青年人、

① 曹雅欣．国学与社会主义核心价值观［M］．北京：光明日报出版社，2015: 52.

大学生，一定要有个人担当，明确自己的使命，树立远大的理想，这样才能完成时代赋予的责任与使命。“青年一代有理想、有担当，国家就有前途，民族就有希望，实现我们的发展目标就有源源不断的强大力量[①]。”一代人应该有一代人的担当。习近平提出了“中国梦”的伟大构想，多次强调“两个一百年”的奋斗目标，提出“四个全面”战略布局，这些都明确了当代大学生的责任、使命，希望当代大学生能够树立远大理想，努力奋斗，担当起应该担当的责任，把实现中华民族伟大复兴的中国梦当作自己的人生追求与梦想，要有努力实现梦想的意志和志向。

#### （四）干部担当的新使命

新时期对为官者、领导干部的为官担当极为重视。习近平反复强调党员干部要敢于担当，有多大担当才能干多大事业，尽多大责任才会有多大成就。习近平在不同场合强调“为人民服务，担当起该担当的责任”是新一代领导集体的执政理念。当代大学生作为新时期的建设者和接班人，也将是未来的领导干部的核心力量，必须要明白领导干部的担当重任，担负起应尽的责任与义务。新时期干部担当的新使命是要坚持为人民服务，担当起应担当的责任，敢于担当，勇于担当。

## 第二节　中国传统担当精神在大学生责任担当精神培育中的价值

### 一、家国天下的文化情怀是民族精神的传承

中华民族的民族精神是中华民族安身立命的根本、价值认同的标识、传承发展的支撑，是推进中华民族生生不息的精神动力[②]。以儒家义利观为代表

① 习近平．在同各界优秀青年代表座谈时的讲话 [EB/OL].(2013-05-04)[2020-11-05]. http://www.xinhuanet.com//politics/2013-05/04/c_115639203.htm.

② 《思想道德修养与法律基础》编写组．思想道德修养与法律基础 [M]. 北京：高等教育出版社，2015: 42.

的民族精神作为优秀传统文化的核心组成部分正在新时代不断被继承和创新，不断展现新的生命力、凝聚力和创造力。

### （一）中华民族优秀传统文化的重要组成部分

我国作为拥有五千年文明的古国，在人类历史上创造出光辉灿烂、享誉世界的中华文明。五千年的悠久历史、多民族的文化融合、百家争鸣的文化局面，都为中华民族优秀传统文化的发展提供了源源不断的动力。而儒家义利理论作为传统文明的主要结构之一，从诞生至今都充满着勃勃的生命力和创造力。儒家思想涵盖内容十分广泛，而且自成一套系统的伦理体系，上至天人合一、天下关怀的形而上思想，下到修身、齐家、治国、平天下的具体要求。儒家倡导自强不息、厚德载物、止于至善的人格精神，倡导格物致知、诚意正心、修齐治平的知行精神，倡导中正仁和、义礼孝慈、忠信爱国的伦理精神，更倡导宁静致远、舒展安居、平凡快乐的生活精神。儒家思想为人们的现实生活提供了强大的精神家园，不仅提升了人的精神品格，倡导人要自尊、自信、自爱，要有立人达人的广阔胸怀，还要求将其落到实处，在生活中努力践行，成为一个“为天地立心，为生民立命，为往圣继绝学，为万世开天平”[①] 的人。而这也正是中华民族新时代所追求的优良精神文化传统，其为人民提供了精神指引。儒家义利观在其产生和发展的两千多年里，不断随时代发展而创新变化，但其根本却未曾改变，即希望人们重视义，重视集体利益和精神生活，个人利益和欲念的落实一定要在义的原则下实现，不可见利忘义、纵欲过度。孔子认为“君子以义为质”，即“君子喻于义，小人喻于利”。义根源于仁，是衡量个人外在行为的最高准则。孟子曰：“仁，人心也；义，人路也。”只有遵从义的原则和规范行事才是正确的。在对待义利冲突时，孟子倡导去掉为利之心，舍生取义，这样才能社会安定、天下太平。西汉时期，儒家思想成为正统思想。董仲舒提出“正其义不谋其利，明其道不计其功”[②]，这一命题典型地表现了道义至上的价值观。宋代以后，儒家学者把义利关系矛盾当作德性的焦点和主要矛盾。程颢说：“天下之事，唯义利

① 刘天杰，夏宇尘 . 张载的“和谐”思想及其当代价值 [J]. 江西社会科学 ,2013(8): 40-43.

② 《儒家思想经典一百句》编写组 . 儒家思想经典一百句 [M]. 石家庄：河北人民出版社，2015:149.

而已[①]。”朱熹也指出：“义利之说，乃儒者第一义[②]。”他们都表现出对义利之辨的高度理论重视，他们明确指出义利之辨的实质是公与私的关系。程颐说：“义利云者，公与私之异也[③]。”这就展现了儒家义与利的透彻实质见解。在思想方针上，儒家主张以义制利，以德性为重要内涵，讲求人们自发地运用道德约束自己的举动，以道德作为利益权衡的标准。明末清初，颜元、戴震等人认为利益和道德是相互统一的，道德的价值就是能带来利益，没有利益的道德是空疏的，故正义谋利、义利并举的义利观由此形成。王夫之甚至将义分为几个价值层次，即“有一人之正义，有一时之大义，有古今之通义。轻重之衡，公私之辨，三者不可不察”[④]。由此可知，百姓和整个民族的利益才是最高之义[⑤]。从清代后期直到五四运动，儒家文化都处于低潮时期，但也在此时，新儒家作为儒家的现当代新生迅速崛起。它顺应时代变革，不断将传统义利观进行摒弃与创新，使儒家文化依然在思想史上焕发光彩，成为中国文明软实力的内在支撑，是中国特色社会主义文化的重要组成部分。

### （二）中华民族精神品格形成的重要因素

中华民族独特的精神品格是在五千年的中华文化熏陶下形成的，中国人以独特的智慧创造了自己的生命传统和精神品格，可以说民族精神品格的形成极大地凝聚了儒家义利观中的精华部分。儒家义利观重视天理道德，尊崇集体利益，倡导构建和谐等思想，对个人乃至整个中华民族的精神品格的形成都起到极大的影响作用。在这种思想的影响下，人们的行为也处处体现儒家义利思想。

第一，崇道尚德的思想素质。首先，中国人历来把德性作为人的重要特征，是与百兽相甄别的实质标示。人做任何事都要从道义出发，这对人的留存做出了正能量的评判。因为道德，人才使自身高于其他东西，化为天地间最完满的留存。所以，道德是人的基本需求，是儒家倡导的遵从天理，更是

① 程颢，程颐．二程集[M]. 北京：中华书局，1981:120.

② 《儒家思想经典一百句》编写组．儒家思想经典一百句[M]. 石家庄：河北人民出版社，2015:151.

③ 张岱年．中国哲学大辞典[M]. 上海：上海辞书出版社，2011:112.

④ 《儒家思想经典一百句》编写组．儒家思想经典一百句[M]. 石家庄：河北人民出版社，2015:130.

⑤ 唐凯麟，张怀承．成人与成圣——儒家伦理道德精粹[M]. 长沙：湖南大学出版社，1999:125.

人天性中自身生长和自我完备需求的体现。其次，追求道德理想。志向是人精神意境的体现，一个部族的梦想映射着该民族的精神意境。中华民族的志向受儒教理论的熏陶，认为无论在个人生存还是社会生存上，都不能单纯追求物质生活的快乐，精神境界的享受才是最主要、最激烈和最长久的满足，道德的完备才是甜蜜的实质内涵。故孔子说："不义而富且贵，于我如浮云。"他反对的是"为富不仁"，并不反对"义而富且贵"。相反，儒家赞扬个体以贴合道义的方式去追寻财富，即所谓"义然后取，人不厌其取"[①]。正是出于这种对生活与幸福的本质的理解，儒家把道德完善作为人生的理想境界，并积淀为中华民族重要的思想素质。

第二，明义重公的价值取向。首先，崇道尚德的理论本质，体现在举动抉择上，呈现为明义重公的行动标准，即以道德作为判断行为价值的最高尺度。儒家义利观引导人们进行行为选择的价值方针是"见利思义""重义轻利""以义制利""以义导利"等。这些准则要求人们在追寻、收获益处时，以义为行动抉择的要求。其次，在义与利（即道德与利益）产生矛盾时，需要把德性放在首位，关键时刻当以收益屈从道德，甚至以舍弃个人的利为代价，保护品德的威严和纯正。其实，义并非单纯的道德价值，而是对社会公利的道德确认。因此，义利之辨贯彻到实际生存方面就是公私之别，也就是社会整体利益与个人利益的关系。在处置这两者的关联时，应以符合社会整体利益为首要准则。最后，明义重公的价值选择表现在自身方面即存理遏欲。人的行为的道德选择除了面对公与私的矛盾局面外，还要对理性与感性的辩论进行遴选。理欲关系即品德理性与原始感觉欲望的关联。儒家学者提出，理即意义，居于公义；欲则为自身之私。在此学说的熏陶下，中国古代文明把理欲之别当作义利之辨、公私之别在个人层面的反映，并构建了理欲同一的学说观点和以理导欲、存理遏欲的举措准则。

第三，乐群贵和的心理定式。儒家学说认为，人与生物的不同在于"人能群"，人拥有保持群族生存前进的需求，具有德性心窍，因而主张"群居和一"。乐群是一种强烈的归属心态的表现，着眼于和他人创设友善协调的人际关联，在肯定的群族中探求自我的位置、实现自身的价值。因此，中国人会对群族产生深切的依托感、信赖感。贵义、重公、崇德表现在中华民族的

① 林定川．孔子语录[M]. 杭州：浙江工商大学出版社，2015:97.

心态上就是乐群贵和，表现为对家庭、团体、国家等社会群体具有一种强烈的责任感，并将品德使命化作道德良知，进而提升到至臻的道德准则。另外，乐群的内心立场还驱动华夏民族重视人与人、人与自然之间的协调关系。由此，中华民族解决群己关系的措施注重向外求同存异，对己反省内求。对内表现为人们注重血缘社会的亲情推衍和对天地的泛爱万物，以礼相待，以和为贵，求大同存小异。对内表现为“见贤思齐焉，见不贤而内自省也”。

## 二、以理导欲的辩证思维为培育大学生担当精神提供理论资源

当今中国正处于社会变革的深水期，尤其是改革开放和市场经济所带来的经济快速发展，在使综合国力不断提升的同时也带来了一系列的社会问题。物质上的极大丰富让人们忘乎所以，传统道德被唾弃和遗忘，责任担当成为别人的事情，功利和享乐成为人生的终极追求，金钱、权利成为人人追崇的“上帝”和“神”，工具理性最终战胜了价值理性。但物欲的满足后是人们内心深处的失落与孤寂、疏离与漂泊。这时人们回过头来，在传统文化中寻找失落的精神家园，寻找人之为人的意义。而儒家义利观所倡导的“见利思义”“以理导欲”“公利为上”正是针对个人担当功利化、享乐化和极端个人主义的弊病提出的，所以其在市场经济的今天依然具备重大的思想意义和实际意义。

### （一）“见利思义”批判功利化

以血缘关系为基础的宗法制是中国传统社会的一个主要特征，人们因在伦理的框架中扮演着各种角色而相应承担着各种责任。但现在由于市场经济的发展、交通的便利、网络的发达，伦理框架中的地域共同性、血缘共同性和利益与志趣的共同性都在不停地变化，人与人之间的依赖关系也随之发生改变。现代社会打破了以宗法血缘为基础的社会结构，也打破了计划经济时期的“公共性”，而新的共同体还未建成，人们在这一时期更多的是个体独立，缺失身份认同与归属感，失去伦理方向感[①]。在这种背景下，人们受物欲和金钱的影响，在日常生活中更多地选择去追逐利益，而且市场经济的实质也是获利。在人人都向“钱”看的环境下，大学生作为易受社会风气浸染的群体，在思想、动机和行为上单纯突出对“利”的追求和攫取，极容易忽略对国家、集体利益的承担，忽视对自我角色的担当。大学生在学习上目光短

① 杨清荣．公共生活伦理研究：以中国的社会转型为背景[M]．北京：人民出版社，2016:15.

浅、目的性过强，追求立竿见影的学习结果，导致弄虚作假、考试作弊的情况出现，诚信意识严重缺失；在择业时讲究实用、功利，追求经济收入高的工作，只注重物欲满足的享受，无视对集体、国家应尽的职责；在人际关系上以自身为中心，钱财、地位成为衡量交友的准则。

朱熹认为“义者，事之宜也”[①]“义者，天理之所宜”[②]“义者，心之制、事之宜也”[③]。他认为义是正当与否的度，是宇宙万物存在发展的根本原则，也是人们内心的一种观念，是行为主体的道德理性原则[④]。首先，儒家义利观认为义是遵循天理行事的准则。天是万物之源，人作为万物之灵有义务对天负责，而且要将天理内化于心，外化于行，顺应天意，从德从善而为。“先天下之忧而忧，后天下之乐而乐”[⑤]，不仅独善其身，更要兼济天下，为维护天地人道的准则与威严，勇于担当大任。其次，儒家学说承认利的价值。孔子曰：“富与贵是人之所欲也。”孔子认为人有追求私利的必要性，但获得私利的手段、方式、途径必须要合乎义，不合乎义的利会导致人的道德沦丧和社会混乱。孔子曰：“放于利而行，多怨。”董仲舒曰：“大富而骄，大贫则忧，忧则为盗，骄则为暴，此众人之情也[⑥]。”人们要在利前懂得约束自己的行为，用正当的手段获利，重视人的道德价值，承担起人的角色责任。最后，当义与利发生冲突时，人们要懂得以义导利。孟子曰：“生，亦我所欲也；义，亦我所欲也。二者不可得兼，舍生而取义者也。”因此，个人要加强伦理道德修养，明确区分利与义的界限，对于利益的诱惑要学会以义制利、见利思义。

### （二）“以理导欲”批判享乐主义

中国由原来的计划经济逐步改革为市场经济，这极大地激发了社会的动力，调动了社会大众的积极性，使人们的欲望前所未有地高涨。这一时期，人们的主流意识在经济上表现为功利主义，在思想文化上则更多地注重对原

① 梦远 . 国学常识一本全 彩图全解版 [M]. 北京：北京联合出版公司 ,2015:264.

② 张岱年 . 孔子百科辞典 [M]. 上海：上海辞书出版社 ,2010:112.

③ 张岱年 . 孔子百科辞典 [M]. 上海：上海辞书出版社，2010: 112.

④ 唐凯麟，张怀承 . 成人与成圣——儒家伦理道德精粹 [M]. 长沙：湖南大学出版社 ,1999:177.

⑤ 孙青 . 担当 [M]. 北京：北京时代华文书局，2015:89.

⑥ 《儒家思想经典一百句》编写组 . 儒家思想经典一百句 [M]. 石家庄：河北人民出版社，2015:294.

来束缚人们世俗利益追求的思想观念的批判和瓦解，一方面批判传统的重义轻利的观念，另一方面批判计划经济时期只重精神激励而轻物质刺激的观念。这种批判的确起到了解放的作用，但真正意义上要确立的思想还没有形成，在这一时期，人们对于物质需求的欲望被诱发出来①。

程朱也提出利是情之所欲，即生命活动的必需。程颢说："凡顺理无害处便是利，君子未尝不欲利②。"只有循理之得，才具备正确的意义。如若违背义，则所谓利不仅无益，反而有害。对此，儒家提出要"存理遏欲"。首先，谋求的利与欲不可以用强力去控制，因为欲是维持生命所必需的，同时也是树立道德、实践道德的动力。其次，人们应该树立理性的人生价值观，不以情欲满足为生活的本质，而应该积极追求道德的完善，树立远大的人生理想信念。最后，要以理导欲、以理达欲。人们要学会用道德和理性积极引导和培养正当的人欲，克制情欲的泛滥，使物质欲求符合人类的人性特征，使其符合自身的社会定位，符合特定的德性需求和举动标准，凸显人的价值。新时代大学生要学习儒家对于理欲的态度，在享受社会进步带来的便捷和舒适时，要积极践行自己作为社会主义建设者的职责，努力学习知识，明确社会责任和义务，不逃避、不推卸，在实践中实现中华民族的伟大复兴。

### （三）"公利为上"消解极端个人主义

市场经济的到来彻底击碎了"一大二公"的规划经济体系，人的自主性不断丰富，人的解放性不断拓宽，人的性格越来越鲜明，人的自立程度也越来越强。人的生活方式与社会制度也相应发生改变，但人仍生活在国家这一公共主体之下，当人与共同体利益发生分离的时候，人就变成了原子式的个体。但是，国家这个共同体的参与和价值引导力量还相对式微，社会公共框架还未形成，关于公利与私利的界限、公共范畴与个人范畴等还没有健全的依据准则，公共生活常常呈现混乱和无序的状态。而市场经济的本质就是盈利，这又使物质需求成为社会的第一需求，从而引发价值相对主义的盛行，消费主义兴起，物欲横流，工具理性僭越，唯利是图，人们道德退化，精神迷失。在市场活动中，社会整体利益与个人利益二者经常会发生冲突。个人利益需要社会整体的保护，而群体利益需要个体的付出和奉献。二者虽是相

---

① 杨清荣．公共生活伦理研究：以中国的社会转型为背景 [M]. 北京：人民出版社，2016:20.

② 梁韦弦．中国传统伦理思想研究 [M]. 哈尔滨：黑龙江人民出版社，2007:79.

辅相成的，但权利和利益的获得与实现才是人性所追求的方向。因此，利己主义、极端个人主义大行其道，人们只看利益，不讲付出，只关注眼前好处，而不讲长远益处，将个人得利跨越在集体和国家的利益以上。

儒家认为伦理学的基本问题是道德与利益的关系，它包括两个方面：一是道德与物质利益谁是第一性的，属于道德本体论问题；二是社会整体利益与个人利益谁服从谁，属于道德价值论问题[①]。程颐说："义利云者，公与私之异也[②]。"儒家把义划定为公（即社会集体利益），把利诠释为私（即个人的好处），为人欲之私。王夫之认为义非不利，品德本身就包含利益，公天下即是利苍生，仁义德性的基础原型和意义就在于它有利于国家。而且义离不开利，德性不可背离人的利益而留存，更不可以背离个人的价值对人发挥功效。义是利所具备的"度"，是对利的适宜性、公正性的赞扬。事实上，义绝不仅是抑制自己的利益，而且要为了他人的利益能得到合理满足，"人人之独得，即公也"[③]。每个人利益的合理满足就是公义，除此之外别无他义。在处理群体利益与个人利益冲突时，强调社会整体利益高于个人利益，个人利益必须服从社会整体利益[④]。

国家整体利益就是自身的得利，所谓的"个人利益"也是建立在国家和整体基础之上的，只有国家的利益得到保障，个人的利益才能得到充分的满足，因此我们要树立正确的义利观、正确的意义引导，否定偏激个人学说的牟利行为，要"正其义以谋其利，明其道而计其功"[⑤]。个人是社会的主体，社会性是人的实质特性。人除了对于物质利益的需求外，还有对崇高的精神家园、远大的理想信念和作为社会一分子应该承担的责任和义务的需求。王夫之认为："有一人之正义，有一时之大义，有古今之通义[⑥]。"人异于动物就是因为人类具有道德精神。人作为国家的组成部分，承载着为人类集体利益和未来社会谋发展的职责。而大学生作为国家建设的主体，担负的职责不仅仅是对自己、对家庭负责，更是对社会、对国家负责。大学生要树立责任意识、

① 唐凯麟，张怀承．成人与成圣——儒家伦理道德精粹[M]．长沙：湖南大学出版社，1999:121.

② 张岱年．中国哲学大辞典[M]．上海：上海辞书出版社，2011:112.

③ 陈桂蓉．中国传统道德概论[M]．北京：社会科学文献出版社，2014:65.

④ 侯怀银．德育传统的当代价值[M]．武汉：湖北教育出版社，1996:74.

⑤ 张岱年．中国哲学大辞典[M]．上海：上海辞书出版社，2011:211.

⑥ 唐凯麟，张怀承．成人与成圣——儒家伦理道德精粹[M]．长沙：湖南大学出版社，1999:125.

大局观念，从全人类的整体利益出发，站在人类命运共同体的高度和立场，自觉维护整个人类社会的生存和发展，要心怀天下、关爱自然，建立个体与万物协调共存的价值体系，积极献身于新时期社会主义构建的崇高工作中。

## 三、仁义和谐的德性准则为培育大学生担当精神提供实践指导

青年兴则社稷兴，青年强则社稷强；年轻人作为社会主义事业的建设者和接班人，在实现个人成长的同时也要树立崇高的理想信念，促成优秀的品德和积极实践的责任担当。这不仅需要时代精神的引领，还需要中华民族传统文明的熏陶。儒家义利观作为传统文明主要的构成元素，对于大学生在新时代下形成正确的担当认知、担当认同和担当实践有着重要的理论意义和现实基础。

### （一）“义然为上”培育担当认知的意识

培育大学生的个人担当精神，需要先明确担当认知。“责任认知是指认知者对于特定情境条件下发生的行为、事件及其结果的感知、归因、评估和推断的过程。责任认知的核心是做出某人对某事是否应承担责任以及应承担何种责任的判定[①]。”情景分辨和价值引导对担当认知意识的形成起主要作用。担当的认知活动强调个体要对担当情境做具体的分析辨别，通过对担当情境的成因和构成要素的推理，产生对担当情境结果的预期判断，得出情境活动是否可控以及对个体影响力的程度。儒家以义为质，倡导“义”在不同场合要区别对待，如在对待君臣关系上，义就是“忠”，如《论语·八佾篇》记载，定公问：“君使臣，臣事君，如之何？”孔子对曰：“君使臣以礼，臣事君以忠。”在对待父子关系上，《礼记·郊特牲》记载：“父子亲然后义生[②]。”有时，“义”专指夫妻关系，如《礼记·昏义》记载：“男女有别，而后夫妇有义。”[③]有时“义”专指兄弟关系，如《孟子·离娄章句上》记载：“义之实，从兄是也。”在不同情境下，义所指代的含义不同，人们要根据具体的情形进行认知判定，从而使相应的行为主体承担应当承担的责任。价值引导会使担当主体认清自己所处的社会环境以及社会所认可的担当行为，并在道德的指引下做

① 况志华．责任心理学[M]．上海：上海教育出版社，2008:115.

② 徐永春．中国传统文化与思想政治教育[M]．北京：光明日报出版社，2016:106.

③ 张自慧．礼文化与致和之道[M]．上海：上海人民出版社，2012:101.

出符合社会需要的行为，从而完善自己对于自我的担当认知。“以义为质”就是儒家在义利问题上的价值引导。市场经济作为一种道德经济，在追求利益的过程中，还必须倡导和弘扬儒家“仁显为义”“以义制利”“重公轻私”的义利思想。首先，儒家重视精神境界的追求和人格修养的提升。在《论语·卫灵公》中，孔子说：“君子谋道不谋食，君子忧道不忧贫苦[①]。”他倡导在社会中，不应当过于倾向个人的利弊和享受，在物质基础充盈的情形下应以“义以为上”为价值取向，追求崇高的理想境界。其次，儒家义利观承认公正利益，可以帮助人们产生合理的获利观念。孔子说：“富与贵，是人之所欲也。不以其道得之，不处也。贫与贱，是人之所恶也，不以其道得之，不去也[②]。”他也承认正当权益的客观需要：“富而可求也，虽执鞭之士，吾亦为之[③]。”但孔子坚决否定的是费尽心机地去夺取利益：“不义而富且贵，于我如浮云。”为获得利益，一方面要加以自律，做到“见利思义”；另一方面要通过对志向人品的培养，消除人们在想法和行为上的唯利是图、见利忘义。儒家“以义为质”的义利观正是上到统治者、下到百姓的价值引导，推崇人们要遵守社会公德与公约，履行自己的职责，承担自己的责任，以使社会安定、人们安居乐业。

### （二）“公而后私”促进理性担当的认同

个体在情境分辨和价值体系引导等因素的作用下会产生一定的担当认知，但认知是多样的，并且是受各种主客观因素影响的，为了能更好地履行社会责任、落实自我担当，对担当的理想认同就是不可或缺的一个环节。从认知转化为认同，最需要的是内在的自我实现渴望以及外在的社会奖惩机制。

个人担当作为自己对自我、他人和社会所担负的职责，不仅对个人应当履行的义务进行了规定，还包括责任行为存在过错时相应承受惩罚的含义，具有明显的利他倾向，因此理性担当的产生与发展必须基于个人对德性的需要和对自身欲望的满足。品德需要社会性的需求，这不仅是个人在社会生活

① 《儒家思想经典一百句》编写组.儒家思想经典一百句[M].石家庄：河北人民出版社，2015:9.

② 李杰.学生必读中华名句[M].哈尔滨：黑龙江美术出版社,2005:339.

③ 《儒家思想经典一百句》编写组.儒家思想经典一百句[M].石家庄：河北人民出版社，2015:246.

中逐步获得的高级需求，而且是促进个体参与道德活动的驱动力。没有道德上的需要，就不会有道德行为，而自我实现的渴望就是担当行为产生的不竭动力，只有自我担当认同的出现才会有担当实践的产生。大学生是社会未来的建设者，强化大学生形成理性的担当认同不仅可以满足他们这个群体的情感追求，还有利于形成正确的担当实践。儒家强调“公而后私”的义利观，认为“先义而后利者荣，先利而后义者辱”。这有助于人们认清个体对社会应当承担的职责，准确领会个人利益与国家整体利益的联系。儒家认为社会利益超越个人私利，个人利益的实现不可损害社会和集体利益，在个人利益与整体利益发生冲突时，个人要学会牺牲自己的利益来实现国家的利益。高校要积极引导大学生把对社会的贡献作为个人应担负的社会使命。同时规避不当责任行为，积极承担正当理想的担当，培养对于价值感、成就感的认同和追求，促进积极的情感内化为个人道德诉求，这样才能有助于大学生形成远大的理想和目标，将自我进步在对他人和社会承担责任的过程中实现。

社会奖惩机制是对担当理性认同构建的重要外在因素。社会对于正向的个体担当行为给予的奖励使个体产生正向的积极情感，这会使担当个体在担当行为中产生愉快、满足、成就感等心理情感，从而加深对理性担当的认同，并继续正确的担当行为。对于不当行为，社会给予否定甚至惩罚的行为以便纠正个人错误的认知。人们在这种正反的道德冲突中形成正确的认同。儒家义利观认为，“人而无义，唯食而已，是鸡狗也”[①]“不学问，无正义，以富利为隆，是俗人者也”[②]。其对于这种只追求个人利益而没有公利、没有道义的人是谴责和排斥的，儒家倡导和赞赏以国家和社会的利益为重以及先公后私、先人后己的道德精神。当道义与利益不能得兼时，人们要学会将生命的价值放到对道义的追寻中。儒家思想站在人类文明的视角上倡导培养大学生“为天地立心，为生民立命，为往圣继绝学，为万世开太平”[③]的儒家情怀，既要有“仁、义、礼、智、信”的德性，又要有“修身、齐家、治国、平天下”成圣成贤的道德理想，为社会建设奉献自己的一份力量。

---

① 《中国古典名句辞典》编写组．中国古典名句辞典[M]．上海：文汇出版社，2002:79.

② 陈桂蓉．中国传统道德概论[M]．济南：山东大学出版社，2000:121.

③ 刘天杰，夏宇尘．张载的“和谐”思想及其当代价值[J]．江西社会科学，2013(8):40-43.

### （三）"修身成德"培育担当践行的自觉

大学生的担当行为是责任认同能力生成机制的重要表现形式。在社会生活中，个体不仅应当担当完成社会和时代所赋予的职责，更应当将责任担当从内在的道德认同转化为外在的道德实践。责任行为是指对那些特定责任事件的发生、过程及其结果造成了直接或间接影响的行为表现[①]。对高校大学生担当举动的考查可以集中反映大学生在履行职责方面的具体情况。

21 世纪是科技发展的时代，更是人才强国的时代，国家所需要的不仅是有知识、有能力的学霸，还是有高素质、有责任能担当的"四有新人"。习近平指出："功崇惟志，业广惟勤。"我国仍处于并将长期处于社会主义初级阶段，实现中国梦，创造全体人民更加美好的生活，任重而道远，需要每一个人继续付出辛勤劳动和艰苦努力[②]。"我们的事业越前进、越发展，新情况、新问题就会越多，面临的风险挑战就会越多，面对的不可预料的事情就会越多[③]。"解决这些突出的矛盾与问题，迫切需要直面困难的勇气、履职尽责的意识和敢于担当的精神。

儒家"修身成德"思想倡导人们注重完善自身修养，包含德行修养和主动承担社会责任两个方面。首先，人应当具有"内圣外王"的人格，即道德人格的完成和道德人格的作用。《论语·宪问》记载："若臧武仲之知，公绰之不欲，卞庄子之勇，冉求之艺，文之以礼乐，亦可以为成人矣。"[④]其次，儒家不仅看重心灵德性涵养，还倡导人们积极参与到改造社会、革新实际的实践中，主动承担起济世救民的社会责任。孔子曰："士而怀居，不足以为士矣[⑤]。"作为有理想、有抱负的知识分子，理当走向社会、服务社会，决不可以"饱食终日，无所用心"[⑥]。心灵德性涵养通过社会践行修身修己，社会践行依托于心灵德性涵养以实现"外王"追求，二者不可或缺，呈现出儒家"求诸已"和主动入世、坚强不屈的精神风范。习近平指出："青年一代有理想、

① 况志华．责任心理学[M]．上海：上海教育出版社，2008:124.

② 习近平．在第十二届全国人民代表大会第一次会议上的讲话[N]．人民日报，2013-03-18(001).

③ 南方日报评论员．毫不动摇坚持和发展中国特色社会主义[N]．南方日报，2018-12-22(2).

④ 武树帜．中国当代社科研究文库[M]．北京：中国城市出版社，1999:766.

⑤ 方克立．中国传统哲学的现代诠释[M]．北京：商务印书馆，2003:185.

⑥ 陈宏建，龚平．儒家人文精神的积极内涵及其现代价值[J]．前沿，2005(11):250-252.

有担当，国家就有前途，民族就有希望，实现我们的发展目标就有源源不断的强大力量[①]。”纵目远眺，我国的年轻人必定会大有作为。“这是‘长江后浪推前浪’的一种历史规律、历史现象，也是‘一代更比一代强’的责任。当代大学生应该加强自身的德性、法纪观念、科学知识、是非判断能力、主动担责等的培养，不断磨砺、接受挑战、勇往直前，把个人发展与社会发展的要求充分联系起来，不断提高社会责任感和使命感，传递社会正能量，不辜负党和国家以及时代所赋予的责任和担当。当代大学生要以崇高的历史使命感和强烈的时代责任感，在实现‘中国梦’的青年运动中，实现青春的价值，书写青春的注脚[②]。”

## 第三节　中国传统担当精神融入大学生责任担当精神培育的路径

### 一、营造“崇德尚义”的网络环境，宣传理性担当的价值导向

儒家义利观“崇德尚义”的价值导向在日常生活中表现为义是最基本的价值范畴。利益是人们热衷得到的，而且是社会主义市场经济所必需的，但利益的获取不是随心所欲的，而是必须要遵从社会倡导的道德价值。大学生是社会重要的组成部分，正确的义利观对其思想具有重要的价值引导作用，只有思想正确，才会有理性的担当作为。

#### （一）依托新媒体宣传培育担当精神的时代导向

高新科技飞速发展的今天，新媒体作为“第五媒体”的，其传播形式、传播速度都远远超过报刊、广播和电视，其教育宣传作用也是非常明显的。大学生作为网络的“原住民”，思想易受网络舆论宣传的影响，这就为儒家义

① 习近平．在同各界优秀青年代表座谈时的讲话 [EB/OL].(2013-05-04)[2020-11-05]. http://www.xinhuanet.com//politics/2013-05/04/c_115639203.htm.

② 彭丹．论当代大学生责任担当教育的必要性及路径选择 [J]. 湖北函授大学学报，2017(6): 33-34.

利观的宣传提供了宝贵的契机。这就需要媒体人重视媒体宣传对公众的价值导向作用，优化宣传内容，优化责任担当的舆论环境。

新媒体要坚守正确的价值导向，坚持宣传正确的义利观，坚持正面积极的宣传教育。只有正向的价值引导，才有正确的担当实践。儒家义利观经过时代的洗礼，已经慢慢脱离了僵化教条的形式，承认利益的价值，承认没有利的义是不存在的，利益不但是生活所需而且是社会和国家发展的重要保障。但即便利益的作用再大，人们也要在道义的约束下获取利益，尊重集体和国家的公利，将集体利益放在个人利益之上。这样，人们才不至于只满足私欲的膨胀和感官的愉悦，见利忘义，损公肥私，导致功利主义、享乐主义泛滥。新媒体作为新时代最主要的宣传方式，融合了数字杂志、数字报纸、数字广播、手机短信、移动终端、网络、数字电影等功能[①]，可以通过宣传社会崇尚的义利精神，将儒家义利观倡导的先义后利、先公后私、以理导欲等融入其中，增加对宣传力度，增加有道德、有温度的真人真事的弘扬，特别要明确向大学生传达什么是义，该怎样界定义，个人与社会、国家的关系是怎样的。而对通过不义之举的得利、功利化的行为，损害到他人利益和国家财产等的不义行为，媒体要实时开展报道，相关部门也要迅速做出相应的惩处。只有这样，才会形成有助于大学生培育担当精神的良好社会氛围，也才有助于担当精神的践行。

精准的价值观是理性担当精神形成的基础。大学生作为时代的新鲜血液，有朝气、有活力，具有很强的自我意识和创新精神。作为中华民族伟大复兴的建设者，大学生必须要有历史担当的意识、社会担当的责任和实践担当的外化，要在社会转型时期明确自己的责任，清楚认识到自己身为担当主体的重任，要有辨别是非的能力，充分认识到个人价值的落实不能脱离社会价值，个人利益必须与社会和国家利益相统一，个人的自身完善和全面发展也必须要以社会意义的落实为前提[②]。只有这样，才能推动社会发展，促进社会变革。

① 庞育华．浅谈中小型图书馆基于新媒体的服务[C]//中国图书馆学会，全国中小型公共图书馆联合会．全国中小型公共图书馆2012年研讨会论文集,2012:778-780.

② 包雅玮．儒家伦理文化的现代阐释及其对青年价值认同的意义[J].中国青年研究，2017(1):113-118.

### （二）建设在线教学平台，提升担当精神的价值引导

近年来，高校在线教学平台开展得十分火热，“慕课”提供了大规模的、面向大众的免费在线教学课程。“与其他网络公开课相比，‘慕课’提供了更加完整的学习体验。在这个平台上，学习者可以学习、讨论、完成作业、参加考试、得到分数、拿到签名证书，实现教学课程的全程参与[①]。”2013 年是“慕课”元年，清华大学的“学堂在线”、上海交通大学的“好大学在线”、深圳大学的“优课”联盟等纷纷成立。高校可以根据现实需要，在平台上推出众多课程，而其他高校可充分利用“慕课”丰富的课程，共享教学资源，实现课程形式多样互动，使学习时间、地点不再受限，更好地培育高校青年的担当精神。

众多平台都上线了《思想道德修养与法律基础》这个科目，书本中明确提出：“中国古人在义利观上主张见利思义、以义制利、先义后利，在理欲观上主张导欲、节欲……[②]”老师在上课时间无法引申、拓展的内容，就可以放在“慕课”平台上进行讲解。老师可以利用榜样人物教育学生，如古时的文天祥、邓世昌等，都是将国家利益放在自我利益的前面，为天地立心、为生民立命、为往圣继绝学、为万世开天平；抗战时期的董存瑞等人，为了国家建立抛头颅、洒鲜血，完全不计个人得失，甚至毫不犹豫地献出个人性命，这才换来国家的独立和解放；在现代社会，也有在基层奉献一生的杨善洲等，这些平凡的人在自己的岗位上奉献着自己的力量。教师可以用生活中鲜活且真实的例子，将义利观贯穿其中，并凸显时代所倡导的道德价值以及个人在群体中应承担的责任。学校也可以开设具有教育意义的“儒家义利故事资源库”，设置形式灵活多样以及内容丰富的在线学习内容，以期在潜移默化中引导大学生树立正确的义利理欲观念，明确担当主体的职责，为更好地建设祖国增添本领。

## 二、“公利为上”的教育价值融入课堂教学，培育发展性担当意识

课堂教学是高校大学生在学习期间最主要的受教方式，教学的过程是老师输送知识、学生接收文化的过程。课堂中所传授的知识内容以及教师本人的言

① 高地．“慕课”：高校思想政治教育面临的新挑战 [J]. 思想理论教育导刊，2015(3):104-108.

② 官翠娥，蔡信强．思想道德修养与法律基础 [M]. 成都：电子科技大学出版社，2017:37-38.

谈举止等，都是影响学生价值观形成的重要因素。因此，高校将儒家义利观渗透到大学生的课堂教学活动中，可以使教书与育人相结合，帮助他们更好地了解社会、认识国情，增强其道德标准和社会担当，更好地培养负责任的当代青年人。

### （一）“义者宜于理”促进大学生对担当精神的正确认知

儒家认为义利问题是道德与人的需要之间的关系问题。人的需要首要的是物质需要，这关系到人的生存问题，而道义是人精神上的需要，二者缺一不可。儒家义利观并不是一味地否定利，而是提出和获取相比，道德具备更重要的意义。道德就是调节人际关系的特殊行为规范，它告诉人们处理个人与他人、个人与社会的利益关系时什么样的行为是应该的、正当的，什么样的行为是不正当的、不应该做的[①]。评价该与不该的标准就称为“义”。朱熹在《四书集注》中解释说：“义者，事之宜也。”“义者，天理之所宜。”“义者，心之制、事之宜也。”这里就将义分为三个层次：首先，正当的、适宜的、应该的为义；其次，要符合天理和自然的发展准则；最后，义是人们心中的道德观念和道德理性，顺从义完成的事就是顺从人类共同的利益的事。因此，儒家义利观认为义利之辩的根本问题就是公与私的问题，即公私之分。义是指集体得利的方式，而利则是个人所得。儒家主张个人利益受限于整体利益，且整体利益高于个体利益。因为儒家认为整体利益才是人们活动的意义和价值准则，人在社会中如果想实现自己的利益和社会认可的价值，就一定要将公利放在首位，公利为上、以义制利，只有满足了社会的利益，才能满足自我的利益。所以，高校要倡导大学生培养奉献精神和集体主义精神，要树立发展的目标和长远的眼光，要为社会和国家担当。

课程是一种传输知识和传承精神的方式。教师在课程中把价值观点、道德标准、古代风尚、人类的经验成绩等进行筛选后传授给学习者，使学习者理性成长。高等学校思想政治理论课是对大学生进行品德培育的主战场，其中《思想道德修养与法律基础》是一门非常重要的课程，它立足于现实社会和国家需要，对社会上发生的深层次问题进行关注和讨论，进而培育当代大学生的思想品德和责任自觉以及塑造大学生的使命感和爱国感。教师在将儒家义利观融入

① 唐凯麟，张怀承．成人与成圣——儒家伦理道德精粹[M]．长沙：湖南大学出版社,1999:176.

教学课堂进行担当精神的培育时应注意对教学内容的深度解读，推进对大学生责任感的培育与教学内容无缝对接。大学生要注重传统文化精神的阐释，特别是在今天，“苟利国家生死矣，岂因祸福避趋之”“先天下之忧而忧，后天下之乐而乐”等内容应该与时代紧密结合在一起，不是只有为国家献出生命才是大义，才是有担当、有责任感，有担当的行为就体现在平时的生活细节中，远大理想要与脚踏实地相连接，要树立正确的道德观，并在个人与他人、社会、自然和国家的实践中承担责任、履行义务，完成自我价值与社会价值的统一。

### （二）注重教师义利观素养，培养大学生树立担当意识

“人类优秀的文化成果世代相传，必须依靠专门从事教育活动的教师来实现[①]。”教师身为灵魂的工程师，对于每个人的思想形成都有着重要的影响作用，在大学生担当精神的建立过程中同样发挥着不可或缺的作用。为了教师能更好地培育大学生的担当精神，高校要注重教师个人素质的提高，尤其是儒家义利观的提高，强化以义为质、公利为上的文化自觉作为教师完善自我理论体系的重要精神支柱，帮助教师树立系统的儒家义利思想体系。只有这样，教师才能在授课中游刃有余、生动自然地传输担当意识。

首先，教师要对自身的教师身份有明确的角色认同。老师要认同这一岗位对自身的价值，意识到这一角色带给自己的权利和义务。身为教师一定要有坚定的理想信念，注重儒家义利思想的学习，以达到“打铁还需自身硬”的素质与智识基础。另外，教师要有足够的爱国情怀和奉献社会的远大理想，要正视历史和先人为国家做出的努力，正是有林则徐的“苟利国家生死以，岂因祸福避趋之”、张载的“为天地立心，为生民立命，为往圣继绝学，为万世开太平”等人的无私奉献，才有了历史的发展、国家的进步。

其次，教师还要正确看待自我利益与公共利益的关系，更多的是从日常生活小事中凸显责任担当。教师要明确自己的责任，正确处理自己与他人、社会的关系，特别是在个人利益与社会利益相冲突的情况下，要树立全局意识和奉献精神，维持社会的集体所得。此外，教师应正确看待自身权利与社会任务，在享受一定权利的同时必须承担一定的使命和责任。同时具备规则意识，养成良好的行为习惯，遵守社会法律规范，遵循社会发展规律，这样才能保证工作、生活和人际交往的正常运转。

---

① 李腊生，龚宣，闵杰．高校思想政治理论课教学实效性研究[M]．武汉：武汉大学出版社，2011: 111.

最后，高校要注重对教师的道德素质培训。高校要经常组织教师进行系统化和专业化的培训，健全教师对儒家义利观的认知，并增强对其能力的掌握和理解。学校也要经常请专业人士对教师进行专业指点，同时注意教师在入职培训、在职研修中的表现。只有多角度提升教师的文化水平，才能更好地对大学生起到“学高为师，身正为范”的引领作用。

## 三、“厚德载物”的思想营造群体性担当的校园文化环境

儒家义利观培育当代大学生的担当精神，不仅要注重课堂教学，还要关注课堂以外的校园文化，多管齐下，才能形成系统教育。校园文化是一种潜在的影响性教育形式，无处不在地向学生灌输教育者的思想和规范。因此，高校要积极创设厚德载物的知识氛围，对学习者的担当精神实行不同层次的培育。

### （一）创设感知性的校园物质文化环境

校园物质文化环境是呈现学校形象和校园文化的直观物质载体，具有直接感知的特点。“良好的校园物质环境，是服务于‘人的和谐发展’的通识教育场所，具有‘桃李不言，下自成蹊’的隐性教育效果[①]。”想利用好校园物质载体的环境育人作用，就要通过对生态景致和人文景点的设计，将担当精神与时代精神结合起来，营造浓郁的人文氛围，育化身处其中的大学生。

首先，利用人文设计激发学生担当精神的感知。在校园的物质文化环境中，自然景观的建设必须根据校园地形合理布局，动静结合，打造高校庄严整洁、有生机的特色。其中，教学楼等硬件的建设一定要突出学校的办学理念，如红土会堂体现的就是工人脚踏实地、求真务实的红土精神。其他的还有宿舍楼和教学楼内走廊、校园内风雨长廊、食堂大厅等都贴有文人挂像、经典名人警句，如“天行健，君子以自强不息；地势坤，君子以厚德载物”“发愤忘食，乐以忘忧，不知老之将至”“富贵不能淫，贫贱不能移，威武不能移”等，使大学生在润物无声中接纳传统文化的浸染，感受到自己的责任和肩上的担当。再如，华东师范大学、天津外国语大学等诸多高校设置了孔子雕像，在校园中塑造圣贤雕像本身就体现着高校对这些思想家及其文化精神的肯定与推崇。





① 刘中胜．隐性德育课程视角下的校园文化建设[J]．学校党建与思想教育，2010(11):82-83.

其次，校园中的自然景观也是经过学校精心布置的，在一定程度上也融入了对学生的教育。例如，植物墙都是多种植物拼接在一起的，包容性特别强；校园内有各个时节都会吐蕊的植物，如樱花、木棉花、梅花、茉莉花以及路边的向阳花，使大学生在校园中感受到舒适宜人的环境。这不仅体现了工作人员的尽职尽责，还可以让学生感受到在风雨中、严寒中倔强开放的花的精神。

### （二）重视渗透性的校园文化精神

高校精神文化是校园文明的基础构成和最高体现，主要指高等院校的校园精神，涵盖学校的历史传统、人文精神、价值导向、道德规范等，集中体现为校训和“三风”（校风、教风、学风）。校园精神文化“作为一种对人具有精神陶冶作用的校园文化的核心，可以非常有效地给学生注入丰富的价值理念和道德自信，使其在产生强烈的归属感的同时严格要求自我，向更好的目标看齐[①]”。儒家义利观培育大学生担当精神，离不开校园文化精神的无形熏陶。

儒家义利观培育大学生担当精神最重要的是校训，校训是一个学校的精气神，是能汇集所有师生意志和品格的象征。以校训为载体培育担当精神是弘扬优良传统、提升学生道德修养的必经之路，如清华大学的“自强不息，厚德载物”、南开大学的“允公允能，日新月异”、中国政法大学的“厚德、明法、格物、致公”、山东大学的“学无止境，气有浩然”等都淋漓尽致地体现出大学所承载的育人使命以及对所培养的大学生的美好希冀。纵而观之，大学都在努力对大学生进行责任感的培育，以期可以为国家输送更多有理想、有担当的社会栋梁。

“三风”是指校风、教风和学风，其是校园精神文明的主要构成元素。校风是全校师生在长久的教学实践过程中表现出来的相对不变的价值观念、德性涵养、精神风貌的综合体现。教风是老师在长久讲习活动中积累的上课特色、特点和影响。学风是青年群体在接受知识中形成并表现出来的治学立场、攻读要领、行为习惯等。教师作为知识传授的主体，其行为、态度对青年人的思想品德积累和德性进步具有重大意义。这就要求教师本着对自己负

① 吉昌华，郑水泉．略论校园文化的德育功能 [J]. 思想理论教育导刊 ,2011(12):95-98.

责、对学生负责的态度不断提高自身修养，为人师表，率先垂范，以良好的教风感染学生。就学生而言，更应该本着为自己负责的态度投入到知识学习、品德发展和情操陶冶的学习生活中，营造积极向上的良好学风。由此可以看出，校风、教风和学风建设需要师生都具备强烈的责任感，共同营造积极向上、健康奋进的学习生活氛围。这就为儒家义利观培育大学生担当精神提供了契机。

### （三）参与体验性的校园文化活动

儒家义利观培育大学生担当精神，除了要深化大学生对担当精神的认知外，还应该通过积极参与校园活动获得更为真实的体验，引发学生对儒家义利观培育担当精神的内在情感认同。参与校园活动而获得的切身体验，是担当认知转化为担当行为的内在动力，是儒家义利观内化的心理机制。因此，培育大学生担当精神有必要依托校园文化活动，使儒家义利观渗透于大学生的日常学习生活，达到担当精神培育的目的。

首先，举办伦理讲座。讲座是各大高校极为常见的校园活动形式，是仅次于常规教学行为的一种系统传授知识的途径。教师通过讲座能够不定期向学生介绍学科领域内最新发展成果和前沿动态，拓展学生知识广度和深度，加速学生知识更新。通常情况下，每个讲座都有确定的主题和核心问题引发听众深入思考。担当精神培育的讲座可结合儒家义利观的内容进行宣传和弘扬，可以先对儒家义利观进行系统的时代阐释，再对当下担当精神进行宣传，这样更利于基础差的同学接受二者的关系，同时在讲座中可适度将义利观分为国家、社会、家庭和自我几个方面，义利观在这几个维度层次的要求是从高到低的，而且可与先人事例结合，以便大家更好地理解和内化。维度不同，对人的要求也不同，因此人所承担的责任也是不同的。为增加内容的实效性和时代性，教师可以举一些现实中的例子，或是正反举例，突出担当的重要性，以便更好地将义利观中的担当精神传达给大学生，使大学生可以在当今社会树立正确的担当精神。

其次，创建并积极参与传统文化社团。大学社团具有形式新颖、成员广泛、参与自主、覆盖面广等诸多特点，对大学生个性培养和特长发展具有重要意义。《关于进一步加强和改进大学生社团工作的意见》明确指出，高校学生社团活动“在加强校园文化建设、提高学生综合素质、引导学生适应社会、促进学生成才就业等方面发挥着重要作用，是新形势下有效凝聚学生、开展思想政治教育的重要组织动员方式”。儒家义利观对学习者责任担当精神的培育，可以依托团体组织行为开展。就目前高校活动的形式和内容看，可以成立国学社团，组织儒家义利观中体现担当精神的诗词名句考核，以提升大学生对国学文化的学习，提升自我修养，从而带动整个校园的国学热；组织话剧社选取有骨气、有担当的先人的生活片段排成话剧或小品，演出给大学生观看，以引导大学生运用儒家义利观中的价值准则、行为规范要求自己的言行，以更有利的培养方式培育大学生的担当精神。

## 四、“知行合一”促进担当精神的实践外化

道德作为社会意识，不是抽象存在的，而是实践理性的。道德只有在践行中落实，才能体现影响和约束人的作用。儒家义利观作为一种道德观念和态度，不仅重视自身内在的道德修养，还注重道德外化于行，将义落实在日常生活中。只有这样，义利观才能与担当精神相统一，也才能对担当精神起到影响作用。大学生作为新时代的弄潮儿，更要在落实中国梦的活跃氛围中放飞理想，在为国家和人民的利益奋斗中勇于担当，书写华章。

### （一）“知行结合”促进学习生活中的个人担当

儒家义利观作为一种把握世界的特殊形式，首先表现为知识形态，是对客观世界应然存在的一种价值判断。它需要人们积极地在客观世界中探索和把握。但义利观又不能仅仅存在于思想中，还需要主体通过实践对义利观进行价值判断，最终将这一观念上升为自己的理性和判断准则，并指导自我在生活中的行动。因此，儒家义利观就包括了知与行两个维度，应在实践中将知行达到统一以促进世界的进步发展。儒家认为，获得再多的“道”，如果不能将其付诸实践，也不能成为“德”，只会表现为虚伪和无德，对社会是没有任何意义的。因此，儒家义利观作为对培育当代大学生担当精神有重要借鉴意义的理论，倡导个人一定要将担当精神落在实处，只有这样才会对建设祖国有实际意义。

大学生最基本的社会角色就是在校学生，其最主要的任务就是要学习文化知识、拓展知识储备，用真才实学来建设国家，实现复兴梦。因此，大学生在整个大学期间要树立正确的学习观，摆正自己的位置，制定明确的学习

目标，制订详细的学习计划，练就一身真本领。具体来说，大学生要上课认真学习文化知识，提升自我文化修养，不懒惰、不早退、不迟到，对于自我专业领域的知识要多关注，养成自觉学习的好习惯；思想开阔，不局限于本专业知识，善于培养学习能力，自觉拓展兴趣爱好，养成优良学风。同时，大学又是一个集体的环境，身处宿舍和班级中，大学生要学会处理好自己与他人之间的关系，不要斤斤计较，要学会宽容和友善，只有这样才能使自我的内在修为有所提高，担当意识有所成长。

### （二）“匹夫有责”促进志愿服务中的担当奉献精神

儒家义利观最大的价值就是维护社会整体利益，身处社会中的每个人都要有对社会负责的意识，这样才能顺应社会，促进自我与社会的完善与发展。因此，儒家强调主动入世，把道德落实在实际社会中，在道德践行中完成道德的使命，这就需要个人要有强烈的道德责任感和历史使命感，要把个人的立身立命、成长成才与苍生兴亡、黎民福祉联结在一处。儒家倡导要懂得突破自我的限制，努力奋斗，在践行中锻炼坚毅奋发的品质，培育“天下兴亡，匹夫有责”的民族气节。因此，大学生要在生活中有担当意识和主动担当的作为，这不仅体现在平时的学习生活中，还体现在社会上的志愿服务中。

志愿性服务指体现自我志愿和利他性的统一，不求回报，以各种形式为社会和他人做贡献、尽义务的一系列实践。自愿牺牲自己的时间和不计报酬的精神就是一种奉献精神和担当精神的映现。近几年大学生志愿服务越来越多，小到养老院献爱心，大到抗震救灾、奥运会志愿者，形式多样，但万变不离其宗：都做到爱心传递、文明传递；加强人与人之间的联系，促进社会和谐，促进社会进步。开展志愿服务还是深化素质教育的重要内容和途径。大学生在学校除了学习必要的专业知识外，还要注重培养自我的创新组织能力，塑造良好品格以及德智体美全面发展。

儒家义利观倡导要有立人达人的道德精神，而志愿性服务就是培养道德精神的途径，也是培育大学生担当精神的手段。当代大学生个性鲜明，具有强烈的责权意识和自我意识，厌烦“填鸭式”的灌输教育，喜欢发挥自我的能动作用去发掘和体会。志愿服务充分尊重大学生的主体地位和内在需要，让他们自己做主、充分发挥自我的能力，并且在活动中认识到自己的不足，发现其他人的优势，起到弥补自己、教育自己的作用，在进入社会前更好地将自我学到的理论知识与实践相结合。这不仅有利于感性思维上升到理性思维，还是对他人、对社会的一种帮助，是将个人理想融入社会理想的一次有利尝试。在践行中感受人情冷暖、认清现实，更有助于培育大学生的爱国精神和担当精神，增强大学生对建设社会主义的信心，同时增强社会主义社会对青年人的凝聚力、吸引力和感召力。

# 第五章　基点：红色文化教育

## 第一节　红色资源在大学生责任担当意识教育中的作用

大学生群体是民族振兴和社会发展的未来与希望，其能否秉持正确的理想信念、能否树立正确的责任担当意识，直接关系到我国能否顺利实现社会主义现代化建设。红色资源与当代高校责任担当意识教育工作的融合，不仅是红色资源教育价值的落地，而且是红色资源丰富内涵的具体体现。将红色资源融入大学生责任担当意识教育，既有助于大学生这一特殊群体树立正确的政治观、人生观与价值观，也有助于其文化素养的培养和提高。

### 一、红色资源与大学生责任担当意识教育融合的必要性

红色资源既是过去光荣革命传统的深刻印记，也是当下推动国家建设和社会发展的不竭动力。针对当代大学生的年龄特点和接受习惯，将红色资源与大学生的责任担当意识教育融合在一起，以红色资源为载体，将其作为优化大学生思想政治教育的重要媒介，是探索和创新大学生责任担当意识教育模式的有益尝试。

#### （一）是创新大学生责任担当意识教育形式的必然要求

整合与推广红色资源，提炼出具有时代意义的文化和精神价值，把红色资源融入大学生群体的责任担当意识教育中，是创新教育形式的基础手段。“作为一种宝贵的思想政治教育资源，红色资源并没有受到应有的重视，也没有在大学生的思想政治教育中发挥出应有的作用。所以，积极推进红色资源

的开发，着力推动其在大学生群体思想政治理论教育教学中的运用，无疑是丰富和拓展大学生思想政治教育资源的重要抓手，而这也是推动传统教育优势创新，从而实现思想政治教育育人价值的必由之路[①]。”当前，大学生的精神文化需求日益增长，思想活动的独立性、多变性、差异性日益明显，教育者的讲解和书本上的既有经验与结论已难以满足大学生责任担当意识教育的实际需求，而红色资源由于其形式多样、内容丰富、直观生动等特点，符合当代大学生的接受心理和思想政治教育需要，将红色资源与大学生责任担当意识教育相融合，是创新教育教学的优质载体和有效途径。面对新形势下的新问题和新任务，找准红色资源和创新大学生教育形式、方法的结合点，是面向大学生群体开展责任担当意识教育的应有之义和必然要求。

### （二）是丰富大学生责任担当意识教育内容的重要举措

一般而言，教育内容是对教育资源整合加工后的结果。教育资源类型越丰富，教育内容就越充实、越广泛；相应地，教育资源质量越高，教育内容就会产生越好的教育效果。红色资源涵盖的世界观、方法论、政治理念与积极向上的革命意志及其蕴含的革命精神、时代精神、先进文化、道德规范，都与责任担当意识的教育内容高度契合，正是大学生责任担当意识教育教学所需的类型丰富、质量颇高的教育资源。

“红色资源是历史和现实、理论和实践、继承和创新这三个维度的结合。它同时也包含两个层面的概念，既包含物质资源，也包含文化资源；既包含精神资源，也包含制度资源。不同层面的红色资源有其各自的表现形式和内容，在思想政治教育中也因此呈现出多样的形式，为思想政治教育实践提供了价值极高的教育范式[②]。”作为教育资源，红色资源可以凭借其优质、综合的特质有效地丰富大学生责任担当意识的教育内容：一是可以丰富大学生责任担当意识教育的教学方法，使当下讲授式的教学方式得以优化，通过讲授与实验相结合，实现更好的教学效果，拓宽和延伸大学生责任担当意识教育的思路，增强大学生受到教育的实际效果；二是可以丰富大学生责任担当意识教育的工作内容，如高校的行政、学工、政工、教学、科研工作等都可以

① 李康平，李正兴．论红色资源在高校思想政治理论课中的运用[J]. 教育学术月刊，2008(8): 44-46.

② 李霞．论红色资源在思想政治教育中的应用[D]. 长沙：中南大学，2013.

把红色资源作为充实工作内容的“万金油”，从而提高工作的政治关注度，提升师生在工作学习中的积极性与效率；三是可以丰富高校责任担当意识教育的研究内容，使研究思路得以拓宽和延展，助力大学生责任担当意识教育问题的研究者与工作者发掘新的研究方向和新的研究形式。

将红色资源与大学生的责任担当意识教育相融合，是提升教育品位和成效以及丰富责任担当意识教育载体、内容、形式的有效手段，也自然成为丰富大学生责任担当意识教育内容的重要举措。

### （三）是提升大学生责任担当意识教育实效的有效途径

“大学的本质是教育机构，宗旨系培养社会人才，其重要作用主要体现在塑造大学生的思想品格和人文精神。人文精神体现的理想、信念、精神、道德、人格、境界，充分展示了人的主体精神。伴随着大学的发展，它也作为一种重要的精神传统逐步发展起来[①]。”红色资源是经过长期实践而凝练成的文化结晶，是历史性的文化遗产，既具有深刻的人文底蕴，也兼具现实的教育意义。针对当代大学生责任担当意识教育实效的提升要求，红色资源所继承的优良革命传统是不可替代的精神食粮。因此，将红色资源与大学生人文精神培养相结合，可以充分发挥其中蕴藏的人文内涵和精神力量，使其积极作用于大学生人文精神培养的全过程，成为提升大学生责任担当意识教育实效的有效途径。红色资源与大学生责任担当意识教育的融合，可以在责任担当意识教育的过程中，以红色资源的独特优势引导大学生正确认识责任担当，进而使其自觉养成勇于担当的品质和善于担当的能力。

## 二、红色资源对加强大学生责任担当意识教育的价值

大学生责任担当意识教育的加强，既有利于提高大学生自觉担当历史使命的主动性，又有助于大学生完善人格、成长成才。开发和运用红色资源，发掘并发挥红色资源的教育价值，对于在新形势下加强和改进大学生责任担当意识的教育具有重要价值和意义。

① 张岚岚，魏代强．深度开发红色资源 丰赡校园红色文化[J]．扬州大学学报（高教研究版），2009,13(6):21-23.

### （一）有利于培养大学生的个人责任担当意识

责任担当作为社会主义道德的重要规范，以个体思想道德素养内核的形式存在，兼具社会性与个体性。

当前，我国大学生社会责任意识普遍薄弱。因此，把大学生的自我教育作为责任担当意识教育的出发点，将红色资源与大学生责任担当意识教育相融合，更有利于培养大学生自觉认知责任担当，从而主动养成个人的责任担当意识。“培养学生的自我意识，最终目的是要做好自我教育，能把自己培养成适应社会发展的贡献型人才[①]。”但自我意识的培养和形成并不是一蹴而就的，必须通过坚持不懈的教育和长期反复的熏陶，大学生才能形成一定的自我意识，从而勇敢地承担责任，以高度的自觉主动将个人的责任担当与社会的发展需要紧密地结合在一起。

红色资源中蕴含着丰富的精神内涵与信念力量。精神教育与信念引领有利于大学生自我意识的正确树立和养成，有利于大学生正确人生观与价值观的形成，切实体会自己肩负的责任，使责任担当外化于行、内化于心，做好由外而内的诉求转化，自觉并主动地担当起对个人、家庭、社会和国家的责任。

### （二）有利于提高大学生的家庭责任担当意识

家庭是社会最为基础的组成部分。人一出生就自然受家庭氛围的熏陶和家庭环境的影响，除了血缘关系的基础外，每个家庭成员还各自承担着情感、道德、法律上的责任与义务。

在大学生理想信念形成的过程中，家庭发挥着重要作用并产生了深刻影响。大学生在成为大学生之前，就一直受到家庭的培养与影响。大学时期，随着自身知识水平的不断提高和身体心智的不断成熟，大学生的独立性逐渐增强，家庭的影响在一定程度上会被减弱。但正是由于大学生对家庭责任担当意识认识的不断提高，良好的家风和家训往往更容易引起大学生的共鸣。一些家风和家训往往与红色资源，尤其是与红色精神的内涵相一致，都提倡自力更生、吃苦耐劳、乐于奉献等精神。在强化大学生对家庭责任担当意识的过程中，家庭也成为红色精神的传承体。在大学生责任担当意识教育的培养中，大学生的家庭责任感和担当意识培养一直是重点，将红色资源融入家

---

① 恩斯特·卡西尔.语言与神话[M].北京：生活·读书·新知三联书店,1988:24.

庭责任担当意识教育，有利于帮助大学生明确自己承载的家庭责任，提升对家庭的责任情感以及对家庭负责的能力。

红色资源与大学生责任担当意识教育的融合，有利于增强大学生的家庭责任感，有助于引导大学生积极承担家庭责任和家庭负担，创造和谐的家庭氛围，以每一个和谐的小家构建和谐的社会。

### （三）有利于培育大学生的爱国责任担当意识

爱国主义是一种深爱祖国的热烈情感，也是一种信念，表现为对祖国、对家乡的由衷自豪与深切眷恋，表现为对祖国统一、民族团结的热切期盼，表现为对祖国繁荣昌盛的坚强信念，表现为对祖国主权和尊严的誓死捍卫。

爱国是一种情怀，更是一种深入骨髓、融入血脉的担当。红色资源里蕴含和体现的正是无数仁人志士在民族危亡的困境下，救国图存和争取独立的爱国精神与担当。抗战时，无数共产党人和革命群众赴汤蹈火、舍生取义，无不彰显着爱国精神。无论是战争时期挺身支撑炸药包的董存瑞，还是和平年代甘愿为祖国和人民奉献一生的雷锋，无一不是以自己的身躯点亮了爱国精神的火把，这样的例子在爱国精神传承的长河里不胜枚举。包含着爱国精神的红色资源，具有极大的影响力与凝聚力。与其他教育资源相比，红色资源更易于展现和传递爱国精神，能够更好地使大学生的心灵受到震撼、精神得到激励、思想受到启迪，能激发大学生自觉培养为祖国奋斗的爱国情怀，进而培育他们爱国的责任担当意识。红色资源与大学生责任担当意识教育的融合，为培育大学生社会主义核心价值观提供了爱国主义教育价值，有利于大学生爱国责任担当意识的养成与延续。

### （四）有利于增强大学生的社会责任担当意识

红色资源作为优质的教育资源，是社会主义先进文化的重要组成部分，在培育和增强当代大学生的社会责任担当意识方面有着不可或缺的价值功能。由于社会环境、学校教育、家庭情况等因素的影响，当代大学生的社会责任担当意识发展并不平衡，仍存在“重个人利益、重自我责任、重个人发展，轻社会利益、轻社会责任、轻社会需求”的现象；而作为历史性文化遗产的红色资源，承载和蕴含着中华民族的民族精神和优良传统，艰苦奋斗、甘于奉献、敢于创新和全心全意为人民服务等精神都在红色资源中得到生动体现。

这些精神的内涵与外延具有极强的说服力和感召力，为增强大学生的社会责任提供了理论支撑与依据。

红色资源融入大学生社会担当责任意识教育的过程环节，有利于引导大学生正确认识个人与社会、个人担当与社会担当之间的联系，进而为他们自觉养成心系社会、了解社会、服务社会的责任担当意识奠定基础。

#### （五）有利于全面培养大学生的完善人格与高尚品质

大学生的责任担当意识教育是“德育”的一项核心内容，而塑造健康完善的人格是“德育”的根本目的。由此可见，大学生责任担当意识教育的根本目的也涵括于“德育”的根本目的中。针对大学生的责任担当意识教育，有利于培养大学生主动担责、主动作为的责任意识和责任能力，有利于引导大学生在其承担责任的过程中把责任担当的意识、情感、意志和行为予以统一，从而在履行责任的过程中发掘潜能并完善自己，使其成为担当社会发展重任的新兴力量。在人格教育的过程中，红色资源越丰富，人格教育可选择的内容就越广泛、越充实。把红色资源通过理论和实践教育的方式融入大学生责任担当意识教育中，不仅有利于大学生人格品质的提高，而且有利于大学生责任担当意识培养目标的实现。

## 第二节　大学生责任担当意识教育中红色资源开发与利用的问题

### 一、大学生重视度与兴趣度不高

近年来，红色资源在大学生责任担当意识教育中的运用和开发已经取得了一定成果，但相当一部分大学生对红色资源与大学生责任担当意识教育融合的评价不高，参与热情也不高。许多大学生对红色资源的了解程度较低，不能正确认识红色资源的价值和功能，以及红色资源在大学生责任担当意识教育中的重要作用。大学生作为责任担当意识教育的客体，对于红色资源的了解度和兴趣度不高，这是红色资源在大学生责任担当意识教育中开发利用面临的一大困境。

另外，学校和社会对红色资源在大学生责任担当意识教育中开发利用的重视和支持力度不够。红色资源的选择和利用以及大学生责任担当意识的教育主要依靠学校。学校作为教育的重要领域，没有足够的重视和行动计划的安排实施，导致教育活动无法高效地开展。学校的重视程度不够，直接影响了大学生责任担当意识教育的力度和方向，间接影响了教师教学的教学内容、方法的选择，最终影响教师的教学效果和学生的学习效果。此外，红色资源的开发和利用以及大学生责任担当意识的教育单靠学校、教师、学生三者也是很难实现的，还需要社会各界的支持，如社会对责任担当意识的评价会在一定程度上影响学生的价值判断和行为选择。

## 二、红色教育资源运用形式单一

红色资源的内涵丰富，形式多样，既有物质层面的红色革命遗址、红色作品、革命文物、影像资料等，又有非物质层面的革命精神、革命英雄事迹。此外，红色资源具有大量潜在的价值尚未被开发，因为红色资源本身的价值就是抽象的、不可计量的，其在大学生责任担当意识教育中的开发和运用必须先由教育者进行合理转化后再用于教学，才能对受教育者产生积极的影响。正因为红色资源的这种独特性，教育者对红色资源的开发和运用不够灵活，对红色资源的选择不够准确，使红色资源的转化以及红色资源价值和功能的发挥受到了一定程度的限制和影响，不利于红色资源在大学生责任担当意识教育中的开发和利用。

另外，教育者特别是教师对于红色资源在大学生责任担当意识教育活动中的教学模式和教学手段过于陈旧、单一。教师要把红色资源的概念、功能、影响融入课堂，同时通过课堂内授课让大学生了解责任担当意识的重要性。大学生作为学习的主体，有自己的思维和认识，会有选择地进行知识的学习和接纳。这种陈旧的教学模式缺乏创新，既无法使大学生感受到红色资源在大学生责任担当意识教育中的重要作用，又无法激起大学生的兴趣与好奇心，影响了大学生的学习效果。这也是红色资源在大学生责任担当意识教育中开发利用所面临的困境。

## 三、红色资源地区分配不均衡

红色资源地区分配的不均衡导致学校对于红色资源的利用程度不均衡，

教学质量也参差不齐。红色资源是由共产党带领全国各族人民在革命斗争和建设中不断形成的。因此，在革命和战争发生的地区以及革命建设的重点地区，遗留下来的宝贵红色资源较为丰富，其他地区的红色资源则相对较少。红色资源分配不均衡使不同地区的学校对红色资源转化为教育资源的利用和开发程度也就不一样。红色资源分布较多的地区利用地域优势可以将红色资源充分运用在大学生责任担当意识教育中，发挥红色资源的价值和作用。在红色资源分布较少的地区，由于对红色资源的利用和开发难度较大，因此对于红色资源与大学生责任担当意识教育的融合力度相对较小。红色资源的转化和开发程度不一样则会影响红色资源在大学责任担当意识教育中的整体开发、利用现状，导致不同地区不同学校对红色资源的运用以及大学生责任担当意识教育的质量和水平参差不齐，这也在一定程度上影响整体的开发和教育效果。

### 四、教育对象与环境复杂多样

随着社会、时代的不断变化发展，当代大学生作为教育的主要对象和学习活动的主体，无论在心理还是生理上都发生了极大的变化，具有多样性，主要体现在以下几个方面。

首先，大学生具有相对独立性。大学生作为已经成年的学生，无论在生活上还是思想上都具有独立性。在经济不断全球化、社会不断开放的时代下成长起来的大学生，思维更加活跃，个性更加鲜明，遇事倾向于自我思考和解决。

其次，大学生具有自主选择权。在开放的环境下成长的大学生具有自主选择权。大学生已经接受了中学时代的基础教育和社会教育，初步具备了辨别是非善恶以及价值判断和行为选择的能力。因此，大学生对知识内容的学习并不是被动接受的，而是有意识地进行选择。

再次，大学生具有灵活多变性。虽然大学生已是成年人，但是受到来自外界的各种影响和自身在不同阶段的变化，其本身的思想也在时刻变化。大学生仍处在学习的阶段，随着对新事物的不断学习也会产生不一样的思维和价值观念。

最后，大学生具有差异性。由于每个大学生的生长环境、个性特点、学习能力、思维价值观念不一样，每个学生的思想活动也必然存在差异性。

随着改革开放和中国特色社会主义的不断发展，在经济全球化的背景下，一些西方国家为了实现利益最大化，不断扩大贸易往来，通过各种方式传播和宣传他们的价值观念和生活方式，力图进行西方意识形态渗透，一些思想和意志力薄弱的大学生往往会受其影响，导致错误的价值观念的形成，从而影响了大学生责任担当意识的养成。此外，随着网络的不断发展，社会进入信息化时代，这也为一些不良信息的传播和文化渗透提供了新的渠道。大学生缺乏社会经验，往往容易被抓住弱点，朝着不利于自身健康成长的方向发展，从而轻视了自身的责任和使命。这不仅增加了大学生责任担当意识教育和培养的难度，还冲击了红色资源等内在主流文化的主流地位。因此，多元复杂的教育背景为红色资源在大学生责任担当意识教育中的开发和利用带来了一定挑战。

总而言之，红色资源在大学生责任担当意识教育中的开发利用取得了一定成果，既促进了红色资源的保护和开发，也促进了大学生责任担当意识的养成。但是在开发和利用红色资源的过程中，还面临着巨大的困境和挑战，因此高校需要坚持正确方向，坚持红色资源的主流地位，不断加强责任担当意识教育，促使大学生形成正确的价值观念，使他们自觉认同并养成责任担当意识。

## 第三节　红色资源与大学生责任担当意识教育的融合路径

研究和选取红色资源与大学生责任担当意识教育的融合路径，以具体手段实现红色资源与大学生责任担当意识教育的有效融合不仅是马克思主义方法论的必然要求，还是红色资源在责任担当意识教育中实现价值、发挥作用的基本途径和根本保障。

### 一、结合榜样力量激发大学生责任担当意识

榜样教育法是一种传统的教育方法，是将社会的要求内化为被教育者的意识，再由被教育者将意识外化为行为的教育方式。榜样本身就富有诸多优良品质和责任担当内容，结合榜样力量激发大学生责任担当意识是培养大学生成为社会主义现代化事业的建设者和接班人不可或缺的教育手段。

### （一）提升榜样价值认识

要唤起大学生的责任担当意识，就需要教育者与大学生共同改变和更新观念，在榜样教育过程中深化对榜样教育意义的认识。通过榜样价值认识的提升，唤起大学生的责任担当意识。

1. 提高教育者对榜样教育唤起大学生责任担当意识的价值认识

第一，教育者要认识到榜样教育对增强大学生责任担当意识有效性的价值。面向大学生开展榜样教育是教育工作中不可或缺的重要环节，其优势很难由其他教育方式取代，其所呈现出的生动事例与形象，相比强制灌输枯燥的理论更利于引导大学生主动思考、独立判断、自觉接受，进而实现对榜样所体现的担当精神由认知到认同、由认同到践行。

第二，教育者要认识到榜样教育对增强大学生责任担当意识感染力的价值。榜样教育的显著特点就是把抽象的理论以事例典型人格化、具体化，这也是榜样教育的优势所在。这一优势使大学生责任担当教育的形式与内容更加生动和形象，而榜样也以其表率行为和人格力量增强了对大学生的说服力和感召力。

第三，教育者要认识到榜样教育对增强大学生责任担当意识的教化价值。促进大学生的意识行为符合社会发展要求是大学生榜样教育的重要目的。教育者以多种途径对大学生进行榜样教育有利于大学生道德文化素养的提升，也有利于大学生世界观、人生观和价值观的正确树立。

2. 提高大学生对榜样教育唤起大学生责任担当意识的价值认识

提高大学生对榜样教育价值的认识是有效开展榜样教育的基本前提。只有大学生自己认知并相信榜样教育的意义与价值，学习和领会榜样所体现的责任担当，才能增强大学生自觉参与榜样教育的主动性和积极性，以及向榜样学习优秀品质和人格魅力的动力，从而实现知行合一。

榜样教育对大学生责任担当意识的激发有重要价值，因此高校要提高大学生自身对这一价值的认识。一是要营造向榜样学习的氛围。当大学生的认知水平与评价能力发展到一定程度时，要想一以贯之地学习榜样，就需要靠营造学习氛围教学保障。高校要有意识地营造学习榜样的氛围，把学习榜样作为一项长远发展任务和长期需求来落实，以帮助大学生在潜移默化中增强对榜样价值的认识和对榜样精神的领会，从而唤起自身的责任担当意识。二是要选取大学生易于和乐于接受的教育方式。选树榜样后，方式的选取和落实成为教育效果能否实现的关键，只有采取让大学生易于接受、乐于接受的方式，才能让榜样的距离感得以缩短，让榜样更加生活化、接地气，以此加强大学生对学习榜样和榜样教育的重视与融入。比如，让榜样座谈分享、以身讲经，与广大学生进行互动交流，向大学生讲述自己的成长轨迹与经验心得。

### （二）优化榜样教育方法

榜样教育对大学生责任担当意识的培养和形成有其独特的价值和作用。为使榜样教育的作用与影响得到长效发挥，就必须善于利用历史和时代的伟大榜样力量，也要善于培养和发现大学生中的平凡榜样价值，通过优化榜样教育方法，挖掘榜样身上体现的精神内涵与责任担当能力，培养大学生的责任担当意识。

1. 注重选择方法，优化榜样的层次

大学生的意识与行为、需求与发展都有其群体性的相似面和个体性的矛盾点，不同的大学生对榜样的感受和需求也各不相同。因此，在选树榜样时，一方面要契合大学生的价值认同感与价值追求，另一方面也要与大学生的实际心理需求相结合。

榜样的选树要注重选择方法，要在多个维度、多级层次、多种类型的榜样中精选，既可以是历史和时代中的伟大榜样，如毛泽东、邓小平等伟人领袖，孔繁森、焦裕禄等人民公仆，邓稼先、袁隆平等科学巨匠，王进喜、雷锋等工人先锋；又可以是生活中涌现的典型、大学生群体中的先进，如自强不息、感动三湘的“向日葵女孩”何平，长江大学见义勇为、舍己救人的大学生英雄集体等。此外，高校可以结合自身实际设立评选“校杰出个人”为最高层次的榜样，结合大学生某一方面的成绩，开展“身边榜样，最美青春”等身边榜样的选树。通过这样的方式选树的典型，不再是电视上、故事里那些遥不可及的英雄伟人，而是大学生身边既平凡又不平凡的榜样。这些可感知可触碰、源于生活而又高于生活的身边榜样更有真实感和亲切感，更容易被大学生接受，从而激发他们学习榜样、效仿榜样、追赶榜样的信念和力量。通过选树类型多样、形象丰满的榜样，探析和思索其精神内涵，激励大学生“学”“仿”“超”，从而实现自己的人生价值与追求，切实提高榜样教育培养责任担当意识的针对性和实效性。

2. 注重培育方法，优化榜样的培育

首先，培育榜样要注重生活性。在发掘大学生身边的榜样时，要注重对其事迹和精神的深入挖掘和推广宣传，要总结提炼，不夸大吹嘘，以真实的视角将榜样价值予以展现。由于“典型”的学习环境和发展历程与其周围大学生的经历有较高的相似性，其思维、行为往往与身边的同学具有相通性，更容易引起身边大学生的共鸣，更容易被身边的大学生接受，从而使榜样的可接受性得到增强，使榜样教育的目的也更容易实现。

其次，培育榜样要注重发展性。要优化培育榜样，保证榜样教育的长期发展，就必须注重培育榜样的发展性。既要保证既有榜样保持先进性，即保证榜样的相对稳定，也要注重非榜样成为榜样的培养，即要注意培养新榜样，保证榜样后继有人。

最后，培育榜样要注重延续性。要加强对榜样的引导和关注，教育他们时刻自省，继续严格要求自己，切忌在成为榜样后骄傲自满。要培养榜样提高自省自控的能力，不能只是昙花一现，而要与时俱进，做好榜样精神的延续与传递。

3. 注重宣传方法，优化榜样的推广

大学生接收和获取信息的方式发生了巨大变化，因此高校必须拓展榜样教育渠道，积极地应对这一变化。报纸、书籍、课堂、报告会作为传统的宣传手段，其影响力及被喜好度已显著降低。目前，大学生已适应网络媒体的宣传方式，如QQ、微信、微博、博客、论坛、贴吧和手机新闻等都受到学生青睐。报纸、杂志、广播等传统手段已经难以满足当前的宣传需求，因此高校需要广泛采用多媒体、互联网等载体，如可以通过微信、人人网、微博等大学生经常访问的网络平台推广榜样事迹与精神。

高校可以根据自身实际，建立榜样教育的专题网站或网站专栏，开展相关的专题讨论，以“面对面”的形式加强榜样与其他大学生的沟通；利用网络投票，评选出大学生自己认同的榜样；将榜样事迹与精神、榜样教育活动的开展情况、培育榜样的精神向校外进行推广。此外，高校还可以精心策划、深入挖掘，拍摄榜样宣传片或微电影，以声影交融的形式凸显榜样形象，弘扬榜样精神，提升榜样魅力。通过真实场景的再现，榜样的事迹与精神可以得到更全面、更突出、更持久的展示，教育意义和教育效果也得以增强。

### （三）营造榜样教育环境

1. 优化榜样教育的校园环境

教育环境的优化是开展教育活动的氛围保障，也是推动大学生榜样教育实效性和大学生责任担当意识提高的重要途径与基本前提。首先，高校要加强管理，尤其是对学校周边及内部商铺的管控，避免其对校园教育环境产生不良影响。其次，高校要加强校园媒体的建设和管理，充分发挥学校报纸、杂志、广播、校园网络平台等校园媒体的宣教功能，为大学生的“三观”养成营造良好的文化氛围。再次，高校要加强人际环境的构建，使学生主体性与主观能动性得以发挥和调动。最后，教育者在不断提高自身素质的同时，要善于引导和联系学生，充分发挥表率作用，为学生创造良好的榜样教育环境。

2. 优化榜样教育的社会环境

面对中西文化的碰撞交流和新旧文化的交替演变，大学生群体在理想与现实落差前的迷茫推动着优化社会榜样教育环境的探索实践。在当前面临的新形势下，积极探索并实践爱国主义、集体主义、社会主义的理念教育，分析并研究大学生“三观”正确树立的教育方法，提高并落实榜样教育的实效性和针对性成为新形势下责任担当意识教育的新任务和新要求。

优化社会榜样教育环境绝非一所高校、一级政府可以独立实现的目标。这需要全社会的关注与支持，共同营造大学生教育的良好社会环境。新闻、文艺、出版等行业领域要坚持营造良好的社会舆论氛围，为大学生提供精神食粮。相关部门要坚决打击和取缔歪风邪气和封建迷信，坚决抵制拜金主义、享乐主义等甚嚣尘上的消极社会心理，最大限度地降低其对大学生价值观的冲击；要建立健全法律的保护与监管体系，保护榜样典型的合法权益不受侵害；在加强文化娱乐设施建设的同时，免费开放已有的纪念馆、博物馆等场馆设施；要加强对高校周边文化娱乐与商业活动的监管，坚决避免不良文化和风气影响教育环境。

3. 净化榜样教育的网络环境

在网络信息良莠不齐、负面信息及舆论控制难度日益增大的情况下，如何合理利用网络资源优化大学生的榜样教育是国家与社会为净化榜样教育的网络环境需研究的重要课题。

国家和社会需要严抓细管，积极建立和维护主流文化的网站平台，着力引导网络文化建设健康可持续发展；要制定完善相关法律法规，加强对榜样教育网络环境的监管和舆情监控，从制度层面规范网络信息的健康传播，给大学生提供安全、文明的网络环境；要引导大学生正确认识网络的存在，培养和增强大学生的自律精神和识别榜样、判断是非的能力，帮助大学生自觉抵制不良信息，辨别拜金、炫富、炒作的“伪榜样”。

## 二、利用红色网络平台培养责任担当意识

网络作为新媒体，有着自身独特且不可替代的作用。因此，高校教育要借助网络平台，将红色资源进行整合与共享，创新教育手段，扩展教育范围。

### （一）政府引导红色网络阵地建设

国家的政策支持和制度保障是红色网络平台得以发展的基本前提，红色文化因其政治属性，需要国家出台相应的政策和法律法规等，保证红色网络平台的建设、流通与发展。红色文化作为传统主流思想文化，有其深刻的内涵与价值，不易于被受众短时间内迅速接受，反而是快餐式的娱乐文化能够迅猛发展，这就需要国家及时纠偏，自上而下地推动红色网络阵地建设。

当前，网络迅猛发展，国与国之间的意识形态竞争在网络领域暗流涌动，网络“黑客”的入侵严重威胁网络文化的持续健康发展，甚至危害国家的网络安全。红色文化教育植根 90 余载的经验和实践证明，中国人民对红色文化有着无法斩断的情感依赖和羁绊。开辟红色文化的网络阵地，促成有利于国家和人民的红色网络平台是培养责任担当意识在阵地建设方面的一项“法宝”。加强红色网络阵地平台建设，要以坚持将保护民族文化传统作为信息化建设的一项重要原则，把培养大学生的责任担当意识作为任务目标。一是加快红色文化中物质文化与精神文化的申遗和保护工作，加大研究红色文化的资金投入和监管力度，积极开发和利用红色文化资源搭建网络平台。二是推动建立综合教育模式，将家庭、学校、社会、媒体相结合，加强对大学生在理论上的指导、思想上的启迪、行为上的规范和情感上的交流。三是制定完善法律法规，对网络不法行为及不道德行为实行动态管控，着力消除网络中暴力、色情、黄赌毒等有害信息对大学生的不良影响。四是加大对网络公信力的维护力度。政府应及时澄清网络上反响强烈的虚假新闻、丑恶现象，

营造出真实可信的网络环境。通过以上举措，为大学生的责任担当意识教育营造健康的网络环境。

### （二）创新红色网络教育手段

红色资源的传播途径和网络教育手段随着网络设备与信息技术的不断发展与普及，相比早期以文字、图片、声音作为主要传播媒介时有了长足进步，并呈现出形式多样的展示途径与效果，主要体现在风靡网络的网络直播、动漫电影电视、手机电视、网络游戏、微博、微信等网络平台的更新与广泛应用，给受众带来了更为直接具体的感官体验。但是，看似已全面覆盖网络平台的红色资源在信息整合与教育手段创新的网络化发展的道路上仍处于探索阶段。

网络发展的主要手段就是网络营销，红色文化的网络发展同样需要营销，要以红色文化的影响力为基础，根据资源整合与教育手段创新的要求，通过网上网下资源的互补与联动，进行红色资源网络文化的传播，从而实现既符合社会需求，又符合网络发展规律与要求，同时满足受众精神情感需要的长效发展。例如，开设“红色文化网络讲堂”，利用多媒体技术在网络平台上还原“长征”“抗日战争”“开国大典”等重大历史事件，以网络传播和线下推广的营销手段，策划和开展红色文化专题教育活动，潜移默化地培养大学生的责任担当意识。

### （三）拓展红色网络传播方式

红色资源作为弥足珍贵的历史遗产，经历了历史与实践的长期考验，从革命战争时期到社会主义和谐社会构建时期，其丰富内涵始终与基本国情深度契合。当前，以“增强全民族的文化创造力”为主题的新时期文化发展创新要求也给红色资源的发展应用提出了新任务。特别是在网络普及与应用后，红色资源的传播速度与传播渠道得到了极大的拓宽，教育效果得到了极大的提升，受众人数也明显激增。

在传统网络与现代网络碰撞交错的网络发展新阶段，快速发展的现代网络已成为无处不在的媒介与工具。作为“星星之火”的红色资源，要想利用好网络开展责任担当意识教育，就必须立足于其本身的内涵，以拓展网络传播方式为重要手段。

在大学生责任担当意识培养方面，一是要增加红色资源在网络传播中的影响力和吸引力。比如，在红色网站开设留言板、意见箱，让受众对红色资源如何作用于大学生责任担当教育建言献策，对红色资源的网络传播方式进行反馈。此外，还可以邀请抗战老兵回忆革命历史、邀请先烈后辈讲述先辈故事，通过网络进行线上互动，加深大学生对责任担当的直观认识。二是要充分利用手机、平板电脑等移动终端的传播优势。比如，可以开通“红色资源”“红色文化”“红色精神”“红色旅游”等微信公众号，利用大学生创建的微信群和其他网络平台，通过网络共享二维码和线下推荐传播，当公众号的信息更新时，所有关注公众号的受众都可以在第一时间收到相关信息，而红色资源的传播就在这一过程中得以实现。这就使大学生群体利用碎片时间在不经意间受到了红色资源的教育和影响，也为其责任担当意识的培养提供了一个移动窗口。

## 三、利用课堂教学主渠道，培养大学生责任担当意识

在大学生责任担当意识教育的教学环节中，课堂教学依然是主渠道。要培养大学生的责任担当意识，高校的教育理念、课堂形式、教学内容、教学方式以及教学环境都需要与时俱进和发展更新。

### （一）利用红色资源丰富大学生责任担当意识课堂教学内容

1. 将红色作品作为丰富责任担当意识教学的重要教材

红色作品属于教学资源的物质资源范畴，在教学的过程中起着基础性作用。红色作品并不一定局限于鸿篇巨制，它也包含人们日常能接触到的一切红色材料，如文献作品、诗歌散文、课本、报纸杂志、电视节目、音影作品、照片、教学实物、网络素材等。

红色作品往往因其真实性和客观性，富有极强的感染力和震撼力。大量的红色作品在不同的历史时期相继涌现，其所记录和体现的都是在特定历史时期显现出的革命情怀和红色精神，具体到每一次历史事件和每一个历史人物。

另外，随着时代的不断发展，“红色”题材的 MTV 等新型作品开始风靡，这些红色作品以其丰富的内容和表现形式，为丰富大学生的教学内容提供了大量的优秀素材和偏好选择，而且其均蕴含着“继承革命传统、肩负历史使

命”的精神。深入学习红色作品是大学生养成责任担当意识的有益之选。在历史事件和文化遗产中、在革命先烈和英雄公仆身上都充满了富有感召力的可贵品质与精神使命，这有利于帮助大学生树立崇高理想，激发他们的奋斗精神，进而明确自己肩负的历史使命，自觉担当自身应承担的责任。

将红色作品作为教材是充分发展课堂优势和特色，培养大学生责任担当意识的基本建设。比如，《红岩》《红旗谱》《创业史》《林海雪原》等红色作品不仅有着极高的文学艺术价值，更是富含红色精神内涵。将红色作品中体现艰苦奋斗、爱国主义、开拓创新等当代大学生需要的责任担当内容作为教材内容，是实现红色资源教育价值的有效途径。

2. 将红色精神纳入课堂教学和实践教学

红色精神是中国共产党领导人民在长期的革命斗争和社会建设中形成的伟大精神，包括井冈山精神、长征精神、延安精神、焦裕禄精神等，蕴含着爱国为民、艰苦奋斗、实事求是、不怕牺牲等品质，是民族精神的升华，也是社会主义先进文化的重要内容。

继承和发扬红色精神是提高跨世纪人才素质的需要，也是大学生自身实现理想、立志成才的重要条件。被称为“抱大的一代”的“80 后”“90 后”大学生，从小在家长和老师的呵护中长大，尽管其中不乏优秀分子，但很多人自立能力差、心理脆弱，而他们所缺乏的正是艰苦奋斗的思想准备和实践能力。因此，对大学生进行艰苦奋斗等红色精神的教育，培养其责任担当意识就显得尤为重要。

红色精神虽然没有独立的物质形态，但其内涵与外延都是培养大学生责任担当意识的有效内容素材。把红色精神具体地纳入课堂教学和实践教学，一是要把红色精神纳入大学生教育理论课的教材体系，探索与改革责任担当意识教育理论课的教材编撰，加强对红色精神的梳理与挖掘，把红色精神的载体与内涵具体化，让其编进教材、走进课堂；二是把红色精神纳入大学生的实践教学课堂，开展丰富多彩的红色精神教育活动，引导大学生主动践行红色精神，广泛参与到社会志愿、敬老爱幼、公共服务等社会实践中，使红色精神成为加强大学生责任担当意识的重要途径和优势特色。

3. 将红色资源与理论课程内容的讲授有机结合起来

高校可以将红色资源中有代表意义的历史知识和《思想道德修养与法律基础》中的爱国主义相结合，将红色资源中的毛泽东思想与《马克思主义基本原理概论》中的群众路线理论相结合，将延安、西柏坡等红色旅游资源与《毛泽东思想和中国特色社会主义理论体系概论》中的中国特色社会主义理论相结合。此外，高校还可以在课堂中设置专题讲座，将红色资源中的具体知识进行专题讲解与讨论学习，以丰富课堂教学内容。高校通过加大红色资源在大学生责任担当意识培养中的应用力度和课程教学改革力度，使红色资源能更加科学合理地融入课堂教学，以实现培养大学生责任担当意识的教学效果。

### （二）运用红色资源创新大学生责任担当意识教学模式与环境

形式多样、内涵丰富的红色资源，由于符合大学生的接受心理和大学生责任担当意识教育的需要，在责任担当意识教学模式与环境的创新中作用巨大。

1. 创新教学模式

大学校园是开展大学生责任担当意识教育的主阵地，因此高校应充分利用红色资源优势，积极开展大学生责任担当意识教育理论课教学的探索、研究和创新，不仅要深入挖掘红色资源的教育内涵、创新教学方法，还要了解和掌握大学生的个性特征，找准红色资源与大学生责任担当意识教育的结合点，使教育模式的创新符合实际情况和现实需求。

（1）教学方法的丰富与创新

在教学方法的运用方面，除传统的“灌输式教学法”之外，教师还可以创新教学方法，并结合青年大学生的特点，寓教于“游”“言”“演”，通过互动式、研讨式、情景式教学，以红色资源为落脚点，从各类红色资源的内涵与意义出发，探讨红色历史知识与红色旅游攻略，并组织实地旅游和参观学习等，以此来提高大学生学习的兴趣和积极性，使其主观能动性和创造性思维得以激发与拓展。高校将红色资源具化于教学过程中，促进师生之间、学生之间交流分享红色知识，以提高大学生的责任担当意识，并引导其以红色资源的相关理论指导实践。

（2）教育形式和载体的丰富与创新

随着时代的发展进步，大学生的精神文化需求也在不断的与时俱进。大学生的思想更加独立、多变，对精神文化需求的差异性不断扩大，现有的精神文化成果、教育者的讲解、教材上的现成结论都难以满足大学生日趋旺盛的精神文化需求。因此，丰富和创新教育形式与载体也是大学生责任担当意识培养的必然要求。

“红色旅游中蕴含的红色文化、革命思想、爱国精神等更高层次地展现和发扬了民族精神和个人美德，在一定意义上超出了一般意义的道德标准[①]。”充分发挥红色旅游资源的教育功能有利于教育行为与自我教育在潜移默化中实现统一，并使大学生将责任担当意识内化于心，外化于行。“红色旅游在大学生思想政治教育中具有积极向上的重要作用和功能，高校应充分发挥红色旅游的教育功能，将红色旅游贯穿学校思想政治教育之中[②]。”充分利用红色旅游资源是促进大学生责任担当意识养成和社会发展进步的文化与教育工程，是新形势下对大学生进行责任担当意识教育形式的创新。

2. 创新教育环境

教育环境是实现大学生责任担当意识教育的载体。教育环境作为教育媒介之一，能够直接影响教学目标的实现和教学效果的优劣。创新性地营造红色教学环境，让大学生在红色环境中接受理想信念教育是红色资源转化为教学资源的一条重要路径。

（1）学校提高对红色资源运用的重视，创新“硬”环境

营造红色教学环境，着力打造红色教学的“硬”环境，可以将有形的、可见的实物和文化元素展现在教学环境中，展现群体的精神风貌和审美情趣，无形地完成对学生的教育过程。利用红色资源丰富和装饰教学场所，就是运用一系列具有现代艺术风格的装饰手段和元素，把红色资源及其蕴含的文化自然而然地融入教学场所中，同时把那些具有典型教育意义和独具特色的红色资源以形象化的表现形式和多样化的艺术手法得体地融入自然景观，使之成为红色文化的传播载体，遍布山水风景和建筑以及学生的生活环境中，使之成为大学生责任担当意识教育的实物教材[③]。高校可以依据实际条件，使红色旅游文化在无形中渗透到大学生的校园文化和生活中，引领大学生在参与红色旅游的活动时感受红色精神。

例如，在学校的教学设施和教学建筑等有形场所和实物上建设与红色资

① 覃飞飞．论红色旅游在大学生思想政治教育中的价值及其实现途径[D]．武汉：湖北大学，2013.

② 吕莉．红色旅游与当代大学生思想政治教育探析[J]．中国劳动关系学院学报，2010，24(1):107-110.

③ 张岚岚，魏代强．深度开发红色资源 丰赡校园红色文化[J]．扬州大学学报（高教研究版），2009(6):23-25.

源相关的内容；通过参观历史遗址、红色旅游景点以及缅怀革命英雄和先烈等方式营造“红色”氛围，增加红色资源的影响力和感召力。这些举措在无形之中，教育和引导大学生形成正确的世界观、人生观和价值观，从而做出正确的价值判断和行为选择，增强自身对红色资源的领悟，促进责任担当意识的自觉养成。

（2）通过多种形式与媒介培养学生兴趣，创新“软”环境

利用红色资源创新教学“软”环境，需要充分发挥现代教学媒体的功能和校园媒介的作用。例如，学校可以邀请亲身经历革命战争或历史事件的老革命、老战士以及红色资源领域的专家、学者来校授课，通过客观存在的传播者，将红色资源带入学校和课堂；可以在校园广播设定“红色时段”，在讲述红色故事、播放红色歌曲，在学校生活中实现红色资源的隐性教育；可以在网络平台上传更新红色旅游信息，让大学生以更真切和便捷的方式，在生活中了解和领悟红色资源的精神内涵。

此外，学校可以通过组织多种多样、丰富多彩的教育活动（如开展主题班会），利用革命精神和革命事迹进行宣传教育；还可以通过青年协会、社团等学生组织，自发策划和举行红色主题系列的社团活动，让学生在实践活动中自主学习和领悟红色资源的教育意义。通过丰富多样的教育形式和教学活动，不断充实和创新红色教学“软”环境，让广大受教育者通过解读红色资源，深刻领悟责任担当的重大意义，帮助他们树立远大理想和信念，明确自身的使命和责任，坚决并敢于担当，促进大学生责任担当意识的养成。

（3）推动红色资源向贫乏地区倾斜，创建红色教育基地

红色资源的分布不均主要是由于其所根植的革命和战争发生的地区以及革命建设的重点地区本身存在地域的不平衡，这是历史发展的事实与结果，不可改变，但红色资源所包含的文化与精神可以突破地域限制。因此，为解决红色资源地区分配不均衡的问题，一方面高校可以通过红色网络平台，进行红色资源的整合、共享与传播；另一方面，高校也可以通过创建红色教育基地，引入和陈列其他地区的红色资源实物仿品，利用高科技手段再现红色资源的历史由来与传承发展，以现代手段弥补先天不足。

# 第六章　抓手：志愿服务教育

## 第一节　志愿服务与大学生责任担当意识培养的关系

### 一、志愿服务与大学生责任担当意识培养的价值旨归相同

志愿服务旨在发动社会成员力量，共同参与到社会的发展中，携手面对社会问题，通过志愿服务行为增进社会福祉，营造良好的社会氛围，推动构建人与人之间相互信任、相互帮助的和谐社会，彰显现代公民的公共意识。志愿服务所承载的精神诠释出人们奉献社会、实现人生价值的美好追求，能够促进大学生成为有理想、有担当、有作为的新时代青年。大学生作为社会先进分子，应为社会的稳定发展贡献自己的力量，培育大学生的责任担当意识，有利于大学生增强社会主人翁精神，逐步将视线从个人利益转向公共利益，更加关注社会发展现状，激发大学生主动参与公共事务的热情及活力。志愿服务与大学生的责任担当意识培养都旨在缓解社会矛盾，增进社会福祉，保障社会平稳运行，因此两者的价值旨归相同。在志愿服务中，大学生能够以社会成员的身份认识自身社会角色，积极参与公共事务，在进行人生选择时能够平衡好个人价值与社会价值，这与志愿服务所倡导的价值理念相契合。

### 二、志愿服务为大学生责任担当意识培养提供实践方式

大学生责任担当意识培养是内化于心、外化于行的过程。志愿服务为大学生提供责任担当意识认知转化为社会责任行为的实践机会，从而促进大学生责任担当意识的产生，有助于增强大学生的责任担当意识。不可否认，当

今社会各种社会思潮涌动，部分大学生缺少国家意识，缺乏对国家与社会的责任精神与担当意识，未能清晰认识到国家与个人发展的本质关系，在人生道路的选择、思想意识等方面出现了偏差。参与志愿服务能够促使大学生正确认识我国国情，认清当下国家发展形势，明白青年肩负的社会责任与历史使命，正确将个人的发展与党的前途、祖国的命运、人民的幸福有机结合起来。在参与志愿服务的过程中，大学生自愿为社会和他人提供服务和帮助，这种“自愿、利他、无偿”的精神彰显了大学生承担社会责任感的品质，是大学生履行社会责任的体现。参与志愿服务可以增强大学生的公民意识与担负社会责任的自觉，了解世情社情，拓宽视野境界，弱化大学生在志愿服务活动过程中由于责任意识不足而带来的负面影响，促进大学生对社会责任的深层认识，实现责任担当意识的全面构建。

### 三、大学生责任担当意识培养为志愿服务提供精神动力

社会多元化的发展，各种文化价值观碰撞，在一定程度上撼动了社会主义主流意识形态的引领地位，这对培育大学生责任担当意识提出了新挑战。青年是祖国未来的希望，时代的责任赋予青年，社会主义现代化建设的任务属于青年一代，实现中华民族伟大复兴的历史使命也是青年的重大历史使命，因此培育大学生社会责任感是高校思想政治教育的应有之义。社会责任感是社会成员对自己、他人、集体、社会、国家所承担职责的情感态度，是个体积极承担社会责任的积极表现。一般来说，社会责任感越强烈，承担社会责任的自觉意识的程度也就越高。在志愿服务领域中，这种意识能转化为参与社会事务的行动力，促使志愿者明确自身责任和义务，主动承担社会责任，自愿自觉地维护社会公共利益与秩序。因此，培养大学生的社会责任感能为志愿服务注入活力，为志愿服务提供精神动力，激发大学生参与志愿服务的热情，增强大学生参与志愿服务的积极性与持续性。

## 第二节　志愿服务作为大学生责任担当意识培养载体的必要性和可行性

### 一、志愿服务作为大学生责任担当意识培养载体的必要性分析

高校是培养社会主义建设者和接班人的重要阵地，亦是志愿服务的重要组成力量，创新大学生思想政治教育工作的途径需要搭建以志愿服务为载体的育人体系，在活动中创新培养模式。长期以来，大学生责任担当意识的培养主要依赖于思想政治理论课或思想政治教育的第二课堂，难以形成连贯与系统的培养体系。志愿服务能弥补当前大学生责任担当意识培养存在的不足与缺陷，为责任担当意识的培养提供生活化的场景，克服理论与实践相脱节的倾向，促进大学生责任担当意识培养内容的由浅入深、培养方式由知并行、培养成效由潜转显，弥补传统大学生责任担当意识培养的不足，使志愿服务逐步成为大学生责任担当意识的有力载体。因此，高校应充分发挥志愿服务在培养大学生责任担当意识中的载体作用，弥补当前大学生责任担当意识培养存在的不足，把培养大学生责任担当意识的内容和目标要求融入志愿服务活动之中，引导大学生在参与志愿服务活动中不断提升责任担当意识，以实现增进大学生社会责任认识、强化社会责任情感、磨炼社会责任意志、提升社会责任行为能力的目的。

#### （一）志愿服务促进大学生责任担当意识培养内容由浅入深

大学生责任担当意识培养的内容涵盖对自身、他人、集体、国家的责任担当意识。在培养内容的选择上，高校多以较为宏观的理论作为培养的主要内容，如爱国主义教育、集体主义教育、社会主义教育等，这为大学生的社会责任认知构筑宏大的理论框架，有助于大学生从大体上明晰自身对社会义务应持何种态度。宏观的理论框架需要各种知识的填充与积累，若无“砖瓦”的堆砌，再宏大的知识体系终究是不牢靠的。志愿服务克服传统教学中单向与机械的培养弊端，在学生掌握相应的知识的基础上，鼓励大学生走出课堂、

走向实践，将认知转化为行为，在实践活动中内化责任担当意识的目标与内容，促进大学生责任担当意识培养内容的由浅入深。

大学生在参与志愿服务的过程中，视角由个人本位转向社群本位，在“助人”行为外表下的实质是大学生主动探索个人与社会良性的互动关系。大学生志愿服务的类型包括扶贫开发、自然灾害救援、社区建设、环境保护等领域，如“大中专学生志愿者暑期文化科技卫生三下乡”“中国青年志愿者海外服务计划”“大学生志愿服务西部计划”等，这些活动涉及不同的主题、领域、人群、环境，这为大学生了解社会百态提供了重要平台。志愿服务始终服务于社会发展大局，关注社会发展的问题，促使大学生从社会成员的视角去审视自身的行为，能增进大学生对社会发展现状的认识，深刻理解国情、世情的变化，以更理性的态度看待社会发展现状，避免盲目乐观与过分消极。同时，大学生在与其他的社会关系中可以明确身为公民的责任与义务，从具体化与操作化的层面了解公民知识、公民责任以及身为公民需要的技能，这拓宽与深化了大学生责任担当意识培养内容的广度与深度。

### （二）志愿服务促进大学生责任担当意识培养方式由知并行

马克思曾经指出：“全部社会生活在本质上是实践的[①]。”认识和改造客观世界本质上是主观与客观相统一的实践活动，育人过程的本身也是实践的，唯有在实践活动中内化知识和道德的力量，才能彻底指导自身社会行为。大学生责任担当意识培养是内化于心、外化于行的过程，是责任认知与责任行为的统一，是自觉意识外化的过程。大学生在志愿服务活动中主动奉献爱心、服务社会，集中体现了人的内在精神的价值追求。志愿服务活动可以在潜移默化中促进大学生正确认识个人与社会的关系，强化承担责任的自觉性，从而提升自身社会责任水平和境界。

从志愿服务精神的角度来看，志愿服务能够唤醒志愿者内心的责任担当意识，从而激发志愿者对国家、社会、家庭、他人以及对自己本身所应承担的责任的理性自觉，并体现在志愿服务行为中。因此，在志愿服务活动中，责任担当意识最终生成的环节在于是否能做出利他行为，情感的体现需要由实践来证明，只有将责任意识外化于责任行为时，责任担当意识才能实现认

① 中共中央马克思恩格斯列宁斯大林著作编译局.马克思恩格斯选集[M].北京：人民出版社,2012:135.

识到行动的飞跃，否则认识仅能停留在认识阶段，这是志愿服务区别于其他责任担当意识培养的重要标志。志愿服务是一种将课程学习与实践活动相结合的培养方式，既巩固与强化了课程知识，又避免了理论与实践脱节的倾向，在真实生活情境中体验作为公民的义务与责任，弥补大学生社会责任感培养方式的片面化与僵硬化，为大学生提供将责任担当意识认知转化为社会责任行为的实践机会，从而促进大学生责任担当意识的产生。此外，志愿服务能提升大学生的社会责任行为能力，提高其认识世界与改造世界的能力。参与志愿服务有助于调节自身身心状态以适应社会发展的能力，促使大学生提高沟通交往能力、学习实践能力、组织协调能力、抗压管理能力，使个人与社会形成良性互动的积极状态。因此，将志愿服务应用于大学生责任担当意识的培养是创新大学生责任担当意识培养方式，提高大学生责任担当意识的必由之路。

### （三）志愿服务促进大学生责任担当意识培养成效由潜转显

当前大学生责任担当意识培养属于高校思想政治教育的工作范畴，是根据国家制定的国民教育目标而开展的工作，其培养模式既包含理论层面责任担当意识培养的各个要素，又包含实践层面上的活动范式。对于大学生责任担当意识的培养，大部分高校以思想政治教育理论课为主、思想政治教育的第二课堂为辅。一方面，高校始终坚持用中国特色社会主义理论体系武装学生头脑，通过人文社会科学的重要理论在认识层面上为培养大学生的责任担当意识做好理论基础。另一方面，高校通过营造思想政治教育环境，为学生创建良好的培养责任担当意识的情境，通过各种教育活动形式帮助学生在实践活动中形成自己对于个人与社会关系的看法，以促使其责任担当意识的提高与升华。

思想政治教育的第一课堂坚持了灌输理论，在认知层面上为大学生灌输正确的社会责任观。思想政治教育的第二课堂则坚持了实践和理论相结合的原则，可被视为培养责任担当意识的有益补充。两者在潜移默化当中相互配合，实现大学生责任担当意识的培养目标。然而，这种培养模式虽然考虑到学生的身心发展规律，在潜移默化过程中将较为机械的知识内化到学生自身的认知系统中，但是由于在教学过程中第二课堂开展缺乏连续性，且培养多从理论与认知层面入手，无法真正评估培养的效果，培养成效难以知晓。在参与活动的过程中，大学生要将所接受的责任担当意识教育落实到行动当中，使责任担当意识的培养不只是停留在理论灌输的主渠道，使培养成效由潜在变为凸显、由抽象变为具体、由僵硬变为灵活，从而使责任担当意识的培养成效具象化。

## 二、志愿服务作为大学生责任担当意识培养载体的可行性分析

载体能为主体所运用，并且能够承载和传导某种教育因素。责任担当意识作为思想政治教育的重要内容，其培养总是依赖一定的载体，以此传递教育信息与内容，达到教育目的。选择的载体必须是能够联系主体与客体的一种形式，且两者可以在形式中发生互动。在提高大学生责任担当意识实效性的要求下，志愿服务应运而生，弥补了大学生责任担当意识存在的不足，成为培养大学生责任担当意识的有效载体。在实现路径上，志愿服务通过营造培养责任担当意识的环境，在主客体双向互动的过程中，以润物细无声的方式培养大学生的责任担当意识。

### （一）志愿服务承载培养大学生责任担当意识的正确认知

志愿服务蕴含的精神既继承发扬了扶贫济困、助人为乐的中华传统美德，又彰显了以“雷锋精神”为代表的社会主义道德的时代精神，还包含了奉献精神、友爱互助、共同进步、理想信念、集体主义精神、诚实守信精神、艰苦奋斗精神等。志愿服务通过营造培养责任担当意识的情感、氛围，创设培养责任担当意识的“教育场”，激发大学生深入思考个人与社会的关系。

志愿服务活动所创设的情境能为责任担当意识心理发展的机制提供外部背景，丰富志愿者的责任经验。越是难忘的情景越容易产生深刻的情感体验，越有利于责任担当意识的产生，如参与支教活动的大学生志愿者，亲身经历了贫穷地方的困苦、孩子对知识的渴望、教育资源的不充分发展，这些经历都有助于提升大学生的责任担当意识。因此，志愿服务将培养责任担当意识寓于情境中，通过创设情境达成培养责任担当意识的目的，具体表现在增强公民意识、增进对社会现状的认知、明确自身责任三个方面。大学生通过对志愿者角色的认同，自主自愿地承担志愿服务所赋予个体的社会责任。志愿服务活动通过具体事件和行为，发挥大学生在活动中的主体作用，将社会对大学生的期望转化为大学生的自觉自愿行为，使大学生能够更加清晰认识自

身的社会定位与公民责任。大学生在责任意识的引导下参与志愿服务活动，能够更加直接地体验社会生活，以自己的力量达到帮助他人、服务社会的目的，激发其对社会的思考，唤醒其责任担当意识。

### （二）志愿服务传递培养大学生责任担当意识的价值理念

当前，社会转型的特殊时期加剧了传统与现代价值观念的矛盾与冲突，面对这些复杂局面，部分大学生陷入个人与社会的价值取舍当中，很容易做出重个人、轻社会的价值选择。志愿服务为大学生提供了一个参与社会的机会，通过实践活动的教育、引导、培养和塑造使其不断地审视与重塑自身的价值观。志愿服务倡导以“奉献、友爱、互助、进步”为核心的价值理念，以社会本位的思想展现志愿服务的伦理道德向度和精神理念价值，强调集体意识，是社会主义核心价值体系的具体体现，这在本质上与大学生责任担当意识培养的价值旨归相同。培养大学生责任担当意识是要引导大学生认识到自己社会成员的身份，明确自己对他人、社会、国家等承担的责任，在进行人生选择时能够平衡好个人价值与社会价值，能够积极参与公共事务，自觉维护社会和谐与稳定。

两者的价值旨归都在于引导社会成员参与公共生活，促进社会美好发展。志愿服务通过具体的实践活动调整社会成员与公共利益关系，强调个体对社会的责任，呼吁社会大众关心弱势群体，提倡在奉献中体现自我的社会价值，从而实现社会价值和个人价值的统一。大学生在参与志愿服务的过程中，会受到志愿服务精神与文化的熏陶，这会触发大学生反思自己原有的价值观念，站在社会的视角上审视自己的发展，汲取志愿服务所传递的价值理念，对原有价值观念进行调整与补充，弱化个人意识与社会责任之间的价值冲突，进而激发大学生对参与公共事务与维护公共利益的责任感。

### （三）志愿服务提供培养大学生责任担当意识的重要内容

责任担当意识涵盖自身、他人、集体、国家等领域，具体包括民族精神教育、理想信念教育、历史使命教育、社会公德教育、职业道德教育等方面，这与志愿服务有着高度的契合。志愿服务的活动领域包括扶贫开发、社区服务、应急救援、文化宣传、环境保护、法律服务、基础建设等活动，而志愿服务的活动内容则展现出志愿者与志愿服务组织对自身、他人、集体、国家的高度责任。这些活动一方面为大学生提供社会责任认识，另一方面为大学生履行社会责任提供契机。志愿服务以服务社会、增进社会福利为主要内容，旨在充分调动社会成员积极性和公民意识，推动社会保障体系的完善，促进社会公平正义。志愿服务活动以社会组织的形式参与社会治理，有利于大学生正确认识人与社会的关系，从而积极履行公民义务，自觉肩负自我、他人、社会、国家责任感，实现自身价值发展与担当责任的统一。

志愿服务可以激发大学生参与公共事务的热情与积极性，促进大学生对公民角色及其内在价值的认识与反思，进一步增强其对国家、社会的认同，同时更加全面地理解公民权利与义务，更为深刻地理解和认识公共生活、公共秩序、公共利益、公共精神。志愿服务活动有助于培育大学生公民意识与素质，明确自身在国家及社会发展中的定位，树立责任感和历史使命感，积极履行社会责任。

### （四）志愿服务生成培养大学生责任担当意识的实践动力

实践是认识的归宿，唯有在实践中人们才能对认识进行真理性检验，以便巩固正确认识，指导实践活动。志愿服务将对社会责任的认知与行为统一于实践，在活动中生成培养大学生责任担当意识的实践动力，能够帮助大学生实现对社会责任的理性认同，达成对社会责任的价值共识，做出符合社会所期望的责任选择与判断，主动自觉地履行社会责任和义务，将主流的道德规范内化为自身的道德原则，不断强化社会责任的行为要求，激发大学生参与社会实践活动，逐步形成相对稳固的社会责任行为模式。志愿活动中所倡导的互助理念、自愿精神、奉献精神、友爱精神会鼓励大学生在社会公共生活中担负起对他人关怀与互助的义务，促使大学生原有的责任担当意识得到更新与重组，最终在实践中外化出来作为自己的行为活动准则、从而逐步增强大学生社会责任实践认同的内在驱动力，把践行社会责任作为自己的行动自觉，进而增强履行社会责任的动力。

## 第三节　以志愿服务为载体的大学生责任担当意识培养的路径

《决胜全面建成小康社会 夺取新时代中国特色社会主义伟大胜利》中提出，“推进诚信建设和志愿服务制度化，强化社会责任意识、规则意识、奉献意识”[①]。自改革开放以来，我国经济与社会发展取得了举世瞩目的成就，经济总量跃居世界第二位，经济发展、文化教育、社会保障、医疗卫生、社会管理、生态环境等领域取得较大成就，发展速度上升的同时，发展的问题逐渐凸显。市场经济条件下，现代社会分工在一定程度上瓦解了群体本位生活原有的价值观念，人们越来越关注自身的发展，忽视对社会应担负的责任。因此，强化社会责任意识是志愿服务发展的重要命题之一。一方面，中国特色社会主义进入新时代，社会主要矛盾已经转化为人民日益增长的美好生活需要和不平衡不充分的发展之间的矛盾。面对社会转型时期带来的挑战，紧扣国家发展的重大命题是志愿服务的责任，而培养志愿者的社会责任是志愿服务发展的应有之义。另一方面，面对当前大学生社会责任培养存在的问题与志愿服务发展可持续性低、参与意识弱、动机不纯等困境，强化社会责任意识培养是突破发展桎梏的必经之路。

### 一、坚持志愿服务的思想价值引领以提升大学生的社会责任认知

#### （一）构筑责任价值理念

人作为社会关系的总和，在社会共同体中总是以社会成员的身份出场，以社会作为个人生存与发展的场域。为保持社会的良性运行，个体必须认识到自己在社会中的责任，并且以社会成员身份履行责任。参与志愿服务便是公民的社会责任。志愿服务以增进公共福祉为目标，是现代公共精神与公民意识结合的典范。大学生应认识到参与志愿服务是公民不可推卸的责任，是履行社会责任的一种方式。因此，构筑志愿服务的责任价值理念是对志愿者

① 中共云南省委宣传部，云南省民族宗教事务委员会，云南省新闻出版广电局．中国共产党第十九次全国代表大会文件汇编 [M]. 昆明：云南民族出版社 ,2018:35.

的必然要求。首先，应正确认识责任的社会性，正确认识个人与社会的关系。人的生存与发展依赖一定的社会条件，但这并不意味着人与社会的关系是单向的索取。大学生应意识到自身存在的社会性，主动承担应有的责任与使命。参与志愿服务实质上是参与社会的公共服务，是个人与社会和谐关系的体现。其次，正确认识责任实践性。责任不仅是意识中的认知，更是一种实践方式。参与志愿服务是践行责任的行为自觉，除了收获内心愉悦的情感体验外，对社会的贡献也是志愿服务的要义。最后，正确认识责任的公共性。在学会对自我负责的基础上，大学生应将视线转移到社会责任上。志愿服务是公民履行社会责任的方式。大学生应将志愿服务视为公民社会生活的道德活动，主动维护社会公共利益，了解作为大学生应尽的责任与义务。

### （二）加强责任意识的自我教育

自我教育是将教育的主体与客体相统一，基于自我意识基础上自觉接受积极的道德品质教育，是提高自我道德素质的重要途径。有意识根据社会与自身发展的要求进行自我教育是树立正确社会责任感的重要环节，对自我责任意识教育有助于增进对社会责任的认同与理解，推动社会责任内化为自身的道德自觉与行为习惯。志愿服务体现了帮助他人、服务社会、奉献个人力量的利他精神，这种对外部世界负责的理念本质上与责任理念相同。加强责任意识的自我教育，一方面，应加强公民意识的自我教育，进行公民权利、义务、责任意识教育，以社会主义核心价值观为思想引领，逐步建立公民的责任意识，树立个人利益与公共利益和谐统一的意识；另一方面，应加强履行责任的自我教育，引导大学生学会负责及如何负责，清晰地知道以何种方式履行社会责任，主动承担自身在社会中角色的责任，在实际行动中实现责任的执行转换。

### （三）增强责任反思能力

责任反思能力是个体对已发生事件所承担责任的总结性思考，包括积极与消极两个方面的反思。在反思过去的事件中，若责任主体积极承担责任，则反思结果会成为积极的心理暗示，促进责任主体在今后的行为中保持高度的责任感；若责任主体对责任态度消极被动，则反思结果会引导责任主体努力修正错误观念与行为，为下次事件做好心理预设与准备。责任反思能力遵循个人社会责任感螺旋上升的规律，对于社会责任感的培养具有十分重要的意义。杜威认为，“经验＋反思＝成长”，大量的经验为个人提供感性认识，而反思则是理性认识的体现，两者的结合对个人成长具有积极的促进作用。

增强责任反思能力就是个体对责任发挥情况的分析与评价。志愿服务活动为大学生提供责任事件，责任反思需通过责任事件所产生的内容与现象进行反思。责任反思能力是建立在正确的社会责任观基础上的。一方面，大学生应将责任反思培养为习惯自觉，有意识、有目的地以批判性的视角对自己的责任行为进行剖析。大学生在志愿服务活动结束后应反思自己在志愿服务活动中的投入与态度，是否真正给有困难的人带去帮助，对于没能达到自己助人预期成效的实践进行正确归因。另一方面，大学生应将责任反思结果具体化。责任反思结果具体化是增强责任反思结果可操作性的过程，责任反思不应停留在认知阶段，其最终目的是指导大学生更好地实践，应指向未来的实践活动。对于积极或消极的责任反思结果，应具体化到责任主体的行为中，形成自我控制与自我管理的意识，为下次责任行为建立心理成就机制，提升履行责任的成效。

## 二、弘扬使命与担当的志愿文化以增强大学生的社会责任感

### （一）明确青年运动的时代主题

习近平曾提出“为实现中华民族伟大复兴的中国梦而奋斗，是中国青年运动的时代主题”[①]，青年应自觉将个人的理想追求融入中国梦的伟大事业中，勇做时代的开拓者。志愿服务作为国家与社会治理的有机组成部分，涵盖政治、经济、文化、生态、社会管理等领域，对于推进国家治理体系和治理能力现代化具有积极的作用。志愿服务是青年运动的时代主题现实化和具体化的体现，通过参与志愿服务，引导大学生积极参与社会生活与公共事务，促进大学生积极投身社会治理当中，从而提升大学生参与社会主义建设的积极性与主动性，进一步形成主人翁意识。大学生应牢牢把握青年运动的时代主题，明确大学生的社会责任和时代担当，在参与志愿服务活动的过程中，感受和印证青年的责任和力量，自觉承担起对社会、国家的责任。

① 中共中央文献研究室．习近平关于青少年和共青团工作论述摘编［M］．北京：中央文献出版社，2017: 15.

### （二）弘扬时代使命精神

志愿服务可以激发大学生的自主意识，关注社会公共事务，主动承担社会责任，为社会公共事业奉献个人力量，真正让大学生在活动中提高思想认识、树立时代使命精神，将理想信念内化为责任动力，进而成为中国特色社会主义新时代的合格建设者。新时代的大学生站在中华民族伟大复兴的历史关头，肩负着继往开来的重任，理所应当地担负起继往开来的使命。当前，实现“两个一百年”奋斗目标与中华民族伟大复兴的中国梦是青年实现青春梦的广阔舞台，青年的价值实现与国家和时代赋予青年的历史使命是有机统一的，而且青年在实现中国梦的进程中实现青春价值，而中华民族伟大复兴的中国梦也终将在青年的接力奋斗中实现。大学生只有正确认识个人梦与国家梦的辩证关系，牢记历史使命，牢记建设者的身份，自觉地投身到时代的建设中，才能真正担负起时代赋予的使命，以个人梦与国家梦的统一作为自己奋斗的目标。因此，在志愿服务过程中应积极引导大学生树立时代使命精神，从社会视角与家国本位的角度出发，引导大学生认识到时代所赋予的历史使命，并转化为实践动力，在志愿服务活动中贡献青年力量。

### （三）强化责任担当意识

坚持强化责任担当意识，首先，应大力发扬志愿服务的思想政治教育功能，挖掘志愿服务的思想政治教育资源，为培养大学生的社会责任感提供思想养料。深化“奉献、友爱、互助、进步”的志愿精神，把志愿服务的精神内化为自身的信念，发挥大学生的主观能动性。其次，要用社会主义核心价值观涵养大学生责任意识，在志愿服务活动中领会社会主义的价值规范和共同行为准则，促使这些理念精神内化成为大学生的一种责任理念。鼓励大学生承担与自身社会角色相适应的责任和义务，树立新时代大学生担当责任的自觉性。最后，探索实践育人的机制，实践育人机制要紧密围绕“培养什么样的人、如何培养人以及为谁培养人”的根本问题，合理运用社会实践活动促进大学生思想政治素质与道德品质的提升。以志愿服务为实践平台，完善志愿服务的育人机制，在活动中培养大学生的权利义务精神，增强大学生的主体性和主人翁意识，通过助人行为增强自身的社会认同，增强履行责任的果断性，逐步提高责任担当意识。

## 三、构建志愿服务长效机制以强化大学生的社会责任意识

### （一）优化志愿服务责任激励机制

责任激励机制是通过一定的手段和方式，触发责任主体对自身的行为动机和行为选择进行调整与控制，激发责任主体主动承担社会责任的主动性与积极性。激励也就是一个调动积极性的过程①。责任激励机制的实质是依靠个体内心道德的自觉性激励承担责任的自愿性，这与志愿服务的核心特质自愿性不谋而合，两者都旨在激发主体内部的自觉意识，将承担责任的义务转化为内心道德的驱动力。优化志愿服务责任激励机制对培养大学生社会责任感具有积极的作用。一方面，责任激励机制可以动员广大大学生参与到志愿服务的活动中，增强大学生参与志愿活动的自愿性，强化志愿者的参与动机，保持参与志愿服务的“初心”，提升大学生对志愿服务的认同感与参与感。另一方面，责任激励机制可以促使大学生在参与志愿服务的过程中，积极发挥主观能动性，履行责任，实现帮助他人、服务社会的志愿服务目标。

优化志愿服务责任激励机制是通过优化各种激励方法和手段，促使责任主体将外部的行为规范内化为个人道德坚守，增强参与者的社会责任感。优化志愿服务责任激励机制应坚持外在激励与内在激励相结合的方式。外在激励是通过借助大众传播媒介的手段实现教化的目的，强调承担社会责任的必要性与重要性。例如，对大学生进行理想信念教育，促使大学生明白自身肩负的历史使命。内在激励是诱发大学生主体内部关于爱、尊严、认同、归属、进步等的需求。在志愿服务领域中，既要发挥外在激励的教化功能，引导大学生认识到参与志愿服务过程中履行社会责任的重要性，又要激发大学生对参与志愿服务的内在认同与归属，将参与志愿服务的“应然”转化为“实然”。另外，应正确处理精神激励与物质激励的关系。虽然志愿服务的根本特质是无偿的付出、不计回报的奉献，但这并不意味着参与志愿服务毫无收获。志愿者的精神收获便是参与志愿服务的所得，这种精神收获是激发社会责任感的关键环节。相关部门既要通过荣誉表扬、树立典型、榜样示范等方式实现精神激励，也要通过对参与志愿服务所形成的花费进行补贴，在物质层面上给予一定的帮助与支持。

① 苏东水．管理心理学[M]. 上海：复旦大学出版社，2002: 221.

### （二）建立志愿服务参与常态化机制

建立大学生志愿服务的常态化机制，完善志愿服务运行与保障机制有助于实现志愿服务常态化发展。高校志愿服务应牢牢把握志愿服务帮助他人、服务社会的主线，使志愿服务始终保持不竭动力。在宏观层面上，建立志愿服务参与常态化机制应把握社会发展动向与志愿服务发展的内在规律性，一方面，根据社会发展需求适时调整志愿服务发展策略，以适应新形势的发展；另一方面，利用社会发展成果服务志愿服务，提升志愿服务成效。在微观层面上，建立志愿服务参与常态化机制应从以下方面着手。首先，在物质保障方面，构建志愿服务的社会支持网络，合理配置社会资源，拓宽资金渠道，实现高校、政府专项基金、社区赞助、个人捐赠多方位发展，以防志愿者在进行志愿服务行为时出现捉襟见肘的窘境。其次，应加强平台建设，增强志愿服务活动，拓展志愿服务活动范围，加强政府、企业、社区、大型公益组织的合作，丰富志愿服务活动形式。志愿服务组织应拓展志愿服务新领域，为大学生社会责任感的培养创造更加有力的外部环境，为践行社会责任感提供行动空间。最后，媒体应加强宣传引导，强化志愿服务的正面效应，发挥社会舆论的积极引导作用，彰显新媒体开展宣传工作的独特优势，利用互联网新媒体技术为高校志愿服务搭建信息发布平台，推广志愿服务项目与品牌，增强高校志愿服务的社会认同。加强宣传典型与榜样示范，引导大学生进行责任反思，鼓励大学生承担社会责任，将公共生活基本规范与基本责任内化为大学生的自觉行为。

### （三）完善志愿服务管理与运行机制

自上而下的发展模式是高校志愿服务组织最常见的运作模式，由校团委统一领导，青年志愿者协会、志愿服务社团、二级学院志愿服务组织为组成单位。这类志愿服务的发展模式是指依靠领导权威的力量动员广大大学生参与志愿服务，在组织、宣传、招募等方面能产生较大的影响力，能在短时间内组织成员参与志愿服务。然而，部分高校志愿服务组织还存在“家长式”思维，在志愿者招募上要求全员参与，以硬性标准规定志愿者每学期的参与量，部分活动过于形式化，难以激发大学生参与志愿服务的积极性，降低了大学生参与公共事务的热情，制约了社会责任感的产生。志愿服务组织应积极探索志愿服务管理与发展的新模式，为培养大学生社会责任感构筑制度环境。

首先，应优化管理模式，以科学化理念指导志愿服务组织日常工作，在确保组织形成强有力的领导力量的同时可适当推行扁平化管理模式。优化组织内部结构与日常管理，淡化行政色彩，营造良好的参与体验，大力弘扬志愿服务文化与精神，彰显志愿服务的自愿性与义务性，加强奉献意识与责任意识教育，激发大学生参与志愿服务的积极性。其次，发挥大学生自我治理与自我管理的能力。改善志愿服务组织的日常管理集中在少数学生干部的局面，树立自我治理与自我管理理念，确保大学生参与志愿服务的主体地位，创造条件为大学生提供建言献策的机会，提升参与意识与关注公共事务的自觉。最后，在运行过程中，营造民主氛围。培育大学生社会责任感，引导大学生正确认识个人与社会的关系，发挥青年在建设社会中的“主人翁”作用。志愿服务旨在增进履行责任的自觉性，这种自觉性是建立在平等、公正的基础上的。因此，志愿服务组织应淡化行政色彩，积极营造民主氛围，提升大学生履行社会责任的意愿。

## 四、优化志愿服务的培训体系以培养大学生的社会责任行为

### （一）增强志愿服务培训课程的科学性

加强志愿服务培训课程科学性建设是提高大学生志愿者的素质与服务水平、增强志愿服务组织活动成效的重要举措，既推动了志愿服务向专业化、科学化的方向发展，又有利于增强大学生志愿者的社会责任行为的践行能力，摆脱“有心无力”的局面。首先，高校应组织专业的志愿服务的培训人员对大学生进行培训。当前，许多高校在志愿服务活动前开展培训活动，但主要的培训人员多为高校思想政治工作教师或志愿服务组织的指导教师。不可否认，高校教师具有较高的理论素养，在针对志愿服务的理念与精神等方面的培训具有明显的优势，但其始终是志愿服务的“局外人”，对于志愿服务本身的服务需求与过程的直观了解较少，最终影响培训的实效性。因此，高校应邀请专业的志愿服务组织的管理或领导人员对大学生志愿者进行培训，以增强志愿服务的系统性与科学性水平。其次，增强志愿服务培训课程的科学性，在培训内容上应包含非专业化内容与专业化内容。非专业化内容包括对服务态度、举止礼仪、沟通技巧、组织协调能力、法律法规意识等的培训。专业化内容是针对志愿服务的内容进行培训，涉及专业技能和知识，如支教志愿

者的教学能力、心理帮扶志愿者的心理咨询技能等。最后，建立志愿者能力甄别与分类机制，在培训课程中加以区分，既要考虑到志愿服务项目的服务需求，也要考虑到大学生的专业背景与个人优势。高校应积极激发大学生的潜力，在一定服务范围内遵循“专业 + 志愿服务”的发展思路。

### （二）完善志愿服务培训的评价体系

创建志愿服务培训的评价体系指向志愿服务中的利他行为，提升大学生履行责任的能力，改善志愿服务中志愿者手足无措的窘境。因此，相关部门应构建志愿服务培训的评价体系，着眼于志愿服务的服务需求，遵循大学生成长成才的规律，构建科学化的评价体系，科学评估大学生社会责任感的培养成效，才能充分展现出志愿服务的育人功效。完善志愿服务培训的评价体系包含两个部分：第一部分是志愿服务组织的评价；第二部分是大学生志愿者的自我评价。志愿服务组织的评价是从教育者的角度出发，对志愿者的培训过程与结果进行评价，确立合理科学的评价标准，包括培训课程目标的达成情况、志愿者掌握情况、具体实践活动操作情况等。评价指标的确立采用定量和定性、过程与结果、同伴评价与小组评价相结合的方式，充分考虑评价的可操作性，使各项指标尽可能简便易懂、规范实用，形成综合评价意见，确保评价与反馈机制的有效运行，力求构建全方位的综合评价体系。作为志愿者的主体，大学生志愿者的自我评价是了解培训成效最直接的方式。在参与志愿服务培训的过程中，大学生在培训前与培训后的思想行为方面会发生变化，而这只有其自身才能获得最直观的感受。因此，加强自我评价是了解大学生社会责任感的重要方式，通过一系列的量化指标，了解大学生在参与志愿服务培训中社会责任感的变化，有助于增强评价结果的科学性。

### （三）构建志愿服务培训的反馈机制

社会责任感要实现内化于心、外化于行，依赖责任认识最终落实到责任行为，而责任行为同时是生成新的责任认识的起点，如此循环往复。志愿服务作为一项社会实践，以实现服务任务为目标，应了解受助者在接受志愿服务后是否能帮助其解决困难，以及志愿者在参与培训后所承担的志愿服务任务的胜任力是否得到提高，这是提升志愿者社会责任行为能力的关键环节。因此，构建志愿服务行为的反馈机制是为了更好地了解大学生在志愿服务活动中的表现，以便进一步调整培训方案，提高培养成效。对于志愿服务的培训反馈工作，一方面，应包含志愿者的服务态度、服务时间、服务对象的满意度、取得的效果及社会影响等；另一方面，应对培训成效进行科学测评，包括对培训内容学习成效的检验及培训前后志愿服务成效的比较，尽早发现存在的问题，及时调整培训方案。

# 第七章　协同：多元主体发力

## 第一节　国家：提供有力保障

### 一、构建担当精神教育内容体系

中共中央、国务院下发的《关于进一步加强和改进大学生思想政治教育的意见》（中发〔2004〕16号）中明确指出，各级政府要切实加强领导，把“培养什么人”“如何培养人”这一重大课题始终摆在重要位置。要想培养出一代有担当精神的大学生，就要把担当精神教育放在重要位置，尽快构建贯穿小学、中学、大学的系统化的担当精神教育内容体系，让学生从小学就明白国家使命需要担当，社会义务需要担当，家庭责任需要担当，个人的人生价值与目标也需要担当，以后作为国家的中流砥柱更是需要担当，并且形成“社会—学校—家庭”三位一体，与个人形成合力的共同协作、相互配合的担当精神教育主体。目前对担当精神进行系统研究的学者还不是很多，这就需要以国家层面进行整合形成系统化的顶层设计，构建担当精神教育内容体系，从而丰富思想政治教育内容，培养当代大学生的担当精神。

### 二、完善担当精神教育评价机制

评价是指通过计算、观察和咨询等方法对某个对象进行一系列的复合分析研究和评估，从而确定对象的意义、价值或者状态。对于担当精神教育的评价不外乎是担当精神教育工作有什么意义、有多大价值，究竟是根据什么标准来判断、选择的教育内容、教育方法，以及教育的结果是否达到预期的目标、达到什么程度才算有成效等。相关职能部门要不断完善大学生担当精神教育和思想政治教育的评价机制。

## 第二节　社会：营造良好环境

《关于进一步加强和改进大学生思想政治教育的意见》强调，“全社会都要关心大学生的健康成长，支持大学生思想政治教育工作。宣传、理论、新闻、文艺、出版等方面要坚持弘扬主旋律，为大学生思想政治教育营造良好的社会舆论氛围，为大学生提供丰富的精神食粮[①]。”习近平强调，“各级党委和政府要充分信任青年、热情关心青年、严格要求青年，为青年驰骋思想打开更浩瀚的天空，为青年实践创新搭建更广阔的舞台，为青年塑造人生提供更丰富的机会，为青年建功立业创造更有利的条件。”因此，社会要肃清现实环境和网络环境中对担当精神教育的不利影响，营造健康和谐的社会环境。

### 一、重视网络监管，营造健康的网络环境

当前，网络全球化已经成为社会发展的重要标志之一。网络环境对大学生价值观的形成和发展有着很大的影响，其以不同的方式影响着当代大学生的思想和行为。社会和相关职能部门必须利用科学技术加强对网络空间的监管，保证大学生网络环境的健康有序发展。各职能部门要加强网络法律法规制度建设，建立健全与之相适应的法律法规体系，为积极营造和维护良好的网络环境提供有力的法律依据和必要的法律保障。

### 二、发展文化事业，丰富教育资源

中国传统文化中，富有担当精神的诗词、名句不胜枚举，仁人志士的英雄事迹也比比皆是，当今有担当精神的案例也有很多。相关部门要充分挖掘中国古往今来具有担当精神的素材进行艺术创作，发展文化事业，作为宣传的资源，用丰富的形式把担当精神的内涵深入大学生心中。同时，抓住社会上的先进典范、担当楷模的典型事例进行报道宣传，树立榜样，弘扬正能量。例如，每年都会评选的“感动中国”十大人物，这些多数是在自己的岗位或生活中认真负责、敢于担当，用勇于担当的精神铸就辉煌的。

① 林双．关于进一步加强和改进大学生思想政治教育的意见 [J]. 中国行政管理 ,2004(11): 94.

## 第三节　高校：发挥主阵地作用

高校是大学生思想政治教育的主要阵地，在大学生担当精神教育中发挥重要作用。高校要根据当前世界和国家的形势以及当代大学生的担当精神现状及成因，不断探索担当精神教育的有效途径。

### 一、完善高校的课程体系

通常来讲，高校课程体系是一个在其特定教育理念指导下并由各个课程要素排列组合的以实现课程目标体系的动态发展系统。高校课程体系直接作用于教育对象，一定程度上决定了教育对象的认知能力、知识结构、能力素质、品德素养，决定了课程教育目标能否实现。大学生担当意识的培育是高校课程体系的重要内容，这就需要高校完善课程体系，传授担当理论知识，以进一步提高大学生的担当意识水平。高校要有目的、有计划地将大学生担当意识培养转化为课程形态，并通过合理优化的课程体系实现担当理论教育。

首先，高校要明确担当意识培育的课程目标。这是完善高校课程体系的首要问题。高校课程体系是高等教育中传递、选择文化的重要媒介，是高校人才培养目标的重要体现。习近平总书记在《决胜全面建成小康社会 夺取新时代中国特色社会主义伟大胜利》中强调，要“培养担当民族复兴大任的时代新人”。这些重要论述为高等教育工作指明了方向，为高校人才培养明确了目标，直接关系到高校课程体系目标的设置。因此，高校课程体系目标要以培养担当民族复兴大任的时代新人为重要出发点，明确大学阶段分年级的担当精神教育内容和教育目标，完善担当意识培养的目标要求、内容、进度和活动方式的总体规划，将大学生担当意识培养贯穿课程各个要素结构目标之中。高校在确立担当意识培育目标时，要考虑层次性与整体性的统一，贴合学生具体实际，在统一标准的要求下允许差异性的契合，使责任担当教育由浅入深，有针对性地完成整体性目标。

其次，高校要优化担当意识培育课程结构。大学生担当意识培养目标的实现需要优化高校的担当课程结构。长期以来，我国高等教育普遍存在“重专业知识教育”“忽视基础课程培育”“重理论、轻实践”“重课内、轻课外”

的结构失衡现象，导致担当课程在课程结构中所占的比例微乎其微。而且高校并没有开设专门的担当意识培养课程，导致大学生担当意识理论缺乏、担当认知不足、担当行为弱化等现象。因此，高校要优化担当课程结构体系，不仅要协调好责任担当教育课程在总体课程结构中的比重，还要协调好课程结构中基础课与专业课、必修课和选修课、理论课和实践课、课内课程和课外课程的比例关系，以提供学生未来发展所需的知识和能力的专业素质教育并贯穿于整个培养过程之中。

最后，高校要深化担当意识培育的课程内容。当前，我国高校几乎都开设了相关的道德责任教育课程，如思想道德修养与法律基础是我国所有大学的公共必修课，其课程内容上虽然涉及大学生担当意识培育的相关内容，但是陈旧的内容已经无法满足新时代大学生个性化的成长要求。高校教师“填鸭式”或“灌输式”的照本宣科方式也无法增强课堂责任担当教育的趣味性和吸引力，无法让大学生更好地接收和深入理解担当意识的本质和概念。因此，高校应从课程内容入手，深化担当意识培育的课程内容，将担当要素融入专业教学之中，挖掘专业教学过程中的担当价值。这离不开专业教师的配合，更是教师的重要职责所在。在担当意识培育教材内容的编写上，要体现时代发展需求，满足学生个性化发展需要。除此之外，高校教师应针对大学生独立意识增强、自我意识明显的特点，加强对大学生社会公德、职业道德、家庭美德和个人品德的教育，注重担当意识的形成。学校各级教育领导要真正重视大学生担当意识的培养，认真开展学校德育工作，促使大学生担当意识培养更有成效。

总之，高校要以思想政治理论课为基础、形势政策教育为辅、各门课程联动形成合力，利用一切可以利用的课堂教学课程加强大学生担当精神教育，从而帮助大学生树立正确的人生观、世界观、价值观，培养大学生担当意识，提升大学生的担当精神。

## 二、深入开展社会实践

社会实践是当代大学生接触社会、了解社会的有效途径，是大学生成长成才的必经之路。广泛开展社会实践活动，对大学生而言，能在了解社会中养成德性、在人际交往中健全人格、在实践锻炼中提升综合素质和能力；对社会而言，有促进科技成果转化、对社会成员进行继续教育及弘扬中华民族先进文化的功能。“社会实践是大学生思想政治教育的重要环节，对于促进大学生了解社会、了解国情、增长才干、奉献社会、锻炼毅力、培养品格、增强社会责任感具有不可替代的作用[①]。”

认知和情感的发展是道德发展的重要内容。与此相对应，担当意识作为大学生道德发展的重要组成部分也需要通过个体在担当实践中不断感知和总结获得。仅凭理论的说教，只会导致大学生对各种责任担当教育产生反感，不利于提升大学生的担当意识。对担当意识的认知是提高大学生担当能力的心理基础，而对担当行为的实践是深化大学生担当意识的现实保障。此外，实践观点体现了担当意识首先是一种实践意识，是一种责任感的强化进而转化为责任担当行为。“道德教育的本质在于实践，道德教育从根本上讲需要实践活动，实践性是道德教育课程区别于其他教育课程的主要特征[②]。”培育大学生担当意识是高校德育工作的重要组成部分，要使大学生真正理解担当意识的本质并形成深刻和稳定的担当意识，应进一步加强担当意识培养的生活化和实践化，不间断地丰富实践内容，拓宽实践途径，使大学生在实际参与社会实践活动中养成担当意识，提高担当能力，服务社会。

首先，要在担当意识培养实践活动中融入创新创业教育。新时代背景下，创新创业是时代所需，已成为社会发展的主流。高校为了适应大环境发展的需要，更要引导大学生以强烈的责任担当意识重视自己未来的职业发展方向，创新思维活力，用创新创业教育实践帮助个体实现自我价值，这是大学生自我担当的重要体现。创新创业教育作为一种精神力量，能够鼓励大学生在实践活动中增强担当意识，提升大学生责任担当能力，丰富实践育人内容，促进大学生的全面发展。因此，高校应在教学过程中融入创新创业的实践内容，帮助大学生在担当实践中将所学知识联系起来，以增强担当实践效果。另外，高校还可以在担当意识培养的实践活动中宣传创新创业文化，如讲座，包括专题讲座、交流沙龙等；鼓励学生针对社会热点、企业难点等问题组织开展一系列的社会调查活动，推动大学生创业精神、责任担当意识和实践能力的统一协调发展。

其次，要组织各类大学生社团活动。高校学生社团作为大学生依据共同

---

① 林双．关于进一步加强和改进大学生思想政治教育的意见[J]．中国行政管理，2004(11):94.

② 谢志远．增强大学生责任教育实效性的构想[J]．教育评论，2005(4): 37.

兴趣爱好而自愿组成、按照章程自主开展活动的群众性组织，是大学生思想政治教育和凝聚力量的重要平台，也是大学生担当意识培养的重要载体与途径。社团活动的组织和开展有利于推动大学生参与社团服务工作，为大学生提供担当意识培养的实践机会。而且，社团组织活动开展覆盖面广阔，学生参与积极性高，对于大学生担当意识的培养具有不可替代的作用。当前，我国高校学生社团组织种类繁多，活动平台多样，如学生会、班委会、团支部、青年志愿者协会、助困部办公室等，这些活动可以充分发挥学生主体性作用，而且不同主题的活动可以帮助学生体验担当意识的内涵。但是，当下的高校学生社团组织还存在社团管理制度不成熟、机制不完善的问题，需要高校加强对社团组织的管理和监督，制定相关社团管理章程，使学生社团对大学生担当意识的培养发挥重要作用，为大学生担当意识培育提供优质服务。

最后，要开展多姿多彩的社会实践活动。社会实践对大学生担当意识的培养具有重要作用。参加社会实践，可以使大学生主动了解社会、了解国情，深化自身承担的社会责任。同时，大学生能够在社会实践中获取直接现实的经验，并通过自身的社会角色体验到自身的社会责任感，继而转化为一种责任行为。立足于新时代的起点上，高校德育工作者要充分发挥社会实践在培养大学生担当意识中的重要作用，让学生多参加实践锻炼活动，培养克服困难的顽强意志，强化担当意识。一是围绕社会主义现代化建设，引导广大青年学生树立正确的职业理想和人生追求，积极投身于中国特色的新型工业化、信息化、城镇化、农业现代化同步发展的浪潮，鼓励他们直面困难，勇于突破，争做深化改革发展的“桥头堡”。二是合理规划和组织社会实践活动。例如，充分利用假期“三下乡”“科技下乡”等社会实践机会，让青年大学生深入基层调研，亲身走访实践，体验社会需求和现实问题，激发他们的担当意识和学习欲望，有效提升大学生的担当意识，为广大青年大学生的成长成才打下坚实的基础。

高校要充分发挥党团组织的优势，以校学生会为抓手、依托学生社团、班级组织开展丰富多样的社会实践活动，让大学生在社会实践的过程中加深对理论知识的理解，提高实践动手能力，锻炼大学生的意志和毅力，增强大学生的担当精神。社会实践活动多数以社会志愿服务活动为主，形式丰富多样，主要包括“三下乡、四进社区”，志愿服务西部计划，以及去养老院、福利机构等开展的服务性实践活动等。大学生通过这些活动能够接触社会、了解社会的真实情况，锻炼洞察社会的能力和实际工作的能力，对大学生爱心、感恩之心、社会责任感和使命感的养成与发展有着积极的作用。

## 三、积极建设校园文化

高校校园文化是文化的下位概念，“是指在一定历史条件下，高校在其发展过程中形成的共同价值观、信念、行为准则及其在规章制度、行为方式、器物设施中体现的特定的人文精神”①。校园文化是一种环境教育力量，对当代大学生的健康成长有着很大的影响。积极向上的校园文化氛围由优雅的校园环境、良好的校园秩序和优良的校风、教风、学风组成，对师生情操的陶冶、担当意识的激发具有重要作用。高校要充分发挥校园文化的服务导向、交叉融合等育人的功能，提升大学生的思想素质、品行情操，促进大学生的全面发展。加强物质文化建设，有助于校园环境的美化；加强制度文化建设，有助于学校管理机制的强化；加强课外文化活动建设，有助于丰富大学生的校园文化生活；加强校园舆论文化建设，有助于形成优良的校风；创造和谐人际关系，有助于优化校园人际环境。积极建设校园文化的目的就在于创设一种氛围，以此来陶冶学生情操，帮助大学生构建健康的人格，全面提高学生素质。

校园文化活动是校园文化建设的载体，在大学生思想政治教育中具有引导功能、渗透功能、育人功能、凝聚功能等。“大力加强大学生文化素质教育，开展丰富多彩、积极向上的学术、科技、体育、艺术和娱乐活动，把德育与智育、体育、美育有机结合起来，寓教育于文化活动之中②。”高校应该创新校园文化内容和形式，充分利用校园广播电台、校园网站、大学学报、校报、黑板报、简报等物质载体宣传担当意识文化。组织校园文化活动要从学生本位出发，将校园文化活动的目标、形式与大学生的意愿和需求结合起来，提高大学生参与校园文化的积极性。高校要大力组织开展以担当意识为主题的校园文化活动，如校园文娱活动、文明集体创建活动、文明宿舍评比活动等进一步鼓励大学生以强烈的担当精神投入到校园文化活动建设中。高校要积极营造宽松、自由、严谨的学术研究环境，鼓励大学生以高度的责任担当研究学术问题，培养优良学风。

---

① 夏湘远．大学校园文化建设与大学生道德养成教育[J]. 大学教育科学,2006(3):91–93.

② 林双．关于进一步加强和改进大学生思想政治教育的意见[J]. 中国行政管理，2004(11):94.

## 四、占领网络思想政治教育阵地

根据2021年第47次《中国互联网络发展状况统计报告》，截至2020年3月，我国网民规模为9.89亿，互联网普及率达70.4%，庞大的网民构成了中国蓬勃发展的消费市场，也为数字经济发展打下了坚实的用户基础。

高校要积极主动占领这一新的思想政治教育阵地，充分利用学校的校园网、官方微博、贴吧、微信公众号等渠道以及各职能部门的相关平台，把担当精神教育内容融入其中，加强担当精神教育，弘扬担当主旋律，宣传正能量，培养当代大学生的担当精神。高校也可以在网络上开设思想政治专题网站，开设易班、新媒体社区、德育在线等综合性德育社区，强化责任担当教育网络嵌入功能，以积极向上、主流健康的思想文化占领网络阵地，引导大学生树立担当意识，提升担当能力。

高校要对校园网络文化进行管控，及时关注学生思想动态，开辟网上专项服务及时解决学生关心的问题，同时加强网络伦理和网络责任教育，提升学生网络道德和网络担当意识。学校和相关职能部门要运用科学技术、行政和法律手段肃清校园网络垃圾，加强对校园网络信息的动态监管，严防各种暴力、涉黄、反动、虚假的信息在网上肆意传播，为网络思想政治教育营造良好的网络空间。

此外，高校的思想政治教育者要提升个人使用网络的水平与技巧，善于运用QQ、微信、微博等社交工具与大学生保持密切联系，加强与大学生的沟通与交流，关注大学生的思想动态，以便及时了解当代大学生的思想状况，及时做出引导和教育。高校的思想政治教育工作者也可以利用社交平台宣传担当精神教育主题的文章、案例或事迹，利用网络文化来影响大学生。

## 五、完善高校的德育工作体系

### （一）完善德育机构设置

高校德育工作的健康发展需要优化机构设置，保证大学生担当意识培养的有效落实。首先，规范高校的机构设置。针对高校缺乏科学化、制度化的机构的情况，有关部门应加强对高校机构的监督。高校应当进行深入研究增减机构，避免主观性和任意性，规范高效机构设置。其次，优化重叠的德育机构。对于有职责交叉的德育机构，高校应撤销或合并。高等学校的设置应当根据学校的规模大小来确定，即根据实际情况设置岗位，而不是由人设置。大规模、事务多的大学和学院可以适当增加机构，小规模、工作量少的学院和大学应该合并重复、叠加的职能机构。最后，明确机构岗位职责 。组织机构设置后，要建立规章制度，明确组织间分工，明确工作职责。部门要进行人员分工。组织中的每一个工作人员都有自己的事情要做，不应该有虚假的岗位和虚假的岗位人员。

### （二）打造高水平的德育工作队伍

要进一步提高德育工作水平，高校就必须优化德育工作的人员结构，打造一支思想素质水平高、德育理论功底扎实、德育工作热情高涨的德育工作队伍，为大学生担当意识培养提供有力的人力保障。首先，增加德育队伍的数量。在德育人员的选拔中，高校应注重岗位数量、年龄结构、知识结构和专业结构。另外，高校还应该考虑把全职工作和兼职工作结合起来，优化整体结构，提高整体质量。其次，加强德育队伍专业化建设。例如，加强德育人员职业理想教育、完善教师道德规范、完善激励机制、完善教师道德监督机制。在严格考核管理的基础上，高校要加强教师德育培训基地建设，提高队伍科学化、专业化水平。最后，要充分利用社会教育资源。高校要鼓励企业劳动模范、技术专家、优秀毕业生等高级专业人才担任学生的“兼职德育辅导员”，积极开展担当意识培养活动。

### （三）建立健全德育制度

合理的德育制度是规范学生行为的重要保障。首先，高校要重新改造现有的德育制度。以往的德育制度有些已经不适应德育发展的规律，针对那些旧时的德育理念应当进行适当梳理、合理分析，保留德育理念中有用的部分，摒弃与改造不合理的因素。其次，高校要进一步健全和完善德育制度。其中，最重要的是基础制度、实施制度和监督制度等德育制度的完善。基础是重要保障，实施是关键环节，监督是落实成效。高校要建立健全担当精神自律和他律制度，加强践行督导、约束机制和执行力建设。再次，高校要加强和改进德育领导和制度建设，推进协同教育制度建设。在各级党组的领导、精心安排下，以学校德育主管部门和相关学生工作部门为主要部门的领导机制，联合教学科研部门、后勤服务部门以及家庭、社会等共同保障担当意识培育、实践育人活动的顺利进行。最后，定期更新与德育目标一致的德育制度内容。高校要制定贴切大学生担当意识培养的、符合时代发展和社会需要的相关德育制度内容，促进德育目标的实现。

## 第四节　家庭：端正教育态度

父母是孩子的第一任老师，也是孩子终生的老师。父母的言传身教对孩子成长和发展的影响是难以估量的。父母的举止行为、价值观会在潜移默化中影响孩子。要想培养出具有担当精神的大学生，首先，家长要端正家庭教育态度。家长不要把所有的教育责任推给学校、推给国家、推给社会，而是要重视家庭教育对大学生担当精神的作用。其次，家长要关注子女担当精神教育问题，不要只过分关注成绩，而要全面关注孩子的人格品质，关注孩子是否具有担当精神，能否成为一个对国家、对社会、对家庭有责任心、有担当的人。最后，父母要做到以身作则，成为有担当的父母，给孩子树立良好的榜样，用自己的行为影响孩子。

### 一、树立正确的家庭教育观念

在家庭教育中，父母是主要的教育者，其所承担的角色是十分重要的，无可取代。但是在现实社会中，部分父母以自己工作比较繁忙为理由，或者是其他原因，把孩子交给自己的父母照顾，同时把教育的责任交给不应当承担这份责任的父母。父母在教育孩子的过程中，一定要端正家庭教育的态度，明确自己为人父、为人母的责任。只有父母认真对孩子进行良好的教育，为孩子提供一个良好的家庭教育环境，孩子才有可能健康快乐地成长。

当前，我国的家庭教育存在重智育而轻德育的现象，在这一错误的家庭教育理念下成长起来的大学生容易形成重私利而轻公义的思想，缺乏社会责任感。很多家长为了让孩子潜心学习，而将本该孩子自己承担的责任一手包办，使孩子养成凡事依赖父母的不良习惯，缺乏独立思考、独立生活、自觉承担责任的能力，形成自私自利、唯我独尊的性格。由于家长过度地关注孩子在学业成绩上的成就，忽视了孩子道德品质的培养，孩子的功利意识过于强烈，凡事都要讲究利益最大化，缺乏社会责任感，不懂得感恩。因此，家长要加强家庭教育，树立正确的家庭教育理念，将重智育转移到重德育上来，发挥家庭在培养孩子优良道德品质上的基础性作用。

我国现代教育家陶行知指出："道德是做人的根本，如果根本一坏，纵然你有学问和本领，也无甚用处[①]。"没有道德的人，学问本领愈大，为非作恶的可能性愈大。因此，家长在教育孩子的过程中，应当注重孩子的身心特点规律、内心需求以及人生理想，注重对孩子完整人格的培养。例如，家长可以适当地让孩子做一些家务，使他们学会承担家庭责任；可以将家庭的困难讲给孩子听，让子女体会到父母的不易，学会感恩，学会为家庭分担；可以鼓励子女参加社区公益活动和社会志愿服务活动，使孩子学会回报社会，积极主动承担社会责任。家长在教育子女的过程中，应当改变家长和子女之间存在的领导与服从的关系，采用科学民主的育人方式，以平等沟通的方式而不是命令或训斥的方式和子女进行交流。家长要学会引导孩子积极承担家庭责任和社会责任，鼓励孩子做一个有利于社会的人。

## 二、家长应言传身教，以身作则

家庭是培养大学生社会责任感的首要阵地，而父母更是培养大学生社会责任感的"首席教师"，其一言一行都会对大学生的思维方式、行为习惯产生深刻的影响。北齐颜之推曾说过"同言而信，信其所亲"，意思是同样的一句话，人们更倾向于相信与自己关系亲近的人[②]。一般来说，家长的社会责任感越强烈，其子女的社会责任感也越强烈。因此，要培养大学生的社会责任感，必须要从家庭这个根源抓起，使家长明确自己在家庭教育中的主体责任，重视言传身教，做好榜样示范作用。

在现实生活中，由于受复杂社会环境的影响，部分家长没有起到很好的示范作用。一方面，某些家长的功利思想过于强烈，把利益的获取摆在生活的第一位。这些家长往往倾向于给孩子灌输"金钱至上"的错误观点，导致其子女也形成强烈的功利思想，只看重自身利益，为了获取个人利益的最大化而不择手段，缺乏社会责任感。另一方面，部分家长在扮演"言传"教育者身份的同时，扮演着"身教"的否定者角色。在子女面前说一套，背后却

① 张崇琛．中华家教宝库[M]．长春：吉林人民出版社，1993:771.

② 颜之推．颜氏家训（第一册）[M]．北京：中华书局，1985:1.

践行恰恰相反的行为方式。父母这种言行不一的教育方式极大影响了孩子的价值判断，使孩子在成长过程中产生许多社会认知和价值评判等方面的困惑，造成子女在履行社会责任时出现知行不一的现象。因此，父母要注重自己的行为，只有自己具备优秀的品质和良好的习惯，才能要求孩子做一个品德优良的人。父母要热爱祖国、关心集体、为家庭负责、有着自己的人生目标和为之奋斗的决心和能力，成为一个勇于担当、敢于担当、善于担当的人，为孩子树立良好的榜样。因此，要想达到家庭教育对大学生担当精神教育的效果，父母要树立担当者风范，才能给孩子带来强烈的暗示和感染力量，从而使大学生勇于承担各种责任，成为有担当精神的人。

### 三、注重优良家风的传承

家风指的是家庭中长期形成的体现家族成员道德品质、精神风貌和审美格调的家族文化风格。家风是家庭教育效果的内在体现，是家庭价值观念、家庭精神和文化氛围的体现，是家庭成员立身做人的行为准则。习近平曾强调："家风好，就能家道兴盛、和顺美满；家风差，难免殃及子孙、贻害社会。"家风对大学生社会责任精神的培养起着润物细无声的重要作用。2014 年春节期间，央视推出《新春走基层 · 家风是什么》的调查，引发了公众的关注和思考。通过调查发现，公众口中的家风仍然是传统家风的内容，大致为"孝顺父母、尊老爱幼、谦虚礼让、邻里互助、善解人意、诚实守信、心存感恩、设身处地、自立自强"等，这些内容也正是社会责任感中对自我、对他人和对家庭责任感精神在日常生活中的具体表现。因此，注重优良家风的传承对大学生社会责任感的培育具有极其重要的作用。

优良家风的形成是一个长期的过程，它需要经历几代人甚至更长时间的积淀才能形成，蕴含着丰富的内涵。但随着我国社会经济的不断发展，现代家庭的规模日趋小型化，家庭成员的流动也日渐普遍，再加上日渐多元化的社会价值观的影响，家庭对优良家风的传承日渐式微。因此，家风的唤醒和传承势在必行。一方面，家长要对子女实施优良家风的教育，可以通过礼仪教育的方式来加深子女对优良家风的认识。礼仪教育是以日常生活规范作为教育的重点，促使孩子掌握各种社交礼仪规范，养成得体的言谈举止，以培养孩子的规则意识和责任意识，做到"诚于中而行于外，慧于心而秀于言"。家长要以身作则，在日常生活工作中做到自觉践行社交礼仪。加强礼仪教育既可以促使孩子在养成礼仪行为的过程中传承优良家风，又可以引领家庭成员用实际行动践行家风。另一方面，家庭应将传承优良家风和弘扬社会主义核心价值观结合起来，在传承优良家风的过程中赋予家风建设新的时代内涵。传承优良家风和弘扬社会主义核心价值观在内容上有一定的重合之处，将两者结合起来必能达到事半功倍的效果。

## 第五节　大学生：加强自身修养

加强大学生自我教育是大学生担当精神教育的关键。苏联著名教育家苏霍姆林斯基指出，“教育不能总是牵着它的手走，而是要让它独立行走，使它对自己负责，形成自己的生活态度。”良好的个人担当精神是拥有良好的国家担当、社会担当、家庭担当的基础，也是当代大学生成为国家建设接班人、成为领导干部、实现领导干部担当的保障。具有良好的个人担当就是对自我的言行举止、思想意识、身心健康、人生价值负责。当代大学生要珍爱生命，给自己树立明确的人生目标，清晰规划自己的未来，有能够为实现自己的理想而付出努力的决心和行动，并且要善于学习、勤于学习，把社会、学校、家庭所教的知识和技能付诸实践，不断增强担当意识，提升担当能力，成为新时期有担当、有作为的好青年。

### 一、加强自身修养，提高个人担当意识

当代大学生要肩负起对国家、社会、家庭、个人的担当精神以及未来作为领导干部的担当，其中个人担当是基础。当代大学生不仅要对自我有一个客观的、正确的认知，还要加强自身修养，提升个人担当意识。鉴于大学生所处阶段的特殊性，提高大学生个人责任担当修养对于增强大学生的主体意识和独立意识，提高自律、自觉意识，把外部社会道德规范内化为自己的道德信念和道德行为，增强大学生责任意识都有重要意义，有利于大学生正确认识自我、把握科学的人生目标。

大学生要强化自身的修养，不仅要学好自己的专业课程，还要认真学习思想政治理论课程，用理论知识武装自己的内心世界，用社会主义核心价值

观武装自己的头脑，同时以史为鉴，学习中国传统文化中的精髓。久而久之，当代大学生的自身修养便会有所提高，从而提高个人担当意识。

## 二、积极参加社会实践活动，提升责任担当能力

理论要与实践相结合，因此大学生要走出“象牙塔”，出去了解国情民情、了解社会，不能纸上谈兵。大学生要多参加一些校园文化活动，进行不同主题的社会调查、社会观察，从实践中掌握与书本中不一样的知识；充分利用假期积极参加假期实践、勤工助学，以亲身经历感受社会百态，吸取教训、总结经验。通过参加这些寓无形于有形、寓有形于无形的活动，大学生可以正确认识自己的能力，更加真切地还原社会现状、印证书本理论，逐渐培养自我锻炼的能力，实现自身知行的转化，从而提高自身的责任意识，增强自身责任担当能力。

# 参考文献

[1] 人民日报评论部 . 习近平用典 [M]. 北京 : 人民日报出版社 , 2015.

[2] 张文学 . 高校大学生思想政治教育制度化研究 [M]. 北京 : 中共党史出版社 , 2014.

[3] 张福记 , 李纪岩 . 高校思想政治教育研究 [M]. 成都 : 四川教育出版社 , 2009.

[4] 程德慧 . 德育的自我超越与现代追寻学校公民意识教育的理论与实践 [M]. 杭州 : 浙江大学出版社 , 2015.

[5] 易连云 , 张凌洋 , 金家新 , 等 . 责任与担当大学的德育使命 [M]. 重庆 : 重庆大学出版社 , 2014.

[6] 魏海苓 . 责任与担当大学生社会责任感养成机制研究 [M]. 北京 : 知识产权出版社 , 2016.

[7] 杜敏 . 以敢于责任担当精神创新大学生思想政治教育工作 [M]. 北京 : 中国文史出版社 , 2015.

[8] 王孝坤 , 吕杰林 , 朱亚萍 . 大学生职业责任文化素质养成 [M]. 杭州 : 浙江大学出版社 , 2012.

[9] 程婧 . 改革开放以来大学生思想政治教育研究 [M]. 北京 : 中国法制出版社 , 2018.

[10] 王孝坤 , 沈海东 , 孙琪 . 大学生公共责任文化素质养成 [M]. 杭州 : 浙江大学出版社 , 2012.

[11] 鄢明明 . 全面建设小康社会与大学生的历史使命 [M]. 武汉 : 武汉出版社 , 2005.

[12] 刘炳春 , 徐德平 , 吴国璋 . 当代大学生的历史使命 [M]. 武汉 : 湖北人民出版社 , 2009.

[13] 夏湘远 . 大学校园文化建设与大学生道德养成教育 [J]. 大学教育科学 , 2006(3): 91–93.

[14] 于兴地 . 新时代大学生社 , 责任感现状调查与分析 [J]. 黄河水利职业技术学院学报 , 2018, 30(4):93–96.

[15] 王松宇 , 王勇 . 当代大学生社会责任感现状调查研究 [J]. 新农业 , 2017(7): 55–57.

[16] 梁诗娅 , 梁静 . 论当代大学生社会责任感现状及原因分析 [J]. 亚太教育 , 2016(17): 42.

[17] 王蔚虹 . 当代大学生社会责任感现状及差异性分析 [J]. 教育评论 , 2015(12): 123–126.

[18] 成艳敏 , 杜刚 . 当代大学生社会责任感的现状及培养研究 [J]. 才智 , 2015(32): 200.

[19] 唐晓英 . 当代大学生社会责任感的现状及对策 [J]. 四川职业技术学院学报 , 2015, 25(5): 87–90.

[20] 苏萌 , 贺炜 , 樊莉 , 等 . 当代大学生社会责任感的现状及其培养机制 [J]. 科教导刊 ( 中旬刊 ), 2015(8): 15–16.

[21] 侯军英 . 当代大学生责任担当意识缺失的原因及对策 [J]. 学理论 , 2020(9): 127–128.

[22] 龚田波 . 新时代大学生社会责任担当的培育路径分析 [J]. 湖北开放职业学院学报 ,2020, 33(15): 74–75.

[23] 孟宝芬 . 新时代大学生社会责任担当意识培育的思考 [J]. 现代商贸工业 , 2020, 41(11): 5–6.

[24] 刘彦 , 杨淋玉 , 秦红 , 等 . 大学生 “责任担当” 核心素养融入高校创业教育路径探究 [J]. 科技创业月刊 , 2020, 33(3): 122–124.

[25] 向娅妮 . 时代新人视域中大学生思想政治素养的培养 [J]. 现代交际 , 2020(4): 136–137.

[26] 李滢 . 新时代大学生担当精神培育路径探析 [J]. 文学教育 ( 下 ), 2020(2): 140–142.

[27] 魏彤儒 , 廉旭 . 新时代大学生担当教育问题与对策探究 [J]. 扬州大学学报 ( 高教研究版 ), 2020,24(1): 91–98.

[28] 张鹏飞 . 大学生责任担当教育与学校德育创新 [J]. 智库时代 , 2020(6): 87–88.

[29] 严波，王勇，桂巧玲．新媒体时代大学生思想政治教育研究述评 [J]. 昆明理工大学学报（社会科学版）, 2019, 19(6): 86–96.

[30] 栗琳，张啸鹏．新时代大学生理想信念与责任担当教育探析 [J]. 社科纵横，2019, 34(12): 130–132.

[31] 陈春燕，褚蕾．五四精神培养大学生责任担当意识的路径 [J]. 长春理工大学学报（社会科学版）,2019, 32(S1): 72–74.

[32] 温茹．当代大学生责任感教育探析 [J]. 中小企业管理与科技（中旬刊）, 2019(10): 73–74.

[33] 郝海洪．新时代大学生社会责任意识现状及其养成路径 [J]. 当代教育理论与实践，2019, 11(5): 114–119.

[34] 乔运铧，刘淑花．新时代高校大学生社会责任意识的培养策略探析 [J]. 创新创业理论研究与实践，2019, 2(15): 184–185.

[35] 金静．时代新人视域下大学生责任担当精神培育研究 [D]. 武汉：华中师范大学，2020.

[36] 慕安月．新时代大学生社会责任感培育研究 [D]. 沈阳：沈阳工业大学，2020.

[37] 白勇姣．习近平青年观视阈下大学生担当意识研究 [D]. 郑州：中原工学院，2020.

[38] 安艺．新时代大学生担当精神研究 [D]. 哈尔滨：哈尔滨师范大学，2020.

[39] 柴竹军．新时代青年使命担当精神的培育研究 [D]. 杭州：杭州电子科技大学，2019.

[40] 覃燕．大学生践行习近平青年责任观研究 [D]. 泉州：华侨大学，2019.

[41] 张桥英．新时代大学生担当意识培养研究 [D]. 福州：福建师范大学，2019.

[42] 李梦瑶．新时代大学生责任担当教育研究 [D]. 长沙：湖南师范大学，2019.

[43] 韩鑫．习近平关于大学生思想政治教育重要论述研究 [D]. 成都：四川师范大学，2019.

[44] 李芳芳．新时代大学生担当精神的培养研究 [D]. 重庆：重庆工商大学，2019.

[45] 丛鹳融．新时代大学生社，责任感培养研究 [D]. 沈阳：沈阳师范大学，2019.

[46] 毛奎．新时代大学生家国情怀培育研究 [D]. 兰州：兰州理工大学，2019.

[47] 邢馨月．大学生责任意识存在的问题及对策研究 [D]. 沈阳：辽宁大学，2019.

[48] 程雄飞．新时代大学生社会责任教育研究 [D]. 南昌：南昌大学，2019.

[49] 赵炎．新时代大学生责任担当意识培育研究 [D]. 兰州：兰州大学，2019.

[50] 崔桓 . 当代大学生社会责任感及其培育研究 [D]. 长春 : 吉林大学 , 2019.

[51] 杨雨佳 . 新时代大学生担当精神研究 [D]. 荆州 : 长江大学 , 2019.

[52] 董卿 . 当代大学生自我责任感的缺失及培育研究 [D]. 太原 : 中北大学 , 2019.

[53] 杨衍铨 . 当代大学生社会责任研究 [D]. 济南 : 中共山东省委党校 , 2018.

[54] 陈清锋 . 习近平青年社会责任思想研究 [D]. 漳州 : 闽南师范大学 , 2018.

[55] 李素矿 . 拓展大学生责任担当的路径 [N]. 光明日报 , 2016-03-17(011).

[56] 周洪松 , 于巍 ."90 后 " 大学生社会责任感总体较高 [N]. 中国教育报 , 2015-04-08(005).